3-1

초등 과학 실험관찰

자습서

& 평가문제집

금성출판사

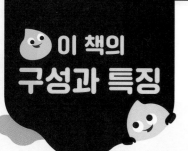

이 책의 구성과 특징

이 책은

교과서 내용 해설 **+** 시험 대비 평가 문제 **+** 부록: 창의력 문제

로 구성되어 있습니다.

하나 교과서 내용 해설

교과서 개념 알기

단원에서 배울 내용을 알아봅니다.

교과서 개념 알기

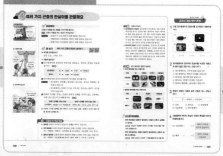

교과서에 나온 개념을 알아보고, 개념 확인 문제를 풀어가면서 이해력을 높입니다.

실험 관찰 해설

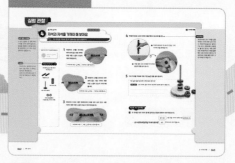

실험 관찰의 탐구 활동을 꼼꼼하게 정리합 니다.

평가 문제

개념 평가 문제로 익힌 개념을 다시 확인하 고, 단원을 마무리 합니다.

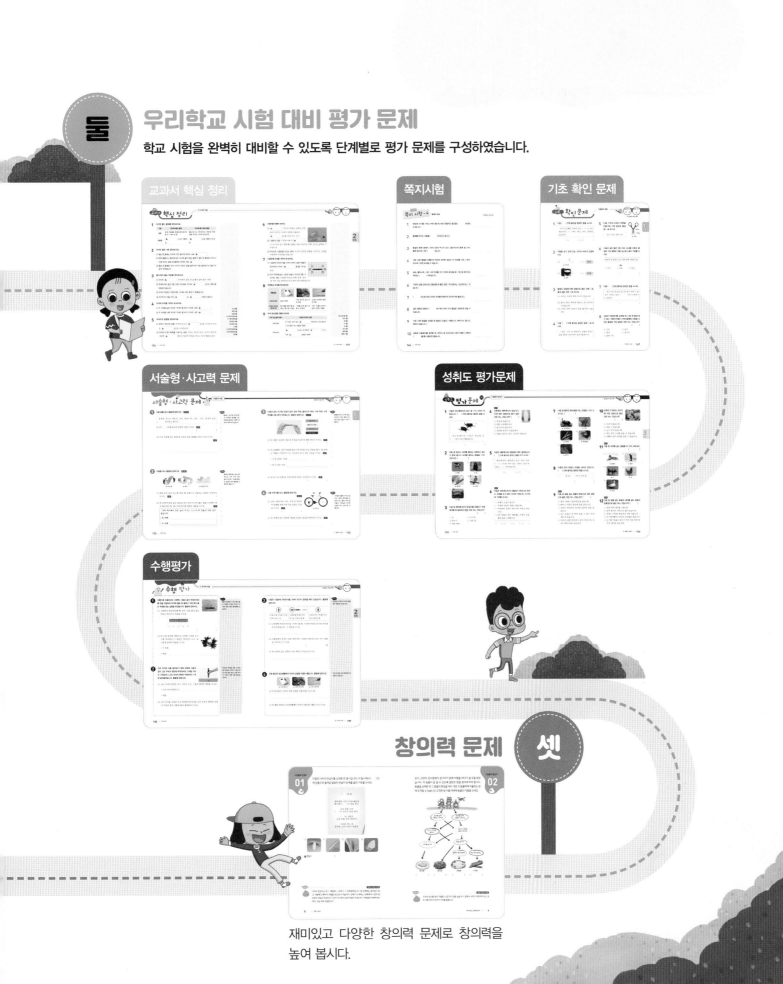

둘 우리학교 시험 대비 평가 문제

학교 시험을 완벽히 대비할 수 있도록 단계별로 평가 문제를 구성하였습니다.

교과서 핵심 정리

쪽지시험

기초 확인 문제

서술형·사고력 문제

성취도 평가문제

수행평가

셋 창의력 문제

재미있고 다양한 창의력 문제로 창의력을
높여 봅시다.

과학 학습 비법

1 **과학 공부는 기본 원리부터!**

운동 경기에서 기본 규칙을 모르면 경기를 할 수도 없고, 재미도 없습니다.
그러나 규칙을 알고 경기를 하면 시간이 지날수록 재미와 자신감이 생겨요.
과학도 마찬가지랍니다. 기본 원리를 알고 공부하면 어느 순간 과학을
재미있어하는 자신을 발견할 거예요.

2 **용어 이해는 과학 공부의 출발점!**

과학의 기본 개념은 여러 가지 과학 용어로 표현됩니다.
처음 보면 어렵지만, 그 의미를 알고 나면 과학 공부가 쉬워져요.
과학 용어를 단순히 암기하기보다 그 뜻을 먼저 이해한다면 과학 공부가
훨씬 흥미로워질 거예요.

3 **그림으로 과학 공부를 쉽게!**

과학책에 나오는 그림은 과학 개념을 이해하기 쉽게 표현한 거랍니다.
내용과 함께 그림을 찬찬히 살펴보고, 그 의미를 이해한다면 과학 개념이
좀 더 쉽게 다가올 거예요.
또, 그림의 제목은 그림의 중요 내용을 알려줘요. 그림을 살펴볼 때 제목도
꼭 확인하도록 해요.

이 책의 차례

우리학교 시험대비 평가 문제

과학 탐구를 어떻게 할까요?

과학은 자연의 다양한 현상이나 사물을 살펴보거나 실험하여
원리나 법칙을 찾아내는 거예요. 자연을 연구하는 사람을
과학자라고 한답니다. 자연에 대해 궁금증을 가지고,
그 궁금증에 대해 탐구해 나갈 때 모두 과학자가 될 수 있어요.
함께 과학의 문을 열고 들어가 자연의
다양한 현상을 탐구해 볼까요?

단원 그림 도움말

오래전부터 사람들은 자연과 더불어 살아가야 했기에 자연 현상이나 주변 사물에 관심이 많았습니다.
숲에 살고 있는 동물의 행동이나 날씨의 변화를 궁금해하는 등 과학은 이런 자연에 대한 호기심에서 출발하였으며, 우리 생활과도 밀접한 관련이 있는 과목입니다.

누구의 발자국일까요?

밤사이 눈 위에 숲속 동물의 발자국이 남았네요.

숲속에는 다양한 동물이 살지만 직접 만나기는 어려워요.
대신 동물이 남긴 발자국 등으로 어떤 동물이 사는지,
무슨 행동을 했는지 짐작할 수 있답니다.

눈 위에 난 발자국을 살펴보면서
어떤 동물의 것인지 함께 알아볼까요?

숲속 동물 발자국의 주인을 찾기 위해서는 먼저 눈으로 눈 위에 찍힌 발자국의
모양을 살펴볼 수 있습니다.
발자국의 크기를 비교하고, 발가락의 개수도 세어 보면서 어떤 동물의 발자국
인지 확인합니다. 또, 발자국이 찍힌 방향을 보고 숲속 동물의 행동을 생각해
봅니다.

과학 탐구를 어떻게 할까요?

1 과학, 과학자

과학 8~9쪽

(1) **과학**: 자연의 다양한 현상이나 사물을 살펴보거나 실험하여 원리나 법칙을 찾아내는 것입니다. 도움 **1**

(2) **과학자**: 자연을 연구하는 사람입니다.

2 관찰

과학 10쪽

(1) **관찰**: 탐구 대상의 특징을 자세히 살펴보는 것입니다.
(2) **관찰할 때 사용하는 감각 기관**: 눈, 코, 입, 귀, 피부가 있습니다.
(3) **관찰할 때 사용하는 관찰 도구**: 감각 기관만으로 관찰이 어렵거나 자세히 관찰하고 싶을 때 관찰 도구를 사용합니다. 도움 **2**

맨눈으로 관찰이 어려울 때 사용하는 관찰 도구				소리가 잘 들리지 않을 때 사용하는 관찰 도구
▲ 돋보기	▲ 현미경	▲ 확대경	▲ 망원경	▲ 청진기

(4) **관찰 결과가 아닌 것**: 이미 알고 있는 것이나 내 생각을 말하는 것은 관찰 결과가 아닙니다.

3 측정

과학 11쪽

(1) **측정**: 탐구 대상의 길이, 무게, 온도, 시간 등을 재는 것입니다.
(2) **과학적으로 측정하는 방법**
• 탐구 대상에 알맞은 측정 도구를 선택해야 합니다.
• 정확한 측정 결과를 얻기 위해서는 측정 도구를 올바른 방법으로 사용하고, 여러 번 반복하여 측정하는 것이 좋습니다.
(3) **측정할 때 사용하는 측정 도구**

길이 측정 도구	무게 측정 도구	온도 측정 도구	시간 측정 도구
▲ 자	▲ 전자저울	▲ 온도계	▲ 초시계

4 추리와 예상

과학 12~13쪽

(1) **추리:** 탐구를 하면서 관찰한 결과에 대해 이전에 겪었던 경험이나 이미 알고 있는 사실 등을 바탕으로 설명하는 것입니다.

(2) **과학적으로 추리하는 방법:** 탐구 대상을 주의 깊게 관찰하고, 관찰한 것을 자신이 알고 있는 것이나 경험과 관련지어 생각해야 합니다. 관찰한 내용이 많을수록, 대상에 대한 정보가 많을수록 정확한 추리를 할 수 있습니다.

(3) **예상:** 이미 관찰하거나 경험한 것을 바탕으로 앞으로 일어날 수 있는 일을 생각하는 것입니다.

(4) **과학적으로 예상하는 방법:** 이미 관찰하거나 경험한 것에서 규칙을 찾으면 더 쉽게 예상할 수 있습니다.

5 분류와 의사소통

과학 14~15쪽

(1) **분류:** 탐구 대상의 공통점, 차이점을 찾아 그것을 바탕으로 무리 짓는 것입니다.

(2) **과학적으로 분류하는 방법:** 탐구 대상의 특징 중 하나를 골라 분류 기준을 세웁니다. 분류 기준은 누가 분류하더라도 같은 결과가 나올 수 있도록 객관적이고, 과학적이어야 합니다.

(3) **의사소통:** 자신이 탐구한 결과를 알리고 다른 사람들과 생각이나 정보를 주고받는 것입니다.

(4) **과학적으로 의사소통하는 방법:** 다른 사람들이 이해하기 쉽게 설명해야 합니다. 표, 그림, 몸짓 등을 사용하면 더 쉽게 의사소통할 수 있습니다.

📍 정답과 해설 2쪽

교과서 개념 확인 문제

도움 ① 과학 탐구

새로운 과학 지식을 발견하거나 기존의 과학 지식 등을 활용해 새로운 지식을 쌓아가는 활동입니다.

1 ( ) 안에 들어갈 알맞은 말을 써 봅시다.

> 음, 동전이 너무 많군. 얼마인지 알기 위해서 먼저 종류별로 무리 지어 ( )하는 것이 좋겠어.

( )

도움 ② 감각 기관만을 사용했을 때와 관찰 도구를 사용했을 때의 차이점

• 감각 기관만을 사용했을 때: 손쉽게 관찰할 수 있습니다.
• 관찰 도구를 사용했을 때: 더 자세히 살펴볼 수 있습니다.

2 관찰할 때 사용하는 감각 기관이 <u>아닌</u> 것은 어느 것입니까? ( )

① 눈 ② 귀 ③ 입
④ 피부 ⑤ 머리카락

실험 관찰

실험 관찰 8쪽

● 관찰

과학 탐구를 어떻게 할까요?

탐구 활동 발자국 관찰하기

탐구 활동 도움말

이 탐구 활동은 『과학』10쪽, 11쪽의 동물 발자국을 감각 기관 및 도구를 사용해 관찰하고, 그 내용을 기록하는 활동입니다.

『실험 관찰』 꾸러미 73쪽 붙임딱지를 붙여요.

관찰 도구를 조심해서 다뤄요.

보충해설

처음 선택한 관찰 도구 외에 다른 관찰 도구도 사용해 보고, 적합한 관찰 도구가 무엇인지 확인해 봅니다.

무엇을 준비할까요?

준비물에 ◯ 표시를 하면서 확인해 봅시다.

예시 답안

눈

감각 기관

보충해설

관찰한 내용을 자유롭게 기록하되, 과학적 관찰 결과가 아닌 것을 구별해야 합니다.
㉠ 발자국이 귀엽습니다. 물고기를 먹을 거 같습니다. 등

돋보기

관찰 도구

발자국을 관찰할 때 어떤 감각 기관과 관찰 도구를 사용하면 좋을지 쓰고, 준비해 봐요.

---

1 『과학』10쪽 ~ 11쪽의 발자국을 감각 기관 및 도구를 사용해 자유롭게 관찰하고, 관찰한 내용을 써 봅시다.

가
㉠ 발자국이 길쭉한 모양입니다.
예시 답안 발자국이 양쪽으로 갈라졌습니다.
돋보기로 보니 발자국이 겹쳐 있습니다.

나
예시 답안 발가락이 4개입니다.
발톱이 날카롭습니다.
돋보기로 보니 발바닥, 발가락, 발톱이 서로 떨어져 있습니다.

다
예시 답안 발가락이 3개입니다.
발가락 모양이 가늡니다.
발자국이 찍히다가 없어졌습니다.

라
예시 답안 발가락과 발톱이 5개씩 있습니다.
왼쪽과 오른쪽 발자국 모양이 많이 다릅니다.
발자국이 다른 동물과 반대 방향으로 찍혀 있습니다.

2 감각 기관만을 사용해 관찰했을 때와 도구를 사용해 관찰했을 때를 서로 비교해 본 뒤, 각 관찰 방법의 좋은 점을 이야기해 봅시다.

감각 기관만을 사용해 관찰했을 때 좋은 점:
예시 답안 손쉽게 관찰할 수 있습니다.

관찰 도구를 사용해 관찰했을 때 좋은 점:
예시 답안 돋보기를 사용했을 때 맨눈으로 잘 보이지 않던 부분까지 자세히 살펴볼 수 있습니다.

측정

과학 탐구를 어떻게 할까요?

탐구활동 **발자국 사이 간격 측정하기**

『실험 관찰』 꾸러미 73쪽 붙임딱지를 붙여요.

 측정 도구로 장난치지 않아요.

무엇을 준비할까요?

준비물에 ◯ 표시를 하면서 확인해 봅시다.
예시 답안

◯ 자

측정 도구

『과학』 부록 118쪽의 측정 도구 중 어떤 것을 사용하면 좋을지 쓰고, 준비해 봐요.

 도움말

1 『과학』 10쪽 ~ 11쪽 각 동물의 발자국 사이 간격이 몇 cm인지 어림해 봅시다.
예시 답안

가	예 약 2 cm - 약 2 cm - 약 4 cm - 약 4 cm
나	약 2 cm - 약 2 cm - 약 2 cm - 약 2 cm
다	약 2 cm - 약 2 cm - 약 2 cm - 약 2 cm
라	약 3 cm - 약 3 cm - 약 3 cm - 약 3 cm

동물별로 발자국이 시작되는 부분부터 4개 정도 발자국 사이 간격을 어림해 봅시다.
발자국 사이 간격

2 과정 **1**에서 어림한 발자국 사이 간격을 측정 도구를 사용해 반복 측정해 봅시다.
예시 답안

가	1회	약 3 cm - 약 3 cm - 약 5 cm - 약 5 cm
	2회	약 3 cm - 약 3 cm - 약 5 cm - 약 5 cm
나	1회	약 3 cm - 약 3 cm - 약 3 cm - 약 3 cm
	2회	약 3 cm - 약 3 cm - 약 3 cm - 약 3 cm
다	1회	약 2 cm - 약 2 cm - 약 2 cm - 약 2 cm
	2회	약 2 cm - 약 2 cm - 약 2 cm - 약 2 cm
라	1회	약 4 cm - 약 4 cm - 약 4 cm - 약 4 cm
	2회	약 4 cm - 약 4 cm - 약 4 cm - 약 4 cm

3 측정한 결과를 친구들과 비교해 봅시다.
예시 답안
㉮ 발자국은 내가 측정한 결과가 친구들이 측정한 결과와 달랐습니다.
㉯ 발자국은 내가 측정한 결과가 친구들이 측정한 결과보다 작았습니다.

실험 관찰

? 추리

과학 탐구를 어떻게 할까요?

탐구 활동  발자국으로 추리하기

탐구 활동 도움말

이 탐구 활동은 눈 위의 동물 발자국을 관찰, 측정한 내용을 바탕으로 각 발자국이 어떤 동물의 것인지 어떻게 움직였는지 추리해 보는 활동입니다.

『실험 관찰』 꾸러미 73쪽 붙임딱지를 붙여요.

친구들의 이야기를 잘 들어요.

무엇을 준비할까요?

준비물에 ◯ 표시를 하면서 확인해 봅시다.

곰 카드, 노루 카드, 늑대 카드, 독수리 카드 (『실험 관찰』 꾸러미 74쪽)

동물 카드를 참고해 누구의 발자국인지 추리해 봐요.

1 관찰과 측정한 결과를 바탕으로 각각의 발자국이 어떤 동물의 것이며, 이 동물은 어떻게 움직였을지 추리해 봅시다.

누구의 발자국일까요?

 라 발자국은 곰의 것입니다.

예시 답안
• ㉮ 발자국은 노루의 것입니다.
• ㉯ 발자국은 늑대의 것입니다.
• ㉰ 발자국은 독수리의 것입니다.

어떻게 움직였을까요?

곰은 다른 동물과 반대 방향으로 움직였을 것입니다.

예시 답안
• 노루는 뛰다가 걸어갔을 것입니다.
• 늑대는 걸어오다가 방향을 바꿔 다시 걸어갔을 것입니다.

그렇게 추리한 까닭

왼쪽과 오른쪽 발자국 크기의 차이가 크고, 발자국이 다른 동물과 반대 방향으로 나있기 때문입니다.

예시 답안
• ㉮ 발자국은 양쪽으로 갈라져 있고, 발자국 사이 간격이 어느 순간 넓어졌는데 걸을 때보다 뛸 때 발자국 사이의 간격이 좁아지기 때문입니다.
• ㉯ 발자국은 발가락이 4개이고, 발자국이 찍힌 방향이 어느 순간 바뀌었지만 발자국 사이의 간격은 일정했기 때문입니다.
• ㉰ 발자국은 발가락이 3개이고, 발가락 모양이 가늘고 길기 때문입니다.

2 친구들과 추리한 내용을 이야기해 보면서 나의 추리가 과학적인 추리가 될 수 있도록 고쳐 봅시다.

고칠 부분

예시 답안
노루 발자국에 대한 추리: 걸을 때보다 뛸 때 발자국 사이의 간격이 넓어지는데, 반대로 생각하였습니다.

고친 내용

예시 답안
노루가 걷다가 뛰어갔을 것입니다. 걸을 때보다 뛸 때 발자국 사이의 간격이 넓어지기 때문입니다.

예상

실험 관찰 11쪽

과학 탐구를 어떻게 할까요?

 발자국으로 예상하기

 동물 카드를 잃어
버리거나 찢지 않아요.

무엇을 준비할까요?

준비물에 ◯ 표시를 하면서
확인해 봅시다.

곰 카드, 노루 카드,
늑대 카드, 호랑이 카드
(『실험 관찰』 꾸러미 74쪽)

1 곰, 노루, 늑대 카드 뒷면의 발자국 크기를 확
인한 뒤 발자국이 큰 동물부터 순서대로 써
봅시다.

| 곰 | > | 늑대 | > | 노루 |

늑대
앞발   뒷발
발자국 크기(앞발 기준):
가로 8 cm, 세로 10 cm

2 곰, 노루, 늑대 카드의 앞면을 참고해 몸 크
기가 큰 동물부터 순서대로 써 봅시다.

| 곰 | > | 늑대 | > | 노루 |

노루
몸 크기(길이 기준): 약 130 cm
먹이: 풀, 나뭇잎, 열매, 채소 등

3 과정 **1**의 동물 발자국 크기와 과정 **2**의 몸 크기 순서를 서로 비
교해 보고, 어떤 규칙이 있는지 찾아봅시다.

동물의 몸이 크면 그 동물의 발자국 크기는 대체로 (✓ 큽니다,
☑ 작습니다).

 동물 카드를 참고해
호랑이의 몸 크기를
다른 동물과 먼저
비교해 봐요.

4 호랑이의 발자국이 눈 위에 찍힌다면 그 크기는 다른 동물과 비교
해 어떨지 예상해 봅시다.

호랑이의 발자국 크기는 [늑대] 보다 크고, [곰] 보다

작을 것입니다.

왜냐하면 [동물의 몸 크기가 클수록 발자국 크기도 대체
로 크기] 때문입니다.

(호랑이의 몸 크기가 늑대보다 크고, 곰보다 작기)

탐구 활동 도움말

이 탐구 활동은 관찰한 것을
바탕으로 규칙을 찾아 몸 크기
로 동물의 발자국 크기를 예상
해 보는 활동입니다.

보충해설

날개가 있는 독수리는 각각 몸
크기에 대한 기준이 다르므로
독수리는 제외하고 나머지 동
물들로 발자국 크기를 비교해
봅니다.

보충해설

자신의 기억에 의존하기보다
동물 카드를 확인해 과학적 사
실에 근거하여 발자국의 크기
와 몸 크기를 순서대로 나열해
봅니다.

분류

실험 관찰 12쪽

과학 탐구를 어떻게 할까요?

탐구 활동 숲속 동물 분류하기

탐구 활동 도움말

이 탐구 활동은 눈 위의 동물 발자국을 관찰, 측정한 내용을 바탕으로 분류 기준을 정하고, 정한 기준에 따라 동물을 두 무리로 나누는 활동입니다.

보충해설

과정 1에서는 동물을 두 무리로 나눌 수 있는 특징을 과학적인 옳고 그름에 관계없이 자유롭게 쓰도록 합니다.

보충해설

'동물의 발가락 개수는 몇 개인가?'와 같이 여러 가지 무리로 분류할 수 있는 기준이 아닌 '동물의 발가락이 4개인가?'와 같이 '그렇다', '그렇지 않다.'로 분류할 수 있는 기준을 잡도록 합니다.

『실험 관찰』 꾸러미 73쪽 붙임딱지를 붙여요.

☑ 동물 카드를 잃어버리거나 찢지 않아요.

무엇을 준비할까요? 😊

준비물에 ◯ 표시를 하면서 확인해 봅시다.

곰 카드, 노루 카드, 늑대 카드, 독수리 카드 (『실험 관찰』 꾸러미 74쪽)

1 관찰 및 측정한 내용 중 카드의 동물을 두 무리로 나눌 수 있는 특징을 찾아 모두 써 봅시다.

> **예** 발가락 개수
>
> **예시 답안**
> • 날개가 있는 것과 없는 것
> • 다리가 4개인 것과 아닌 것
> • 귀여운 것과 아닌 것

2 과정 **1**의 특징 중 분류 기준으로 적절한 것을 한 가지 선택해 질문 형식으로 써 봅시다.

> **예** 발가락이 4개인가?
>
> **예시 답안**
> • 날개가 있는가?
> • 다리가 4개인가?

다른 친구가 분류하더라도 같은 결과가 나오도록 분류 기준을 선택해요.

3 선택한 분류 기준으로 동물을 두 무리로 나누고, 아래 그림에 분류 기준과 함께 분류한 결과를 동물 이름으로 써 봅시다.

예시 답안

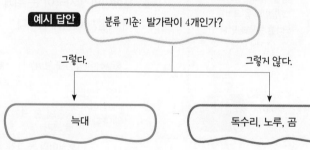

분류 기준: 발가락이 4개인가?

그렇다. → 늑대

그렇지 않다. → 독수리, 노루, 곰

의사소통

실험 관찰 13쪽

과학 탐구를 어떻게 할까요?

동물 발자국 탐구 결과 소개하기

탐구 활동 도움말

이 탐구 활동은 탐구한 내용 중 다른 사람들에게 소개하고 싶은 내용으로 발표 자료를 만들어 발표한 뒤 좋았던 점과 부족했던 점을 정리하고, 탐구 결과를 잘 발표하는 방법을 이야기하는 활동입니다.

『실험 관찰』 꾸러미 73쪽 붙임딱지를 붙여요.

 친구가 발표할 때 떠들지 않아요.

무엇을 준비할까요?

준비물에 ◯ 표시를 하면서 확인해 봅시다.

흰색 종이

필기도구
(색연필, 유성 펜 등)

다른 모둠이 발표하는 내용을 듣고, 궁금한 점을 질문해 봐요.

1 동물 발자국에 대해 탐구한 내용 중 다른 사람들에게 알리고 싶은 내용을 친구들과 이야기하여 정해 봅시다.

> **예** 숲속에 있었던 일

예시 답안 · 사라진 발자국
· 동물의 발자국 모양

2 과정 **1**의 내용을 다른 사람들에게 잘 전달하기 위한 표현 방법을 찾아보고, 들어갈 내용에 대해 자세하게 이야기 나눠 봅시다.

> · 표현 방법: **예** 글, 그림
> · 들어갈 내용: **예** 동물의 발자국 사이 간격 등

예시 답안 · 표현 방법: 그림
· 들어갈 내용: 동물의 발자국 모양 등

3 과정 **2**에서 찾은 방법으로 친구들과 함께 발표 자료를 만들어 발표하고, 다른 모둠 친구들이 궁금해하는 점을 듣고 대답해 봅시다.

4 다른 모둠과 우리 모둠의 발표에서 좋았던 점과 부족했던 점을 정리해 보고, 탐구 결과를 잘 발표하려면 어떻게 하는 것이 좋은지 이야기해 봅시다.

예시 답안

🌱 다른 모둠의 좋았던 점	🌱 우리 모둠의 부족했던 점	탐구 결과를 잘 발표하는 방법
쉬운 단어를 사용하여 중요한 내용을 잘 정리해 전달하여 이해하기 쉬웠습니다.	발자국 사이 간격의 차이를 한번에 알 수 있게 설명하지 못하였습니다.	그림을 이용해 동물의 발자국 사이 간격 차이를 비교해 보여 주고, 쉬운 단어를 사용해 내용을 정확히 전달해야 합니다.

예시 답안
· 독수리가 잡아먹혔다고 추리하기 위해서는 독수리 근처에 다른 동물의 발자국이 남아 있어야 하지 않을까요?
· '동물의 발자국이 큰가?'에 대해서는 사람에 따라 '크다.'의 기준이 다를 수 있을 것 같은데 적절한 분류가 될 수 있을까요?

1
물질의 성질

즐거운 체육 시간이에요. 친구들이 가져온
공들을 살펴보니 공마다 재료가 모두 달랐어요.
생활 속에서 쓰는 물건들은 여러 가지 재료로
만들어져 있어요.
우리 주변의 물건들을 만든
재료와 그 특징에 대해
알아볼까요?

단원 그림
도움말

단원 그림은 학생들이 운동장에서 공을 사용하여 다양
한 운동을 하고 있는 모습입니다. 그림을 보면서 어떤
물건들이 사용되었는지 살펴보고, 앞으로 배울 내용에
대해 생각해 봅니다.

알아 볼까요?

물질의 여러 가지 성질을 비교해 봅시다.

물체의 기능과 물질의 성질을 관련지어 봅시다.

서로 다른 물질을 섞었을 때 성질 변화를 관찰해 봅시다.

여러 가지 물질을 선택하여 물체를 설계해 봅시다.

여기 있는 공들은 어떤 재료로 만들어졌을까요?

놀라운 이야기

페트병으로 만든 운동화도 있어요.

좀 더 설명할게요

페플라스틱이나 페트병으로 실을 만들고, 그 실로 옷이나 운동화를 만들 수 있습니다. 버려진 플라스틱을 잘게 부스러뜨린 뒤 가느다란 실로 만들어 사용하기 때문에 모양이나 착용감이 보통의 신발과 크게 다르지 않습니다. 페플라스틱은 의류, 가방 등 다양한 용도로 활용되고 있습니다.

질문과 답

여기 있는 공들은 어떤 재료로 만들어졌을까요?

고무, 가죽, 플라스틱, 헝겊(섬유) 등으로 만들어졌습니다.

과학 놀이터

여러 가지 재료로 집을 지어 보아요

집 만들기 재료 카드로 나만의 집을 만들고,
그 특징을 이야기해 보아요.

벽돌로 만든 집은 어떤 특징이 있을까?

이렇게 해요

무엇을 준비할까요?

집 만들기 재료 카드
(『과학』 부록 120쪽),
주사위 붙임딱지
(『과학』 부록 122쪽),
주사위 2개

① 집 만들기 재료 카드를 뜯어내고, 주사위에 붙임딱지를 붙여 봅시다.

② 카드를 지붕, 창문, 현관문끼리 나눈 후 책상 위에 뒤집어 놓아 봅시다.

③ 모둠별로 가위바위보를 해서 주사위를 던질 순서를 정해 봅시다.

 과학 놀이터 도움말

6가지 재료(나무, 유리, 벽돌, 금속, 볏짚, 흙) 카드로 집을 만들고, 내가 만든 집에 사용한 재료와 그 특징을 이야기할 수 있습니다.

이렇게 해요

◎ 활동 도움말

① 집 만들기 재료 카드를 뜯어내고, 주사위에 붙임딱지를 붙여 봅시다.

② 카드를 지붕, 창문, 현관문끼리 나눈 후 책상 위에 뒤집어 놓아 봅시다.

도움말 뒤집은 뒤 카드를 잘 섞어 놓아 처음에 놓은 위치에서 카드를 쉽게 찾을 수 없게 합니다.

③ 모둠별로 가위바위보를 해서 주사위를 던질 순서를 정해 봅시다.

④ 정한 순서대로 주사위 2개를 던지고, 그 결과에 해당하는 카드를 1장씩 가져가서 집을 지어 봅시다.

④ 정한 순서대로 주사위 2개를 던지고, 그 결과에 해당하는 카드를 1장씩 가져가서 집을 지어 봅시다.

제한 시간 10분!

⑤ 가지고 있는 카드를 다시 맞추어서 내가 원하는 재료로 집을 완성해 봅시다.

⑥ 완성된 집을 모둠원에게 소개해 봅시다.

도움말 지붕, 창문, 현관문이 모두 최소 1장씩 갖춰지면 집이 완성됩니다.

⑤ 가지고 있는 카드를 다시 맞추어서 내가 원하는 재료로 집을 완성해 봅시다.

도움말 카드를 다시 맞추어 2층 집 등 다양한 형태의 집을 만들 수 있습니다.

⑥ 완성된 집을 모둠원에게 소개해 봅시다.

도움말 집의 이름, 사용한 재료를 소개하고, 좋은 점, 아쉬운 점, 보완할 점 등을 재료의 특징과 관련지어 이야기합니다.

◯ 질문
• 내가 만든 집에서 어떤 재료가 가장 마음에 드는지 이야기해 보아요.

나의 답 • 햇빛을 받으면 반짝반짝 빛나는 유리입니다.

• 무늬가 아름다운 나무입니다.

• 튼튼한 벽돌입니다.

과학 20~21쪽

궁금해요

그림에서 물체들을 찾고, 각 물체를 이루는 물질을 떠올려 봅시다. 도움①

질문 그림 속에서 곰 인형과 같은 재료로 만들어진 것은 어떤 것들이 있을까요?

예시 답안 옷, 쇼파, 카펫 등이 있습니다.

탐구 활동 물체가 어떤 물질로 만들어졌는지 조사하기

자세한 해설은 22~23쪽에 있어요.

● 무엇을 준비할까요?

사인펜, 붙임쪽지

● 과정을 알아볼까요?

❶ 우리 주변에 어떤 물질이 있는지 생각해 보고, 여러 가지 물질의 종류를 정리해 봅시다. 도움②

❷ 교실에서 우리 모둠이 물체를 관찰하고 물질을 조사할 구역을 정해 봅시다.

❸ 우리 모둠이 맡은 구역에 있는 물체를 찾고, 그 물체를 이루는 물질의 이름을 붙임쪽지에 적어서 붙여 봅시다.

❹ 교실 전체를 다니면서 다양한 물체를 이루고 있는 물질을 조사해 봅시다. 도움③

❺ 과정 ❹에서 분류한 결과를 정리하여 발표해 봅시다.

● 관찰 내용 및 결과를 정리해요

➡ 물체는 다양한 물질로 이루어져 있으며, 우리 주변에는 금속, 플라스틱, 나무, 고무, 유리, 섬유 등 다양한 물질이 있습니다.

➡ 교실에서 금속으로 만들어진 물체는 책상과 의자, 선풍기, 필통 등이 있고, 유리로 만들어진 물체는 창문과 컵 등이 있습니다.

➡ 사용된 물질의 종류에 따라 우리 주변의 여러 가지 물체를 분류할 수 있습니다.

교과서 속 핵심 개념

● 물체: 모양과 크기를 가지고 어떤 용도에 의해 만들어진 물건

● 물질: 어떤 물체를 만드는 재료

● 물질과 물체

와! 놀이동산이다~

놀이동산에는 놀이기구가 정말 많네요~

그렇지? 이 놀이기구들을 만들기 위해서 사용된 물질도 많단다.

물질이 뭐예요?

물질은 물체를 만드는 재료를 말하지. 플라스틱, 금속, 고무처럼...

그럼 범퍼카는 아랫부분은 고무로, 윗부분은 금속으로 되어 있는 거죠?

아주 똑똑하구나.

교과서 개념 확인 문제

1 다음 설명을 읽고 옳은 것에 ○표, 옳지 <u>않은</u> 것에 ×표 해 봅시다.

(1) 한 종류의 물질로는 물체를 만들 수 없습니다. ( )
(2) 연필은 나무라는 물질로 만들어진 물체입니다. ( )
(3) 하나의 물체를 여러 가지 물질로 만들 수 있습니다. ( )

2 다음을 보고, 서로 관련 있는 것끼리 바르게 연결해 봅시다.

(1) · ▲ 유리

· ㉠ 물체

(2) · ▲ 유리컵

· ㉡ 물질

(3) · ▲ 유리 어항

3 다음 ( ) 안에 들어갈 알맞은 말을 써 봅시다.

> 곰 인형은 섬유로 이루어져 있으며, 곰 인형과 같은 (㉠)(으)로 이루어진 (㉡)에는 가방, 목도리, 필통 등이 있습니다.

㉠ ( ), ㉡ ( )

도움 **1** 우리 주변의 여러 가지 물체

다음 물체들을 찾아 그림에 ○표시를 해 봅시다.
곰 인형, 주전자, 컵, 젓가락, 연필, 풍선, 유리창

우리 주변에는 다양한 물체가 있으며, 금속, 플라스틱, 나무, 고무, 유리, 섬유 등의 물질로 필요한 물체를 만들 수 있습니다.

도움 **2** 여러 가지 물질

▲ 금속   ▲ 플라스틱   ▲ 나무

▲ 고무   ▲ 유리   ▲ 섬유

도움 **3** 물체를 이루고 있는 물질

교실에서 책상은 금속과 나무로 이루어져 있고, 창문은 나무와 유리로 이루어져 있으며, 필통은 금속과 섬유, 플라스틱으로 이루어져 있습니다.

스스로 확인해요

● 물질이 무엇인지 설명할 수 있어요.

　도움말 물질은 어떤 물체를 만드는 재료임을 설명합니다.

● 물체가 어떤 물질로 만들어졌는지 조사했어요.

　도움말 물질의 종류에는 금속, 플라스틱, 나무, 고무, 유리, 섬유 등이 있으며, 우리 주변에 있는 물체가 다양한 물질로 이루어져 있음을 확인합니다.

실험 관찰

◉ 관찰 ⊟ 분류

1 무엇으로 만들었을까요?

 탐구 활동 **물체가 어떤 물질로 만들어졌는지 조사하기**

탐구 활동 도움말

이 탐구 활동은 교실과 같은 익숙한 장소에서 물체를 관찰 하고, 물체를 이루는 물질의 종류를 생각해 봄으로써 우리 주변의 물체가 다양한 물질로 이루어져 있음을 알게 되는 활 동입니다.

꾸러미 73쪽의 붙임딱지를 붙여 봅시다.

 붙임쪽지에 낙서를 하지 않아요.

무엇을 준비할까요? ㅇㅇ

준비물에 ◯ 표시를 하면서 확인해 봅시다.

사인펜

붙임쪽지

1 우리 주변에 어떤 물질이 있는지 생각해 보고, 여러 가지 물질의 종류를 정리해 봅시다.

● 각 사진에 해당하는 물질의 이름을 빈칸에 써 봅시다.

금속 / 고무 / 플라스틱 / 유리 / 나무 / 섬유

2 교실에서 우리 모둠이 물체를 관찰하고 물질을 조사할 구역을 정 해 봅시다.

예시 답안

▶ 우리 모둠은 (1분단 옆 사물함) 구역을 조사할 계획입니다.

도움말

모둠원끼리 협의하여 활동합 니다. 하나의 물체에 같은 물 질 이름이 적힌 붙임쪽지를 중 복으로 붙이지 않습니다.

다양한 물체를 찾고, 어떤 물질로 이루어져 있는지 생각해 보아요.

3 우리 모둠이 맡은 구역에 있는 물체를 찾고, 그 물체를 이루는 물 질의 이름을 붙임쪽지에 적어서 붙여 봅시다.

4 교실 전체를 다니면서 다양한 물체를 이루고 있는 물질을 조사해 봅시다. ●━━━━━

도움말
조사한 결과를 표에 작성하도록 합니다. 물질의 종류로 종이, 가죽, 밀가루 등도 적을 수 있습니다.

물질	예시 답안	물체				
	책상	창문	필통	선풍기	전화기	가방
금속	∨		∨	∨		∨
플라스틱		∨		∨	∨	
나무	∨					
고무					∨	
유리		∨				
섬유			∨			∨

5 과정 **4** 에서 분류한 결과를 정리하여 발표해 봅시다. ●━━━━━

도움말
과정 4에서 작성한 표를 참고하여 물질의 종류에 따라 물체를 분류해 봅니다.

우리 교실에서 금속으로 만들어진 물체는 책상, 의자, 필통입니다.

유리로 만들어진 물체는 창문, 컵입니다.

이렇게 ○○ 정리해요

● 빈칸에 공통으로 들어갈 알맞은 말을 채워 배운 내용을 정리해 봅시다.

▶ 물체는 다양한 물질 (으)로 이루어져 있습니다.

▶ 물질 의 종류는 금속, 나무, 고무 등으로 다양합니다.

과학 22~25쪽

→ **물질의 성질**

캠핑용품을 밖에 보관하고 싶은데, 어떤 상자가 좋을까?

가볍고 단단한 플라스틱 상자가 좋지 않을까요? 옮기기도 편하구요.

그런데 밖에 보관하다 비바람이나 눈보라를 만날지도 몰라.

앗, 그럼 비바람에도 날아가지 않도록 무겁고 단단한 금속 상자가 좋겠다!

궁금해요

보물 상자를 열기 위해 필요한 열쇠를 찾을 방법을 생각해 봅시다.

질문 보물 상자를 열 수 있는 열쇠를 어떻게 찾을 수 있을까요?

예시 답안 열쇠를 물속에 넣어 보거나 손으로 꾹꾹 눌러 보면 알 수 있습니다.

탐구 활동   여러 가지 물질의 성질 비교하기

자세한 해설은 26~27쪽에 있어요.

● **무엇을 준비할까요?**

금속 막대, 플라스틱 막대, 나무 막대, 고무 막대, 수조, 물, 보안경, 실험용 장갑, 면장갑, 실험복

● **과정을 알아볼까요?**

❶ 금속, 플라스틱, 나무, 고무로 만들어진 막대의 성질을 자유롭게 관찰해 봅시다.   도움❶

❷ 네 가지 막대의 성질을 예상해 봅시다.

　　　• 단단한 정도　　• 휘어지는 정도　　• 물에 뜨거나 가라앉는 정도

❸ 네 가지 막대를 서로 긁어 보면서 단단한 정도를 비교해 봅시다.

❹ 네 가지 막대를 구부려 보면서 휘어지는 정도를 비교해 봅시다.

❺ 물이 담긴 수조에 네 가지 막대를 넣고, 물에 뜨는 정도를 비교해 봅시다.

● **관찰 내용 및 결과를 정리해요**

➡ 가장 단단한 막대는 금속 막대이고, 가장 잘 휘어지는 막대는 고무 막대입니다.

➡ 물에 뜨는 막대는 플라스틱 막대와 나무 막대이고, 물에 가라앉는 막대는 금속 막대와 고무 막대입니다.

잠깐 퀴즈!

다음 설명에 알맞은 물질을 골라 ✔표시를 해 보세요.

▶ 고유의 향과 무늬가 있다.　　　　　　☑ 금속　☑ 나무

▶ 잘 미끄러지지 않고, 쉽게 늘어난다.　　☑ 고무　☑ 플라스틱

▶ 투명하고, 쉽게 깨진다.　　　　　　　☑ 나무　☑ 유리

교과서 속 핵심 개념

● **다양한 물질의 성질**　도움❷

금속	표면이 매끈하고 단단하며, 일반적으로 광택이 있어 반짝거림.
플라스틱	비교적 가볍고 단단하며, 색깔과 모양이 다양한 물체를 만들 수 있음.
나무	고유의 향과 무늬가 있고, 단단함. 물에 잘 뜨고, 불에 잘 탐.
고무	쉽게 휘어지고, 당기면 잘 늘어났다가 원래대로 돌아오는 성질이 있음.
유리	투명하고, 표면이 매끄러우며, 떨어뜨리면 쉽게 깨지기도 함.

도움 ① 여러 가지 물질의 성질

물질은 색깔, 냄새, 맛, 매끄러운 정도, 단단한 정도, 휘어지는 정도, 물에 뜨는 정도 등의 성질이 각각 다릅니다. 우리는 눈, 코, 입, 귀, 피부와 같은 몸의 감각 기관으로 물질의 다양한 성질을 확인할 수 있습니다.

도움 ② 그 외 물질의 성질과 이용

섬유	종이
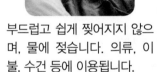	
부드럽고 쉽게 찢어지지 않으며, 물에 젖습니다. 의류, 이불, 수건 등에 이용됩니다.	쉽게 접을 수 있고, 잘 찢어집니다. 필기, 인쇄, 포장 등에 이용됩니다.

가죽	밀가루

비교적 질기고, 쉽게 접을 수 있습니다. 의류나 가방, 신발 등에 이용됩니다.	부드러운 흰색 가루 형태입니다. 물, 우유 등과 섞어 음식을 만들 때 이용됩니다.

스스로 확인해요

● 서로 다른 물질의 성질을 설명할 수 있어요.
  도움말 각 물질의 특징과 이용된 물체의 예를 설명합니다.

● 서로 다른 물질의 다양한 성질을 비교했어요.
  도움말 물질의 종류에 따라 단단한 정도, 휘어지는 정도, 물에 뜨는 정도 등의 성질이 다른지 비교합니다.

---

1 다음 글을 읽고 ( ) 안에 들어갈 알맞은 말을 골라 ○표 해 봅시다.

> 물질마다 색깔, 단단한 정도, 휘어지는 정도, 물에 뜨는 정도 등의 성질이 (모두 같습니다, 각각 다릅니다).

2 다음 설명을 읽고 옳은 것에 ○표, 옳지 않은 것에 ×표 해 봅시다.

(1) 금속은 일반적으로 광택이 있습니다.
( )

(2) 플라스틱은 잘 미끄러지지 않고, 쉽게 늘어납니다. ( )

(3) 고무는 비교적 가볍고, 표면이 매끄럽습니다. ( )

(4) 나무는 고유의 향과 무늬가 있습니다.
( )

3 다음 물질과 각 물질의 성질이 이용된 예를 바르게 연결해 봅시다.

(1) 유리 ·

· ㉠

▲ 나무배

(2) 고무 ·

· ㉡

▲ 창문

(3) 나무 ·

· ㉢

▲ 장화

실험 관찰

👁 관찰 💭 예상

2 물질마다 다른 성질이 있어요

탐구
활동 여러 가지 물질의 성질 비교하기

탐구 활동 도움말

이 탐구 활동은 여러 가지 물질의 성질을 비교함으로써 모든 물질이 각각 독특한 성질이 있음을 알아보는 활동입니다.

꾸러미 73쪽의 붙임딱지를 붙여 봅시다.

⚠ 막대를 함부로 던지지 않아요.

무엇을 준비할까요? 〇〇

준비물에 〇 표시를 하면서 확인해 봅시다.

금속 막대

플라스틱 막대

나무 막대

고무 막대

수조

물

보안경

실험용 장갑

면장갑

실험복

막대의 모서리에 손을 긁히지 않도록 조심해요.

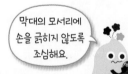

---

1 금속, 플라스틱, 나무, 고무로 만들어진 막대의 성질을 자유롭게 관찰해 봅시다.

주의!
물질을 만질 때는 반드시 장갑을 끼고, 선생님의 지시 없이는 물질을 함부로 맛보거나 냄새를 맡지 않아요.

물질	예시 답안 관찰한 내용
금속	단단하고 손으로 두드리면 소리가 납니다.
플라스틱	가볍고 색깔이 밝습니다.
나무	나무 냄새가 납니다.
고무	만지면 물렁물렁합니다.

2 네 가지 막대의 성질을 예상해 봅시다.

❶ 어느 막대가 가장 단단할지 예상해 봅시다.

예시 답안
> 금속 막대

❷ 어느 막대가 가장 잘 휘어질지 예상해 봅시다.

> 고무 막대

❸ 어느 막대가 물에 뜨고, 가라앉을지 예상해 봅시다.

▶ 물에 뜰 것으로 생각되는 막대:

> 플라스틱 막대, 나무 막대

▶ 물에 가라앉을 것으로 생각되는 막대:

> 금속 막대, 고무 막대

3 네 가지 막대를 서로 긁어 보면서 단단한 정도를 비교해 봅시다.

잘 긁힐수록 덜 단단한 물질이에요.

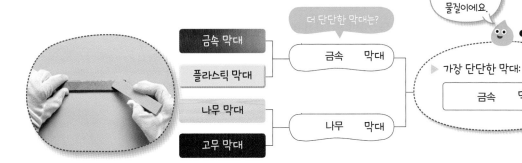

더 단단한 막대는?

| 금속 막대 | |
| 플라스틱 막대 | 금속 　막대 |

가장 단단한 막대:

금속 　막대

| 나무 막대 | |
| 고무 막대 | 나무 　막대 |

보충해설

단단한 정도는 막대들을 서로 긁어 보면 비교할 수 있습니다. 두 물질을 서로 긁어 보았을 때, 겉 부분이 잘 긁힐수록 덜 단단한 물질입니다.

4 네 가지 막대를 구부려 보면서 휘어지는 정도를 비교해 봅시다.

▶ 가장 잘 휘어지는 막대: (　고무　) 막대

5 물이 담긴 수조에 네 가지 막대를 넣고, 물에 뜨는 정도를 비교해 봅시다.

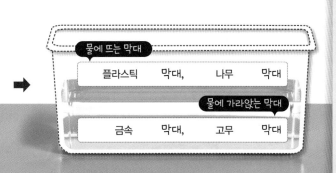

물에 뜨는 막대

플라스틱 　막대, 나무 　막대

물에 가라앉는 막대

금속 　막대, 고무 　막대

보충해설

네 가지 막대를 물이 담긴 수조 속에 각각 넣어 보면 플라스틱 막대와 나무 막대는 물에 뜨고, 금속 막대와 고무 막대는 물에 가라앉는 것을 알 수 있습니다.

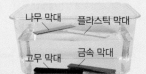

나무 막대　플라스틱 막대
고무 막대　금속 막대

이렇게 ○○ 정리해요

○○ 물질의 성질에 대해 정리해 봅시다.

▶ 물질마다 단단한 정도, 휘어지는 정도, 물에 뜨는 정도 등의 다양한 성질이 (☑ 모두 같습니다, ☑ 각각 다릅니다).

과학 26~27쪽

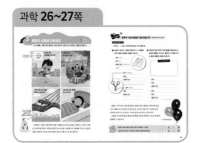

😃❓ 궁금해요

일상에서 사용하는 물체를 그림과 같은 새로운 물질로 만들면 어떤 불편함이 있을지 생각해 봅시다.

질문 상상 속 물체들을 사용하면 어떤 불편함이 있을까요? 도움 ❶

예시 답안 유리로 만든 신발은 걸을 때 미끄럽고 쉽게 깨질 것 같습니다.

😃⭐ 해 보기   물체의 기능과 물질의 성질 연결 짓기

● 무엇을 준비할까요?

필기도구, 교실 속 다양한 물체(실내화, 가위, 학용품 등)

● 어떻게 할까요?

❶ 교실에서 실내화, 가위를 관찰해 보고, 각 물체를 이루는 물질과 활용된 성질을 써 봅시다.

❷ 모둠원과 함께 주변의 다른 물체를 관찰해 봅시다. 관찰한 물체를 그려 보고, 물체의 각 부분을 이루는 물질과 활용된 성질을 써 봅시다. 도움 ❷

➡ 물질의 성질 이용

• 물체: 실내화
• 물질: 고무
• 활용된 성질: 잘 미끄러지지 않는다.

예시 답안

• 물체: 가위 손잡이
• 물질: 플라스틱
• 활용된 성질: 가볍고 매끄럽습니다.

• 물체: 가윗날
• 물질: 금속
• 활용된 성질: 단단합니다.

내가 관찰한 물체

예시 답안

• 물체: 시계 앞부분
• 물질: 유리
• 활용된 성질: 투명합니다.

• 물체: 시계 테두리
• 물질: 금속
• 활용된 성질: 단단하고 반짝거립니다.

💧 교과서 속 핵심 개념

● 물체는 여러 가지 물질로 이루어질 수 있습니다.

● 기능에 알맞은 물질을 선택하여 물체를 만들면 물체의 기능을 충분히 활용할 수 있습니다.

● 물체가 기능에 맞지 않는 물질로 이루어지면 불편하거나 위험할 수 있습니다.

교과서 개념 확인 문제

도움 **1** 물체의 기능과 물질의 성질

● 유리로 만든 운동화를 신는다면?
➔ 걸을 때 미끄럽고, 깨질까 봐 조마조마할 것 같습니다.
● 나무로 만든 마스크를 쓴다면?
➔ 마스크가 얼굴에 꼭 맞지 않아서 먼지나 꽃가루 등이 완전히 차단되지 않을 것 같습니다.
● 고무로 만든 다리 위를 자동차가 달린다면?
➔ 차가 위아래로 계속 움직여서 멀미가 심하게 날 것 같습니다.
● 금속으로 만든 베개를 베고 잔다면?
➔ 베개가 너무 딱딱해서 잠들기 불편할 것 같습니다.

도움 **2** 2가지 이상의 물질로 이루어진 물체
● **자전거:** 자전거의 몸체는 튼튼한 금속으로, 안장은 질긴 가죽으로, 바퀴는 잘 미끄러지지 않는 고무로 만듭니다.
● **카메라:** 카메라의 몸체는 가볍고 단단한 플라스틱으로, 렌즈는 투명한 유리로 만듭니다.

▲ 자전거

▲ 카메라

🐌 **스스로 확인해요**

● 물체의 기능과 물질의 성질을 연결 지어 설명할 수 있어요.
　도움말 물질의 성질이 물체의 기능에 적절하게 이용된 물체의 예시를 찾아 설명합니다.

● 모둠원과 함께 여러 가지 물질로 이루어진 물체를 관찰했어요.
　도움말 하나의 물체에 여러 가지 기능이 있으며, 각 기능에 알맞은 성질이 있는 물질이 이용됨을 확인합니다.

---

1 다음 글을 읽고 (　　) 안에 들어갈 알맞은 말을 골라 ○표 해 봅시다.

(1) 실내화의 밑창은 (섬유, 고무)로 만들어져 걸을 때 잘 미끄러지지 않게 합니다.
(2) 시계의 테두리는 (금속, 나무)(으)로 만들어져 단단하고 반짝거립니다.

2 다음은 하나의 물체를 만들 때 여러 가지 물질을 사용하는 까닭에 대한 설명입니다. (　　) 안에 알맞은 말을 써 봅시다.

> 물질마다 서로 다른 (㉠)이/가 있습니다. 그래서 물체의 각 부분의 기능에 알맞은 (㉡)을/를 선택하여 (㉢)을/를 만들면 사용하기에 더 좋습니다.

㉠ (　　　　　　　)
㉡ (　　　　　　　)
㉢ (　　　　　　　)

3 다음 가위에 대한 설명으로 옳은 것에 ○표, 옳지 않은 것에 ×표해 봅시다.

손잡이
가윗날

(1) 가위의 손잡이 부분은 부드러워야 하므로 섬유로 만드는 것이 좋습니다. (　　　)
(2) 가위의 날 부분은 단단하고 가벼워야 하므로 주로 플라스틱으로 만듭니다. (　　　)

4 왜 여러 가지 물질로 모자를 만들까요?

과학 28~29쪽

🙂❓ 궁금해요

두 그림에서 다른 부분을 찾고, 서로 다른 물질로 만들어진 같은 종류의 물체의 기능을 각각 떠올려 봅시다.

질문 두 그림 속 각 부분은 어떤 점이 다른가요? 도움①

예시답안 각 그림 속의 깔개, 컵, 신발, 과일 용기, 장난감에 사용된 물질이 다릅니다.

➡ 물체의 기능과 물질

엄마, 저 학교 다녀올게요.

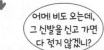

어머! 비도 오는데, 그 신발을 신고 가면 다 젖지 않겠니?

전 이 신발이 좋은데....

비 오는 날은 발이 비에 젖지 않는 신발을 신고 가야지!

아! 이거요?

그래, 그게 좋겠구나.

🙂⭐ 탐구 활동   서로 다른 물질로 만든 모자 관찰하기

자세한 해설은 32~33쪽에 있어요.

● 무엇을 준비할까요?

밀짚모자, 털모자, 수영 모자, 안전모, 돋보기

● 과정을 알아볼까요?

❶ 여러 가지 모자를 자유롭게 관찰해 봅시다.

❷ 모자를 이루고 있는 물질의 어떤 성질을 알아보면 좋을지 이야기해 봅시다.

❸ 모자를 이루고 있는 물질의 종류를 알아보고, 각각의 물질로 모자를 만들었을 때의 좋은 점을 정리해 봅시다.

● 관찰 내용 및 결과를 정리해요

➡ 필요한 기능에 따라 다양한 물질로 모자를 만들 수 있습니다.

종류	사용된 물질	모자의 기능
밀짚모자	밀짚	햇빛을 막기 편리합니다.
털모자	섬유	머리를 따뜻하게 유지해 줍니다.
수영 모자	고무	수영할 때 머리카락이 젖지 않게 합니다.
안전모	플라스틱	위험 물질로부터 머리를 보호합니다.

🦄 더 알아보기

일상생활에서 같은 종류의 물체를 서로 다른 물질로 만들어 사용하는 예를 더 찾아봅시다.

예시답안 컵, 그릇, 수저, 가방, 필통, 장갑 등이 있습니다. 도움②

🔴 교과서 속 핵심 개념

● 밀짚, 섬유, 고무, 플라스틱 등 다양한 물질로 모자를 만들 수 있으며, 물질의 성질에 따라 모자의 기능도 달라집니다.

● 상황과 기능에 따라 같은 종류의 물체도 여러 가지 물질로 다양하게 만들어질 수 있습니다.

도움 ① 다른 그림 찾기

같은 종류의 물체를 다양한 물질로 만들 수 있습니다.

종류	①	②
깔개	시원한 대나무	광택 있는 금속
컵	투명한 유리	단단한 금속
신발	미끄럽지 않은 고무	부드러운 섬유
과일 용기	단단한 플라스틱	가벼운 종이
장난감	말랑말랑한 고무	가볍고 단단한 플라스틱

도움 ② 다양한 물질로 만든 컵

▲ 금속 컵 ▲ 도자기 컵 ▲ 종이컵 ▲ 플라스틱 컵 ▲ 유리컵

● **금속 컵**: 반짝거리고, 단단하여 쉽게 깨지지 않습니다.
● **도자기 컵**: 열에 강하고, 음식을 오랫동안 따뜻한 상태로 보관할 수 있습니다.
● **종이컵**: 가벼워서 들고 다니기 편리합니다.
● **플라스틱 컵**: 가볍고 단단합니다.
● **유리컵**: 투명하여 안에 무엇이 들어 있는지 바로 알 수 있습니다.

👀 **스스로 확인해요**

● 같은 종류의 물체를 서로 다른 물질로 만드는 까닭을 설명할 수 있어요.
  도움말 물체의 기능과 물질의 성질을 서로 관련지어 설명합니다.
● 모둠원의 말을 경청하며 각 모자의 기능을 탐색했어요.
  도움말 실생활에서 모자를 사용한 경험을 떠올려 각 모자의 기능을 이야기합니다.

교과서 개념 확인 문제

1 다음 설명을 읽고 옳은 것에 ○표, 옳지 <u>않은</u> 것에 ×표 해 봅시다.

(1) 수영 모자는 물에 젖지 않는 성질을 이용하여 섬유로 만듭니다. ( )
(2) 안전모는 가볍고 단단한 플라스틱으로 만듭니다. ( )
(3) 밀짚모자는 햇빛을 막고 바람이 잘 통하도록 고무로 만듭니다. ( )

2 다음 여러 가지 장갑과 이를 이루는 물질에 따른 좋은 점을 바르게 연결해 봅시다.

(1)
▲ 가죽 장갑
• ⊙ 질기고 잘 미끄러지지 않으며, 물이 들어오지 않습니다.

(2)
▲ 고무장갑
• ⓒ 부드럽고 따뜻하며, 바람이 잘 들어오지 않습니다.

3 다음과 같은 특징이 있는 컵으로 알맞은 것을 **보기**에서 골라 기호를 써 봅시다.

가볍고 단단하며, 잘 깨지지 않습니다.

보기

⊙ 유리컵   ⓒ 플라스틱 컵   ⓒ 종이컵

( )

👁 관찰 ❓ 추리

실험 관찰 20~21쪽

4 왜 여러 가지 물질로 모자를 만들까요?

💬 탐구 활동 서로 다른 물질로 만든 모자 관찰하기

탐구 활동 도움말

이 탐구 활동은 다양한 모자를 준비하여 각 모자를 이루는 물질을 알아보고, 물질의 성질과 모자의 기능을 연결 짓는 활동입니다.

꾸러미 73쪽의 붙임딱지를 붙여 봅시다.

모자를 가지고 장난을 치지 않아요.

무엇을 준비할까요? 🐛

준비물에 ⭕ 표시를 하면서 확인해 봅시다.

밀짚모자

털모자

수영 모자

안전모

🔍

돋보기

보충해설

다양한 물질의 성질을 떠올리면서 모자의 색깔, 냄새, 촉감, 바람이 통하는 정도 등 구체적인 관찰 방법을 생각해 봅니다.

1 여러 가지 모자를 자유롭게 관찰해 봅시다.

모자의 종류	예시 답안 관찰한 내용
밀짚모자	예 가볍습니다. 만지면 거칠거칠합니다. 황토색입니다. 창이 넓습니다.
털모자	빨간색입니다. 부드럽습니다. 접을 수 있습니다.
수영 모자	매끈합니다. 물에 젖지 않습니다. 당기면 잘 늘어납니다.
안전모	딱딱합니다. 두드리면 소리가 납니다. 접을 수 없습니다.

2 모자를 이루고 있는 물질의 어떤 성질을 알아보면 좋을지 이야기해 봅시다.

표면이 어떻게 생겼는지 자세히 살펴봐야지!

그래, 그럼 나는 부드러운지 거칠거칠한지 만져 볼 거야.

또 어떤 점을 관찰하면 좋을까요?

3 모자를 이루고 있는 물질의 종류를 알아보고, 각각의 물질로 모자를 만들었을 때의 좋은 점을 정리해 봅시다.

모둠원과 함께 모자를 사용한 경험을 이야기하며 기능을 정리해 봅시다.

- 각 모자를 이루는 물질의 종류를 쓰고, 그 물질의 성질과 모자의 기능을 연결 지어 써 봅시다.

모자의 종류	모자를 이루는 물질	물질의 성질	모자의 기능
	(예) 밀짚	가볍습니다.	햇빛을 막기 편리합니다.
예시 답안	섬유	부드럽고 푹신합니다.	머리를 따뜻하게 유지해 줍니다.
	고무	물에 젖지 않습니다.	수영할 때 머리카락이 젖지 않게 합니다.
	플라스틱	가볍고 단단합니다.	위험 물질로부터 머리를 보호해 줍니다.

이렇게 ○○ 정리해요

😊 같은 종류의 물체를 서로 다른 물질로 만드는 까닭을 정리해 봅시다.

▶ 물질은 종류에 따라 그 | 성질 | 이/가 다릅니다. 물체의 | 기능 | 에 알맞은 물질로 만든 물체는 편리하게 사용할 수 있습니다.

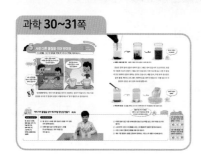

과학 30~31쪽

● 서로 다른 물질 섞기

궁금해요

우리 생활 속에서 서로 다른 물질을 섞었을 때 나타나는 물질의 성질 변화를 알아봅시다.

질문 서로 다른 물질을 섞어서 성질이 변하는 경우도 있을까요? 도움①

예시 답안 서로 다른 물질을 섞으면 성질이 변하는 경우도 있고, 변하지 않는 경우도 있을 것 같습니다.

탐구 활동 여러 가지 물질을 섞어 개구리알 장난감 만들기

자세한 해설은 36~37쪽에 있어요.

● **무엇을 준비할까요?**

물, 알긴산 나트륨, 염화 칼슘, 비커 3개, 약숟가락 2개, 유리 막대 2개, 스포이트, 체, 보안경, 실험용 장갑, 실험복

● **과정을 알아볼까요?**

❶ 물, 알긴산 나트륨, 염화 칼슘의 성질을 각각 관찰하여 정리해 봅시다.

❷ 따뜻한 물이 담긴 비커에 알긴산 나트륨 한 숟가락을 넣고, 유리 막대로 잘 저어 봅시다.

❸ 따뜻한 물이 담긴 다른 비커에 염화 칼슘 한 숟가락을 넣고, 유리 막대로 잘 저어 봅시다.

❹ 스포이트로 과정 ❷의 물질을 과정 ❸의 물질에 한 방울씩 떨어뜨려 봅시다.

❺ 과정 ❹에서 만들어진 물질을 체로 걸러 봅시다.

❻ 체로 거른 물질의 성질을 관찰하여 정리하고, 과정 ❶의 내용과 비교해 봅시다.

● **관찰 내용 및 결과를 정리해요**

➡ 물은 색깔이 없고, 찰랑거립니다.

➡ 알긴산 나트륨은 연한 갈색(또는 흰색)입니다.

➡ 염화 칼슘은 흰색이고, 쉽게 부스러집니다.

➡ 물, 알긴산 나트륨, 염화 칼슘을 섞으면 투명하고 동글동글하며 말랑말랑한 물질이 만들어집니다.

➡ 서로 다른 물질을 섞으면 물질의 성질이 변하기도 합니다.

교과서 속 핵심 개념

● 물, 알긴산 나트륨, 염화 칼슘을 섞으면 각각의 물질이 섞기 전에 가지고 있던 성질이 변합니다.

● 서로 다른 물질을 섞으면 물질의 성질이 변하기도 하고, 변하지 않기도 합니다.

도움 ① 섞었을 때 물질의 성질 변화

● 물질의 성질이 변하지 않는 경우: 물질의 모양이나 크기(부피) 등이 달라집니다.

예

▲ 초콜릿 시럽을 섞은 우유: 초콜릿 시럽과 우유의 성질이 그대로 남아 있습니다.

● 물질의 성질이 변하는 경우: 원래의 물질의 성질(색깔, 촉감 등)과 전혀 다른 성질이 있는 새로운 물질이 만들어집니다.

예

▲ 투명 반죽 장난감: 물, 물풀, 베이킹 소다, 렌즈 세척액 등의 섞기 전 물질과는 다른 성질이 있습니다.

● 서로 다른 물질을 섞는 다양한 경우

각 물질의 성질이 변하지 않는 경우	각 물질의 성질이 변하는 경우
• 물+꿀 • 물+미숫가루 • 미숫가루+설탕	• 물+알긴산 나트륨+염화 칼슘 ➡ 개구리알 장난감 • 물+붕사+폴리비닐 알코올 ➡ 탱탱볼

😀 스스로 확인해요

● 서로 다른 물질을 섞었을 때 성질의 변화에 대해 설명할 수 있어요.

도움말 서로 다른 물질을 섞으면 물질의 성질이 변하기도 하고, 변하지 않기도 한다는 것을 설명합니다.

● 서로 다른 물질을 섞은 후 물질의 성질 변화를 모둠원과 관찰했어요.

도움말 물질의 성질 변화를 색깔, 촉감 등 다양한 면에서 관찰합니다.

교과서 개념 확인 문제

1 다음 (　　) 안에 들어갈 알맞은 말을 써 봅시다.

> 서로 다른 물질을 섞으면 섞기 전에 각 물질이 가지고 있던 (　　　)이/가 변하기도 합니다.

(　　　　　　　)

2 생활 속에서 서로 다른 물질을 섞었을 때 성질이 변하는 것에 ○표, 변하지 <u>않는</u> 것에 ×표 해 봅시다.

(1) 꿀과 물을 섞어 꿀물을 만듭니다.

(　　　)

(2) 물에 초콜릿 가루를 타서 마십니다.

(　　　)

(3) 물에 물풀과 베이킹 소다, 렌즈 세척액을 섞어 투명 반죽 장난감을 만듭니다.

(　　　)

3 개구리알 장난감을 만들기 위해 필요한 재료를 보기 에서 모두 골라 기호를 써 봅시다.

보기
㉠ 물	㉡ 물풀
㉢ 소금	㉣ 붕사
㉤ 염화 칼슘	㉥ 알긴산 나트륨

(　　　　　　　)

4 서로 다른 물질을 섞어 만든 개구리알 장난감의 특징으로 옳은 것을 보기 에서 모두 골라 기호를 써 봅시다.

보기
㉠ 말랑말랑합니다.
㉡ 알갱이가 투명합니다.
㉢ 겉 부분이 거칠거칠합니다.

(　　　　　　　)

🔍 관찰

실험 관찰 22~23쪽

5 서로 다른 물질을 섞어 보아요

탐구 활동 여러 가지 물질을 섞어 개구리알 장난감 만들기

탐구 활동 도움말

이 탐구 활동은 물, 알긴산 나트륨, 염화 칼슘을 섞기 전과 섞은 후의 모습을 관찰하며, 서로 다른 물질을 섞었을 때 나타나는 물질의 성질 변화를 알아보는 활동입니다.

꾸러미 73쪽의 붙임딱지를 붙여 봅시다.

 모르는 물질을 만지거나 먹지 않아요.

무엇을 준비할까요? 👀

준비물에 ◯ 표시를 하면서 확인해 봅시다.

 물　　 알긴산 나트륨

 염화 칼슘　　 비커 3개

 약숟가락 2개　　 유리 막대 2개

 스포이트　　 체

보충해설

 보안경　　 실험용 장갑

 실험복

· 알긴산 나트륨, 염화 칼슘의 크기나 모양은 제조 환경에 따라 달라질 수 있습니다.
· 과정 2에서 물감이나 식용 색소를 넣으면 결과물의 모양을 훨씬 더 쉽게 볼 수 있습니다.

 알긴산 나트륨은 미역이나 다시마 속에 있는 물질로 만들어져요.

1 물, 알긴산 나트륨, 염화 칼슘의 성질을 각각 관찰하여 정리해 봅시다.

주의! 함부로 냄새를 맡거나 입에 넣으면 몸에 좋지 않아요.

물질의 종류	예시 답안　　관찰한 내용
물	예 색깔이 없습니다. 찰랑거립니다.
알긴산 나트륨	연한 갈색입니다.
염화 칼슘	흰색입니다. 쉽게 부스러집니다.

2 따뜻한 물이 담긴 비커에 알긴산 나트륨 한 숟가락을 넣고, 유리 막대로 잘 저어 봅시다.

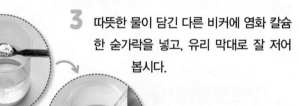

3 따뜻한 물이 담긴 다른 비커에 염화 칼슘 한 숟가락을 넣고, 유리 막대로 잘 저어 봅시다.

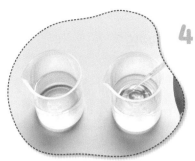

4 스포이트로 과정 **2**의 물질을 과정 **3**의 물질에
한 방울씩 떨어뜨려 봅시다.

도움말
스포이트의 끝부분이 물질에
직접 닿지 않도록 합니다. 가
위로 스포이트의 끝을 조금 잘
라 주면 결과물의 크기가 더
커집니다.

5 과정 **4**에서 만들어진 물질을 체로
걸러 봅시다.

체 아래쪽을
컵으로 받쳐
주어야 해요.

보충해설
체로 거른 뒤 흐르는 물에 헹
궈 주면 관찰하기 더 좋습니다.

6 체로 거른 물질의 성질을 관찰하여 정리하고, 과정 **1**의 내용과 비교해 봅시다.

● 모둠원과 이야기하며 관찰한 내용을 정리해 봅시다.

활동이 끝나면
각 물질은 신문지나 종이
타월 등으로 물기를
제거하고 쓰레기통에
버려요.

섞어 준 물질의 종류	관찰한 내용
물 + 알긴산 나트륨 + 염화 칼슘	**예시 답안** 투명하고 동글동글합니다. 만지면 말랑말랑합니다.

이렇게 ○○ 정리해요

○○ 개구리알 장난감을 만들어 보면서 알게 된 점을 정리해 봅시다.

▶ 서로 다른 물질을 섞으면 물질의 성질이 (☑ 변하지 않습니다, ✔ 변하기도 합니다).

과학 32~33쪽

➡ 연필꽂이 만들기

궁금해요

칫솔꽂이에 필요한 기능과 물질을 생각해 봅시다.

질문 칫솔꽂이가 다양한 기능을 갖추려면 어떤 물질이 필요할까요?

예시 답안
- 금속처럼 단단한 물질이 필요합니다.
- 고무처럼 잘 미끄러지지 않는 물질이 필요합니다.
- 쉽게 들고 다닐 수 있도록 플라스틱처럼 가벼운 물질이 필요합니다.
- 안에 든 내용물을 바로 알 수 있도록 유리처럼 투명한 물질이 필요합니다.
- 물에 잘 젖지 않고, 치약 거품이 묻어도 쉽게 세척할 수 있는 물질이 필요합니다.

탐구 활동　나만의 칫솔꽂이 설계하기

자세한 해설은 40~41쪽에 있어요.

● **무엇을 준비할까요?**

　필기도구, 자, 사인펜, 색연필

● **과정을 알아볼까요?**

❶ 새로운 칫솔꽂이의 기능과 알맞은 성질의 물질에 대해 모둠별로 토의해 봅시다.

❷ 토의한 내용을 바탕으로 나만의 칫솔꽂이를 설계해 봅시다. **도움❶**

❸ 설계한 칫솔꽂이의 기능과 사용된 물질을 소개해 봅시다.

● **관찰 내용 및 결과를 정리해요**

➡ 새로운 물체를 설계할 때에는 물체의 기능에 알맞은 성질이 있는 물질을 선택합니다.

➡ 내가 설계한 칫솔꽂이의 좋은 점: 플라스틱을 사용하여 가볍고 단단합니다. 고무를 사용하여 잘 미끄러지지 않습니다.

➡ 내가 설계한 칫솔꽂이의 보완할 점: 플라스틱 대신 금속을 사용하면 훨씬 단단할 것입니다.

교과서 속 핵심 개념

● 물체는 필요한 기능에 따라 다양한 물질로 설계되어 만들어집니다.

　　연결 부분: 잘 깨지지 않는 금속으로 만듭니다.
　　손잡이: 미끄럽지 않은 고무로 만듭니다.
　　줄: 안쪽은 단단한 금속, 바깥쪽은 부드러운 고무로 만듭니다.

● 여러 가지 물질의 성질을 이용하여 다양한 기능이 있는 물체를 설계할 수 있습니다. **도움❷**

교과서 개념 확인 문제

도움 ① 다양한 칫솔꽂이

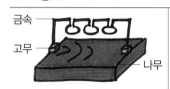
금속
고무
나무

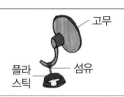
고무
플라스틱
섬유

• 나무판의 양쪽 끝에 지우개를 붙인 뒤 굵은 금속 철사의 모양을 변형하여 끼워넣은 형태입니다. • 금속 철사를 동그랗게 구부린 부분에 칫솔을 걸도록 합니다.	• 고무로 된 흡착형 고리와 페트병 뚜껑을 굵은 실로 연결한 형태입니다. • 흡착형 고리로 벽에 단단히 고정한 뒤, 페트병 뚜껑의 모양을 변형하여 칫솔을 걸도록 합니다.

도움 ② 물질의 성질을 이용하여 생활 속 운동 기구 찾아보기

다양한 운동 기구의 기능을 생각해 보며, 생활 속에서 대체할 수 있는 물체를 찾아봅니다.

운동 기구		
이름	짐 볼	고무 밴드
기능	말랑말랑합니다.	잘 늘어납니다.
대체 물체	탱탱볼	스타킹

😀 스스로 확인해요

● 물질의 성질을 이용해 다양한 기능이 있는 물체를 설계할 수 있어요.

　도움말　 2가지 이상의 물질을 기능에 알맞게 사용하여 물체를 설계합니다.

● 토의에 적극적으로 참여하고, 나만의 칫솔꽂이를 소개했어요.

　도움말　 설계한 칫솔꽂이의 좋은 점과 보완할 점을 적절하게 찾고, 모둠원의 의견을 긍정적인 태도로 받아들입니다.

---

1 다음 ( ) 안에 들어갈 알맞은 말을 써 봅시다.

> 칫솔꽂이를 설계할 때에는 크기, 모양, 어떤 ( )을/를 사용할지 등을 고려합니다.

( )

2 칫솔꽂이 안에 든 내용물을 바로 확인할 수 있도록 하기 위해 사용하면 좋은 물질을 보기 에서 골라 기호를 써 봅시다.

보기		
㉠ 금속	㉡ 고무	㉢ 유리

( )

3 다음 중 칫솔꽂이를 설계할 때 고려할 점으로 옳은 것에 ○표, 옳지 <u>않은</u> 것에 ×표 해 봅시다.

(1) 얼마짜리 물질을 사용할지 고려합니다.

( )

(2) 어떤 물질을 사용할지 고려합니다.

( )

4 다음과 같이 칫솔꽂이를 설계할 때, 각 부분의 기능에 따라 가장 알맞은 물질을 바르게 연결해 봅시다.

(1) 물에 젖지 않는 몸체 • ・㉠ 고무

(2) 부드럽고 가벼운 뚜껑 • ・㉡ 플라스틱

(3) 미끄럽지 않은 바닥 • ・㉢ 섬유

실험 관찰

실험 관찰 24~25쪽

🔊 의사소통

6 나만의 칫솔꽂이가 필요해요

탐구활동 나만의 칫솔꽂이 설계하기

탐구 활동 도움말

이 탐구 활동은 칫솔꽂이에 필요한 기능과 그에 알맞은 물질에 대해 토의하고, 토의한 내용을 바탕으로 자신만의 칫솔꽂이를 설계하는 활동입니다.

꾸러미 73쪽의 붙임딱지를 붙여 봅시다.

친구가 발표할 때 떠들지 않아요.

보충해설

새로운 칫솔꽂이를 설계하면서 자신의 의견이나 알고 있는 정보를 친구들과 함께 공유하면 더 좋은 의견을 얻을 수 있습니다.

무엇을 준비할까요?

준비물에 ◯ 표시를 하면서 확인해 봅시다.

필기도구
자
사인펜
색연필

내가 원하는 기능을 떠올리며 물질을 정해 보아요.

1 새로운 칫솔꽂이의 기능과 알맞은 성질의 물질에 대해 모둠별로 토의해 봅시다.

예시 답안	기능	물질
예 물에 젖지 않습니다.		플라스틱
가볍고 부드럽습니다.		섬유
잘 미끄러지지 않습니다.		고무

2 토의한 내용을 바탕으로 나만의 칫솔꽂이를 설계해 봅시다.

❶ 설계할 칫솔꽂이의 모양을 그려 봅시다.

❷ 칫솔을 담을 부분에 알맞은 물질을 떠올려 표시해 봅시다.

섬유 뚜껑
플라스틱 몸통

❸ 벽이나 바닥에 칫솔꽂이를 고정하기 위해 알맞은 물질을 떠올려 표시해 봅시다.

고무 바닥

❹ 칫솔꽂이에 추가하고 싶은 기능을 생각해 봅시다.

물 빠지는 구멍을 만들어 볼까?

이름 쓰는 칸을 넣어 볼까?

손잡이가 필요할까?

▶ 내가 만들고 싶은 칫솔꽂이를 글과 그림으로 표현해 봅시다.

예시 답안

섬유

플라스틱

고무

칫솔꽂이의 각 부분에 필요한 기능과 알맞은 물질도 그림에 표시해 보아요.

▶ 필요한 물질

플라스틱, 섬유, 고무

3 설계한 칫솔꽂이의 기능과 사용된 물질을 소개해 봅시다.

● 모둠원의 칫솔꽂이를 보고 좋은 점과 보완할 점을 이야기해 봅시다.

나는 플라스틱, 섬유, 고무를 이용한 칫솔꽂이를 설계했어.

몸통은 플라스틱으로 만들어서 가볍고 단단하고, 바닥이 고무여서 잘 미끄러지지 않겠네!

보충해설

좋은 점과 보완할 점을 찾아보고, 친구의 의견을 잘 듣고 받아들이는 태도를 가집니다.

이렇게 ○○ 정리해요

내가 설계한 칫솔꽂이의 좋은 점과 보완할 점을 정리해 봅시다.

예시 답안

• 좋은 점: 플라스틱을 사용하여 가볍고 단단하며, 예쁘게 색을 입힐 수 있습니다. 섬유를 뚜껑으로 사용하여 부드럽고, 세척이 편리합니다.
• 보완할 점: 플라스틱 대신 금속을 사용하면 훨씬 더 단단할 것입니다.

데굴데굴~ 바퀴가 거쳐 온 다양한 물질!

하루 동안 이 세상의 모든 바퀴가 사라진다면 어떻게 될까요?

버스도, 자전거도, 자동차도 이용할 수 없을 거예요.

바퀴는 언제부터 사람들의 생활을 편리하게 해 주었는지 함께 알아볼까요?

최초의 바퀴는 통나무로 만들었대.

원판형 나무 바퀴 탄생

그래? 굉장히 무거웠겠다. 빠르지는 않았겠어.

응, 그래서 나중에는 가벼운 모양으로도 만들었다고 해.

바큇살

바퀴통

테두리 바퀴

바퀴통과 테두리 바퀴를 연결하는 바큇살로 이루어진 바퀴의 등장

➕ 과학 더하기 도움말

인류가 오늘날까지 사용해 온 바퀴의 재료로 쓰인 다양한 물질과 바퀴의 기능을 소개하는 내용입니다. 만화를 읽고, 단원에서 학습한 다양한 물질의 성질을 떠올리며 먼 미래에 사용하고 있을 것 같은 바퀴의 모습을 상상해 보도록 합니다.

➕ 과학 더하기 해설

• **바퀴의 탄생**: 바퀴는 인류가 무거운 짐을 손쉽게 운반하기 위해 처음 발명되었습니다.

• **최초의 바퀴**: 최초의 바퀴는 통나무를 원판 모양으로 잘라서 만들었습니다. 그런데 이것은 나뭇

▲ 나무 바퀴

그런데 나무는 잘 썩고 금세 닳아 버려서 불편했어.

기차의 발명과 함께 금속 바퀴 출현

그래서 단단한 금속 바퀴가 등장한 것이군!

맞아, 그리고 잘 미끄러지지 않는 고무바퀴가 등장하면서 지금까지 오게 된 거지!

금속 바퀴 테두리에 고무를 두른 고무바퀴 등장

아하~ 바퀴는 이렇게 다양한 물질을 거쳐서 발전해 왔구나!

▲ 나무 바퀴

미래의 새로운 바퀴는 어떤 물질로 이루어진 모습일까요?

▲ 금속 바퀴

질문

▲ 고무바퀴

● 미래의 새로운 바퀴는 어떤 물질로 이루어진 모습일까요?
▶ 터지지 않도록 특수하게 만들어진 고무바퀴일 것 같습니다.
▶ 투명하고 깨지지 않는 방탄유리로 만들어진 바퀴일 것 같습니다.
▶ 투포환 공처럼 모든 방향으로 구르는 단단한 금속 바퀴일 것 같습니다.

결에 따라 쉽게 쪼개진다는 단점이 있었습니다. 그래서 사람들은 나무 판자 여러 장을 이어 붙여 원판 모양의 바퀴를 만들었는데, 또 이것은 무거워서 빠르게 달리거나 방향을 바꾸기 어려웠습니다. 이에 따라 바큇살이 있는 바퀴가 등장하였으나, 나무의 특성상 테두리가 쉽게 닳고 잘 썩는 등 어려움이 있었습니다. 바퀴 테두리에 짐승의 가죽이나 금속 등을 씌워도 보았지만, 문제점이 해결되지는 않았습니다.

• 바퀴의 발전: 이후 금속으로 만들어진 단단한 바퀴가 등장하였고, 1865년 스코틀랜드에서 금속 바퀴 테두리에 생고무를 두른 고무바퀴가 처음 사용되었습니다. 고무바퀴는 땅에서 잘 미끄러지지 않는다는 장점이 있었습니다. 1888년 바퀴 주위에 속이 빈 튜브를 두르고, 그 속에 공기를 가득 채운 지금의 공기 타이어가 개발되었습니다. 이것은 현재까지도 사람들의 이동 시간을 줄이기 위해 널리 사용되고 있습니다.

단원 매듭 짓기 · 그림으로 정리하기 ●

해당 칸에
「과학」 부록 119쪽
붙임딱지를
붙이세요.

붙임딱지로 빈칸을 채우며 배운 내용을
정리해 봅시다.

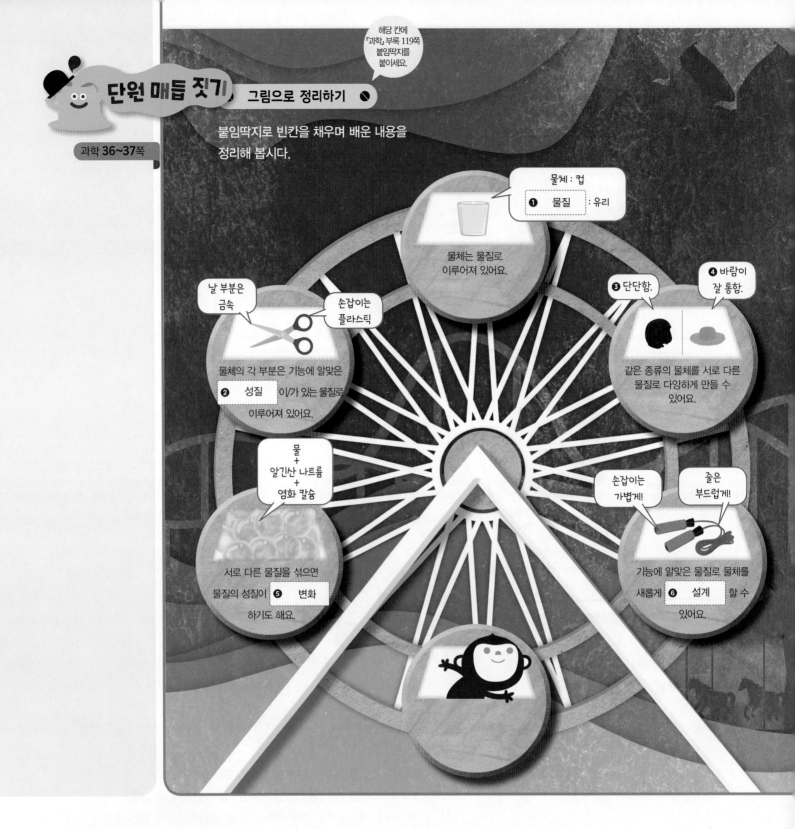

물체 : 컵
❶ 물질 : 유리

물체는 물질로
이루어져 있어요.

❸ 단단함.

❹ 바람이
잘 통함.

같은 종류의 물체를 서로 다른
물질로 다양하게 만들 수
있어요.

날 부분은
금속

손잡이는
플라스틱

물체의 각 부분은 기능에 알맞은
❷ 성질 이/가 있는 물질로
이루어져 있어요.

물
+
알긴산 나트륨
+
염화 칼슘

서로 다른 물질을 섞으면
물질의 성질이 ❺ 변화
하기도 해요.

손잡이는
가볍게!

줄은
부드럽게!

기능에 알맞은 물질로 물체를
새롭게 ❻ 설계 할 수
있어요.

● 그림으로 정리하기 해설 ●

❶ 물질은 물체를 이루는 재료를 말합니다. 예를 들어 유리컵이라는 물체를 이루는 물질은 유리입니다. 물질의 종류에는 금속, 플라스틱, 나무, 고무, 유리 등이 있으며, 물질마다 단단한 정도, 휘어지는 정도, 물에 뜨거나 가라앉는 정도 등의 성질이 다릅니다.

❷ 물체의 각 부분의 기능에 알맞은 성질이 있는 물질로 물체를 만들어 사용하면 생활이 편리해집니다.

❸, ❹ 같은 종류의 물체도 서로 다른 물질로 다양하게 만들 수 있습니다. 플라스틱으로 만든 모자는 가볍고 단단하여 위험 물질로부터 머리를 보호해 주고, 밀짚으로 만든 모자는 가볍고 바람이 잘 통하여 여름에 사용하기 좋습니다.

❺ 2가지 이상의 서로 다른 물질을 섞으면 물질의 성질이 변하기도 하고, 변하지 않기도 합니다. 물, 알긴산 나트륨, 염화 칼슘을 섞어 만든 개구리알 장난감은 각 물질의 섞기 전 성질과는 다른 새로운 성질을 나타냅니다.

❻ 물체에 필요한 기능을 알면 그 기능에 알맞은 물질을 사용하여 새로운 물체를 설계할 수 있습니다.

❶ 다음 사진을 보고, 같은 물질로 이루어진 물체끼리 선으로 연결해 봅시다.

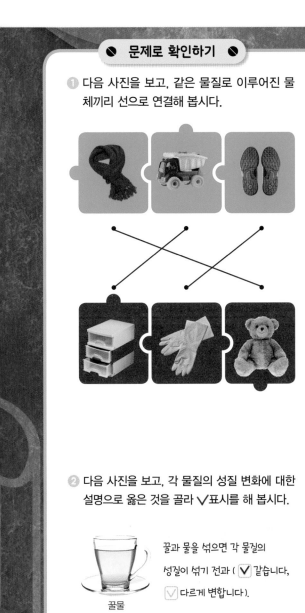

❷ 다음 사진을 보고, 각 물질의 성질 변화에 대한 설명으로 옳은 것을 골라 ∨표시를 해 봅시다.

꿀물

꿀과 물을 섞으면 각 물질의 성질이 섞기 전과 (∨ 같습니다, ∨ 다르게 변합니다).

투명 반죽 장난감

물, 물풀, 베이킹 소다, 렌즈 세척액을 섞으면 각 물질의 성질이 섞기 전과 (∨ 같습니다, ∨ 다르게 변합니다).

❸ 숲에서 숟가락을 잃어버린 학생이 산신령을 만났습니다. 다음 대화를 완성해 봅시다.

금 숟가락도, 은 숟가락도 아니라면 도대체 네가 잃어버린 숟가락은 어떤 물질로 만든 숟가락이냐?

예시 답안
제가 잃어버린 숟가락은 나무 (으)로 만든 숟가락이에요. 제 숟가락의 특징은 나무 무늬가 잘 나타나 있다는 것이에요.

● 도움말 ●
물질의 종류에 따라 성질이 다르다는 것을 이용하여 숟가락을 이루는 물질을 자유롭게 정하고, 그 특징을 생각하면서 글을 써 봅니다.

● 도전! 창의 융합 ●

어린이 놀이터 완성하기

우리 동네에 어린이 놀이터를 만들려고 합니다. 어떤 물질로 만들어진 놀이기구를 채우면 좋을지 생각해 봅시다.

『실험 관찰』 26쪽 ▶

● **문제로 확인하기 해설** ●

❶ 목도리와 곰 인형을 이루는 물질은 섬유로, 부드럽고 푹신합니다.
장난감 트럭과 서랍장을 이루는 물질은 플라스틱으로, 비교적 가볍고 단단합니다.
신발 밑창과 고무장갑을 이루는 물질은 고무로, 물에 젖지 않고 잘 미끄러지지 않습니다.

❷ 서로 다른 물질을 섞으면 꿀물처럼 섞기 전 각 물질의 성질이 변하지 않기도 하고, 투명 반죽 장난감처럼 섞기 전 각 물질의 성질이 변하기도 합니다.

● **과학 글쓰기 해설** ●

이 단원에서 학습한 다양한 물질의 성질을 떠올려 볼 수 있는 활동입니다. 물질마다 서로 다른 성질이 있음을 이용하여 가상의 숟가락을 이루는 물질을 정해 보고, 그 성질을 알맞게 써 봅니다. 본문에 제시된 예시 답안 외에 다음과 같은 답을 쓸 수도 있습니다.

▶ 플라스틱, 가벼워서 들고 다니기 편리하다는 것이에요.
▶ 금속, 단단해서 쉽게 깨지거나 망가지지 않고 오랫동안 사용할 수 있다는 것이에요.

도전! 창의 융합

도전! 창의 융합 도움말

지금까지 배운 물질의 성질을 모두 떠올리며 자신이 원하는 물질로 이루어진 놀이터를 완성해 보는 활동입니다.
같은 물질만 선택할 수도 있고, 놀이 기구마다 다양한 물질을 선택할 수도 있습니다.

어린이 놀이터 완성하기

우리 동네에 어린이 놀이터를 만들려고 해요.

금속, 플라스틱, 나무, 고무의 성질을 떠올리면서 『실험 관찰』꾸러미 75쪽에 있는 붙임딱지 중 내가 원하는 물질로 이루어진 놀이기구를 골라서 주어진 자리에 알맞게 붙여 보세요.

내가 완성한 놀이터에 어울리는 이름을 지어 주세요. 그리고 내가 고른 놀이기구의 좋은 점은 무엇인지 함께 이야기해 보아요.

중요

1 다음 중 같은 종류의 물질로 만들어진 물체끼리 옳게 짝지은 것은 어느 것입니까? (   )

① 상자, 옷, 풍선
② 열쇠, 동전, 축구공
③ 바구니, 고무장갑, 빵
④ 자물쇠, 못, 야구 장갑
⑤ 야구 방망이, 나무 의자, 연필

2 다음에서 설명하는 특징이 있는 물질은 어느 것입니까?   (   )

> • 광택이 있습니다.
> • 만져 보면 매끈매끈합니다.
> • 다른 물질보다 단단합니다.

① 섬유   ② 금속
③ 종이   ④ 밀가루
⑤ 플라스틱

3 다음 **보기**의 네 가지 막대를 각각 물에 넣었을 때의 결과로 옳은 것을 골라 기호를 쓰시오.

> **보기**
> ㉠ 나무 막대   ㉡ 금속 막대
> ㉢ 고무 막대   ㉣ 플라스틱 막대

(1) 물에 뜨는 막대   (   )
(2) 물에 가라앉는 막대   (   )

4 다음 중 물질의 고유한 성질로 옳지 않은 것은 어느 것입니까? (   )

① 모양   ② 단단한 정도
③ 휘어지는 정도   ④ 물에 뜨는 정도
⑤ 손으로 만졌을 때의 느낌

5 다음 중 책상의 상판을 나무로 만들었을 때의 좋은 점으로 가장 알맞은 것은 어느 것입니까?
(   )

① 잘 늘어납니다.
② 쉽게 긁히지 않습니다.
③ 향과 무늬가 있고 단단합니다.
④ 투명하고 표면이 매끄럽습니다.
⑤ 금속이나 고무로 만들었을 때보다 훨씬 튼튼합니다.

중요

6 다음 **보기**에서 같은 종류의 물체를 서로 다른 물질로 만드는 까닭에 대한 설명으로 옳은 것을 골라 기호를 쓰시오.

> **보기**
> ㉠ 물체를 서로 다른 물질로 만들면 더 많이 만들 수 있습니다.
> ㉡ 물체를 서로 다른 물질로 만들어도 물체의 기능은 항상 같습니다.
> ㉢ 물체를 이루고 있는 물질에 따라 그 물체의 좋은 점이 달라집니다.

(   )

7 다음 중 유리컵이 필요한 경우를 **보기**에서 모두 고른 것은 어느 것입니까? (   )

> **보기**
> ㉠ 잘 깨지지 않는 컵이 필요할 때
> ㉡ 내용물이 비쳐 보이는 컵이 필요할 때
> ㉢ 가볍고 미끄럽지 않은 컵이 필요할 때

① ㉠   ② ㉡   ③ ㉢
④ ㉠, ㉡   ⑤ ㉡, ㉢

8 다음 중 서로 다른 물질로 만들어진 장갑에 대한 설명으로 옳지 <u>않은</u> 것은 어느 것입니까?
( )

① 면장갑은 부드럽고 따뜻합니다.
② 고무장갑은 질기고 물이 들어오지 않습니다.
③ 비닐장갑은 무겁고 잘 미끄러지지 않습니다.
④ 가죽 장갑은 따뜻하고 바람이 잘 들어오지 않습니다.
⑤ 서로 다른 물질로 만들어진 장갑의 좋은 점은 각각 다릅니다.

9 다음 중 생활 속에서 서로 다른 물질을 섞는 경우로 옳지 <u>않은</u> 것은 어느 것입니까? ( )

① 필통에 연필과 지우개를 넣습니다.
② 물에 초콜릿 가루를 타서 마십니다.
③ 물에 미숫가루와 설탕을 타서 마십니다.
④ 밀가루에 설탕과 소금을 넣어 요리를 합니다.
⑤ 물에 물풀, 베이킹 소다, 렌즈 세척액을 넣어 투명 반죽 장난감을 만듭니다.

중요 ⭐

10 다음 중 물, 알긴산 나트륨, 염화 칼슘으로 만든 개구리알 장난감의 특징으로 옳지 <u>않은</u> 것은 어느 것입니까? ( )

① 미끌미끌합니다.
② 말랑말랑합니다.
③ 알갱이가 투명합니다.
④ 만지면 꺼칠꺼칠합니다.
⑤ 세게 힘을 주면 모양이 변합니다.

서술형 문제 ✏️

11 다음을 보고, 물음에 답하시오.

▲ 의자   ▲ 탁자   ▲ 서랍장

(1) 위와 같은 가구를 만들 때 공통으로 사용한 물질은 무엇인지 쓰시오.
( )

(2) 위 (1)번의 답과 같은 물질로 만든 가구의 특징을 물질의 성질과 관련지어 2가지 이상 쓰시오.

_____

_____

서술형 문제 ✏️

12 다음과 같이 금속 막대와 플라스틱 막대를 서로 긁어 보았습니다. 물음에 답하시오.

금속 막대

플라스틱 막대

(1) 금속 막대와 플라스틱 막대 중 더 많이 긁히는 막대는 무엇인지 쓰시오.
( )

(2) 위 실험의 결과로 알 수 있는 점을 쓰시오.

_____

_____

이 단원에서 공부할 내용

자석의 이용 ②

친구들이 블록 놀이를 하고 있어요.
블록끼리 가까이 하니 서로 붙어
여러 가지 모양이 만들어지네요.
무엇이 블록을 붙게 했을까요?

단원 그림 도움말

단원 그림은 학생들이 자석 블록으로 여러 가지 모양을 만드는 모습입니다. 자석 블록 안에는 자석이 들어 있기 때문에 두 블록을 가까이 가져가면 서로 붙게 됩니다. 그림을 보면서 자석을 사용해 본 경험을 이야기하고, 앞으로 배울 내용을 생각해 봅니다.

자석에는 막대자석, 동전 모양 자석, 사각 자석, 고리 자석, 공 모양의 구형 자석, 말굽자석 등 다양한 모양이 있습니다. 흔하게 볼 수 있는 딱딱한 자석 외에 말랑말랑한 고무 자석도 우리 생활에 많이 사용되고 있습니다. 고무 자석은 연하고 가위로도 자를 수 있습니다.

블록 안에는 무엇이 들어 있을까요?

블록 안에는 자석이 들어 있습니다.

과학 놀이터

자석으로 미술 작품을 만들어요

자석 놀이를 해 본 적이 있나요? 화이트보드에 자석과 철로 된 물체를 붙여 미술 작품을 만들어 보아요.

이렇게 해요

무엇을 준비할까요?

자석이 붙는 미니 화이트보드, 자석(여러 가지 모양), 칠판 펜(여러 가지 색깔), 철로 된 물체(공예용 철끈, 빵 끈, 철 클립, 철 용수철, 옷핀 등)

① 그림을 보면서 어떤 작품을 만들지 생각해 봅시다.

정원을 꾸며야지.

난 꽃을 만들어 볼 거야.

② 미니 화이트보드에 여러 가지 자석을 붙여서 작품을 만들어 봅시다.

 과학 놀이터 도움말

자석으로 만든 다양한 미술 작품을 감상하고, 미술 작품을 직접 만들어서 소개할 수 있습니다.

 이렇게 해요

◎ **준비물 도움말**

• 자석에 붙는 미니 화이트보드를 준비합니다.
• 철로 된 물체와 자석을 되도록 많이 준비합니다.

◎ **활동 도움말**

① 그림을 보면서 어떤 작품을 만들지 생각해 봅시다.
② 미니 화이트보드에 여러 가지 자석을 붙여서 작품을 만들어 봅시다.
③ 철로 된 물체들을 자석에 붙여서 꾸며 봅시다.

도움말 철로 된 물체로 윤곽선이나 사물의 형태를 표현하려면 화이트보드 위에 동전 모양 자석을 먼저 붙이고, 그 위에 철로 된 물체를 붙입니다.

♪ 미술

화이트보드에 느낌이나 생각을
창의적으로 표현해 보아요.

3교시

친구가 만든
작품에서 재미있는
점은 어떤 것이 있는지
이야기해 보아요.

③ 철로 된 물체들을 자석에 붙여서
꾸며 봅시다.

④ 칠판 펜으로 작품의 나머지 부분을
완성해 봅시다.

⑤ 완성한 작품을 친구들 앞에서
발표해 봅시다.

④ 칠판 펜으로 작품의 나머지 부분을 완성해 봅시다.

　　도움말 칠판 펜은 철로 된 물체와 자석으로 표현하기
어려운 부분을 표현할 때 사용합니다.

⑤ 완성한 작품을 친구들 앞에서 발표해 봅시다.

　　도움말 작품의 주제(제목), 사용한 자석의 모양, 사
용한 물체의 종류, 작품에서 재미있게 표현된 점
등을 이야기합니다.

◎ **질문**

• 친구가 만든 작품에서 재미있는 점은 어떤 것이 있
는지 이야기해 보아요.

　　나의 답 • 꽃잎을 옷핀으로 만들었습니다.

　• 사람의 눈을 자석으로 표현했습니다.

　• 낚싯줄을 칠판 펜으로 표현했습니다.

　• 사람의 입술을 옷핀으로 만들었습니다.

　• 하늘의 별을 붉은색 자석으로 표현했습니다.

1 자석에 붙는 물체를 찾아보아요

과학 42~43쪽

궁금해요

자석 체험관의 입구에 붙어 있는 물체와 붙어 있지 않은 물체에는 어떤 것이 있는지 찾아봅시다. 또 자석 체험관 입구에 붙어 있는 물체처럼 자석에 붙는 물체의 공통점은 무엇인지 생각해 봅시다.

질문 자석 체험관 입구에 붙어 있는 물체들은 어떤 공통점이 있을까요?

예시 답안 철로 만들어졌습니다.

해 보기 자석에 붙는 물체 찾기

● **무엇을 준비할까요?**

막대자석, 철 못, 나무토막, 철 클립, 철 용수철, 고무지우개, 플라스틱 자, 투명 필름, 나만의 준비물

● **어떻게 할까요?**

❶ 준비한 물체에 자석을 각각 대어 보고, 자석에 붙는 물체와 붙지 않는 물체를 분류해 봅시다.

➡ 자석에 붙는 물체: 철 못, 철 클립, 철 용수철

➡ 자석에 붙지 않는 물체: 나무토막, 고무지우개, 플라스틱 자, 투명 필름

❷ 교실 안에 있는 여러 가지 물체 중에서 자석에 붙는 물체와 자석에 붙지 않는 물체를 찾아봅시다.

➡ 자석에 붙는 물체: 책상 다리, 의자 다리, 창틀, 사물함 손잡이 등

➡ 자석에 붙지 않는 물체: 책상 판, 의자 판, 유리, 교실 바닥 등

❸ 자석에 붙는 물체의 공통점은 (철)로/으로 만들어졌다는 것입니다.

도움❶

● 자석에 붙는 물체와 붙지 않는 물체

> 연필, 지우개, 자, 책은 자석에 붙지 않고 철 못, 철 클립은 자석에 붙는구나.

● 한 물체 안에서 자석에 붙는 부분과 붙지 않는 부분

> 가위의 날 부분은 자석에 붙지만, 가위의 손잡이 부분은 자석에 붙지 않는구나!

> 자석에 붙어.

> 자석애 붙지 않는데?

교과서 속 핵심 개념

● **자석에 붙는 물체와 자석에 붙지 않는 물체**

구분	자석에 붙는 물체	자석에 붙지 않는 물체
종류	철 못, 철 클립, 철 용수철, 철이 든 빵 끈, 가위의 날 등	플라스틱 자, 고무지우개, 나무토막, 투명 필름, 유리컵, 가위의 손잡이 등
공통점	철로 만들어짐.	철로 만들어지지 않음.

● 자석에 붙는 부분과 붙지 않는 부분이 모두 있는 물체도 있습니다. 도움❷

📍 정답과 해설 3쪽

교과서 개념 확인 문제

도움 ① 자석에 붙지 않는 금속

금속이지만 철로 만들어지지 않은 물체는 자석에 붙지 않습니다. 알루미늄 캔, 동전 등은 금속이지만 철로 만들어지지 않아 자석에 붙지 않습니다.

▲ 알루미늄 캔

▲ 동전

도움 ② 자석에 붙는 부분과 붙지 않는 부분이 모두 있는 물체의 예

가위	책상	소화기
• 가위의 날 부분: 자석에 붙음. • 가위의 손잡이 부분: 자석에 붙지 않음.	• 책상 다리 부분: 자석에 붙음. • 책상 판 부분: 자석에 붙지 않음.	• 소화기 몸통 부분: 자석에 붙음. • 소화기 호스 부분: 자석에 붙지 않음.

🙂 스스로 확인해요

● 자석에 붙는 물체의 공통점을 이야기할 수 있어요.
  도움말 자석에 붙는 물체들을 찾아보고 이들의 공통점이 무엇인지 설명합니다.

● 자석에 붙는 물체와 붙지 않는 물체를 분류했어요.
  도움말 '해 보기' 내용을 확인하고, 자석에 붙는 물체와 붙지 않는 물체를 분류합니다.

---

1 자석에 붙는 물체를 [보기]에서 모두 골라 기호를 써 봅시다.

[보기]

㉠ 철 못　　㉡ 고무지우개　　㉢ 철 클립
㉣ 나무토막　　㉤ 투명 필름

(　　　　　　　　　)

2 자석에 붙는 물체들의 공통점에 ○표 해 봅시다.

(1) 물에 뜹니다. 　　　　　　　(　　　)
(2) 잘 구부러집니다. 　　　　　(　　　)
(3) 철로 만들어졌습니다. 　　　(　　　)

3 오른쪽 그림의 가위에 자석을 가까이 하였을 때, 자석에 붙는 부분은 ㉠과 ㉡ 중 어디인지 골라 써 봅시다. (　　　　)

4 다음 설명을 읽고 옳은 것에 ○표, 옳지 <u>않은</u> 것에 ×표 해 봅시다.

(1) 자석에 붙는 물체는 유리로 만들어졌습니다. 　　　　　　　　　　(　　　)
(2) 한 물체 안에서도 자석에 붙는 부분과 붙지 않는 부분이 모두 있을 수 있습니다. 　　　　　　　　　　(　　　)

2 자석과 철은 서로 끌어당겨요

과학 44~45쪽

➡️ 자석으로 종이 인형 공중에 띄우기

자석이 종이 인형 위에 꽂힌 철 클립을 끌어당기고 있네.

자석과 종이 인형 사이에 투명 필름을 넣어도 종이 인형이 그대로 떠 있어.

자석과 종이 인형에 꽂힌 철 클립이 멀어지면 서로 끌어당기는 힘이 약해지는구나.

❓궁금해요

마술사의 마술에 대해 자유롭게 이야기하면서 자석의 성질이 무엇일지 생각해 봅시다.

질문 마술사는 어떻게 종이 인형을 떠오르게 할 수 있었을까요?

예시 답안 종이 인형에 꽂힌 철 클립과 자석이 서로 끌어당기기 때문입니다.

✨해 보기   자석으로 종이 인형을 공중에 띄우기

● 무엇을 준비할까요?

철 클립, 실, 셀로판테이프, 가위, 막대자석, 투명 필름, 색연필, 종이 인형(『과학』부록 121쪽)

● 어떻게 할까요?

① 종이 인형에 색칠하고, 셀로판테이프로 색칠한 종이 인형에 실을 붙여 봅시다.

② 종이 인형에 철 클립을 끼우고, 셀로판테이프로 실을 책상에 붙여 봅시다.

③ 클립에 막대자석이 닿지 않도록 하여 종이 인형을 공중에 띄워 봅시다.   **도움❶**

④ 공중에 뜬 종이 인형과 막대자석 사이에 투명 필름을 넣어 봅시다.   **도움❶**

⑤ 공중에 뜬 종이 인형과 막대자석 사이에 투명 필름을 넣으면, 종이 인형이 어떻게 되는지 관찰해 봅시다.

➡️ 종이 인형은 ((그대로 떠 있어요), 바닥에 떨어져요).

⑥ 막대자석을 공중에 뜬 종이 인형에서 점점 멀리 하면, 종이 인형이 어떻게 되는지 관찰해 봅시다.

➡️ 종이 인형은 (그대로 떠 있어요 , (바닥에 떨어져요)).

🐥 교과서 속 핵심 개념

● 철로 된 물체는 자석과 약간 떨어져 있어도 자석과 서로 끌어당깁니다.   **도움❷**

● 투명 필름이나 종이와 같이 자석에 붙지 않는 물체가 철로 된 물체와 자석 사이에 있어도 철로 된 물체와 자석은 서로 끌어당깁니다.

● 철로 된 물체와 자석 사이의 거리가 점점 멀어지면 서로 끌어당기는 힘이 조금씩 약해집니다.

📍 정답과 해설 3쪽

도움 ① 활동 유의 사항

● 해 보기 ❸: 한 손으로 인형을 잡고 올려서 실을 팽팽하게 만든 뒤, 다른 손으로 자석을 종이 인형에 가까이 하면서 종이 인형이 공중에 떠 있을 수 있도록 거리를 조절합니다.

● 해 보기 ❹: 혼자 하기 어려울 수 있기 때문에 짝끼리 또는 모둠원이 협동합니다.

도움 ② 서로 끌어당기는 자석과 철

자석과 철은 서로 끌어당깁니다. 즉, 철도 자석을 끌어당깁니다. 책상 다리와 같이 무거운 물체에 자석을 가까이 가져가면 자석이 물체에 끌려가서 붙습니다.

😊 스스로 확인해요

● 자석을 철로 된 물체에 가까이 하면 어떤 현상이 일어나는지 설명할 수 있어요.

도움말 자석을 철로 된 물체에 가까이 하면 서로 끌어당기는 성질이 있다는 것을 설명합니다.

● 자석으로 종이 인형을 공중에 띄웠어요.

도움말 종이 인형을 공중에 띄우는 '해 보기'를 하며 자석의 성질을 설명합니다.

교과서 개념 확인 문제

1 다음 글을 읽고 ( ) 안에 들어갈 알맞은 말을 골라 ○표 해 봅시다.

(1) 자석을 철로 된 물체에 가까이 가져가면 철로 된 물체와 자석은 서로 (끌어당깁니다 , 밀어 냅니다).

(2) 철로 된 물체와 자석 사이의 거리가 조금씩 멀어지면 서로 끌어당기는 힘이 점점 (약해 , 강해)집니다.

2 그림과 같이 철 클립을 꽂은 종이 인형에 자석을 가까이 해 보았을 때에 대한 설명으로 옳은 것에 ○표, 옳지 않은 것에 ×표 해 봅시다.

자석
철 클립

(1) 종이 인형의 철 클립에 자석을 가까이 하면 서로 끌어당깁니다. ( )
(2) 종이 인형의 철 클립과 자석 사이가 점점 멀어지면 서로 밀어 냅니다. ( )
(3) 공중에 뜬 종이 인형과 자석 사이에 투명 필름을 넣으면 종이 인형은 그대로 떠 있습니다. ( )

3 다음 **보기** 의 설명 중 옳은 것을 골라 기호를 써 봅시다.

보기

㉠ 자석만 철을 끌어당깁니다.
㉡ 철만 자석을 끌어당깁니다.
㉢ 자석과 철은 서로 끌어당깁니다.

( )

3 철이 많이 붙는 부분을 찾아보아요

과학 46~47쪽

? 궁금해요

막대자석을 쇠구슬에 가까이 하면 어떻게 될지 생각해 봅시다.

질문 쇠구슬은 어떻게 될까요?

예시 답안 굴러가서 자석에 붙습니다. / 자석을 향해 굴러갈 것 같습니다.

해 보기 　자석에서 철로 된 물체가 많이 붙는 부분 찾기

● **무엇을 준비할까요?**

　막대자석, 동전 모양 자석, 투명한 상자, 가는 철사가 들어 있는 빵 끈 조각(여러 개)

● **어떻게 할까요?**

① 짧게 자른 빵 끈을 투명한 상자 안에 담고 뚜껑을 닫습니다.

② 막대자석을 뚜껑 위에 올린 다음, 막대자석과 상자를 붙잡고 흔들어 봅시다.

③ 막대자석을 잡은 채로 상자의 뚜껑을 천천히 열어 봅시다.

➡ **자석에서 철로 된 물체가 많이 붙는 부분**

④ 막대자석에서 빵 끈 조각이 많이 붙는 부분에 모두 ○ 표시를 해 봅시다.

⑤ 막대자석에서 빵 끈 조각이 많이 붙는 부분은 (양쪽 끝 , 가운데)입니다. **도움①**

⑥ 동전 모양 자석에 빵 끈 조각을 붙여 보고, 많이 붙는 부분에 모두 ○ 표시를 해 봅시다. **도움②**

⑦ 막대자석과 동전 모양 자석에서 빵 끈 조각이 많이 붙는 부분은 각각 (두) 군데입니다.

➡ **자석을 반으로 자를 경우** **도움③**

교과서 속 핵심 개념

● **자석의 극**: 자석에서 철로 된 물체가 많이 붙는 부분

● 막대자석과 둥근기둥 모양 자석에서 자석의 극은 양쪽 끝부분에 있습니다.

● 자석의 모양은 다양하지만, 자석의 극은 항상 두 종류입니다.

● 자석의 두 극을 각각 N극과 S극이라고 합니다.

교과서 개념 확인 문제

도움 **①**   자석의 극에 철로 된 물체가 많이 붙는 까닭
자석의 다른 부분보다 자석의 극이 철로 된 물체를 더 세게 끌어당기기 때문입니다.

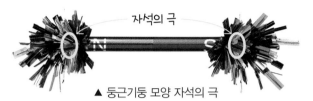

▲ 둥근기둥 모양 자석의 극

도움 **②**   여러 자석에서 자석의 극 찾기
자석의 극은 자석에서 철로 된 물체가 많이 붙는 부분입니다. 따라서 철로 된 물체가 자석의 어느 부분에 가장 많이 붙는지 살펴보면 극의 위치를 알 수 있습니다.

▲ 구형 자석의 극   ▲ 사각 자석의 극

▲ 동전 모양 자석의 극   ▲ 고리 자석의 극

도움 **③**   자석을 잘랐을 때 자석의 극
자석을 반으로 잘라도 자석의 극은 나누어지지 않습니다. 자석의 극은 항상 N극과 S극이 짝을 이룹니다. 따라서 자석을 아무리 작게 쪼개어도 그 자석에는 항상 N극과 S극이 있습니다.

😊 **스스로 확인해요**

● **자석의 극에 대해 설명할 수 있어요.**
   도움말 극의 종류, 위치, 성질 등을 설명합니다.
● **자석에서 철로 된 물체가 많이 붙는 부분을 찾았어요.**
   도움말 철로 된 물체는 자석의 극에 많이 붙는다는 점을 생각하여 자석의 극을 찾아봅니다.

1 다음 글을 읽고 (   ) 안에 들어갈 알맞은 말을 써 봅시다.

(1) 자석에서 철로 된 물체가 많이 붙는 부분을 자석의 (   )이라고 합니다.
(2) 막대자석에서 자석의 극은 (   )부분에 있습니다.
(3) 자석의 극은 항상 (   ) 종류이며, 자석의 극을 각각 (   )극과 (   )극이라고 합니다.

2 다음 글을 읽고 (   ) 안에 들어갈 알맞은 말을 골라 ○표 해 봅시다.

> 자석의 극은 자석에서 철 클립이 많이 붙는 부분으로, 이 부분은 다른 부분보다 철로 된 물체를 더 (세게 , 약하게) 끌어당깁니다.

3 막대자석에서 철로 된 물체가 가장 많이 붙는 부분에 ○표 해 봅시다.

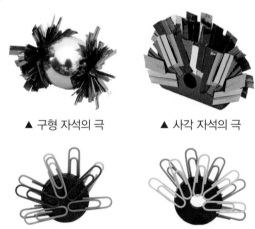

(   )
(   ) **N   S** (   )
(   )

4 다음 자석의 극에 대한 설명으로 옳은 것에 ○표, 옳지 <u>않은</u> 것에 ×표 해 봅시다.

(1) 자석의 모양은 다양하지만, 자석의 극은 항상 한 종류입니다.   (   )
(2) 자석의 극이 없는 자석도 있습니다.
                                      (   )

과학 48~49쪽

궁금해요

자석과 자석을 가까이 했을 때 일어나는 현상을 생각해 봅시다.

질문 같은 자석인데 왜 결과가 다른 걸까요?

예시 답안 바름이가 자석의 같은 극끼리 연결하려고 하였기 때문입니다.

탐구 활동 두 자석을 가까이 할 때 일어나는 현상 관찰하기

자세한 해설은 62~63쪽에 있어요.

● **무엇을 준비할까요?**

막대자석 2개, 고리 자석 6개, 고리 자석 끼우개, N극 S극 붙임딱지 (『실험 관찰』 꾸러미 76쪽)

● **과정을 알아볼까요?**

① 막대자석 2개를 N극끼리 마주 보게 잡고 서로 가까이 하면 어떤 느낌이 드는지 이야기해 봅시다.

② 막대자석 2개를 S극끼리 마주 보게 잡고 서로 가까이 하면 어떤 느낌이 드는지 이야기해 봅시다.

③ 막대자석 N극과 다른 막대자석의 S극을 마주 보게 잡고 서로 가까이 하면 어떤 느낌이 드는지 이야기해 봅시다.

④ 막대자석으로 고리 자석의 극을 찾아서 표시해 봅시다.

⑤ 고리 자석을 막대에 끼워 가장 높은 탑을 쌓아 봅시다. **도움①**

● **관찰 내용 및 결과를 정리해요**

➡ 한 자석의 극에 다른 자석의 같은 극을 가까이 하면 서로 밀어 내고, 다른 극을 가까이 하면 서로 끌어당깁니다.

➡ 고리 자석 탑을 가장 높게 쌓으려면 고리 자석의 같은 극끼리 서로 마주 보게 쌓습니다.

두 자석을 서로 가까이 할 때 일어나는 현상

난 네가 싫어. 가까이 오지 마!

나는 더 싫거든. 저리 가!

같은 극끼리는 서로 밀어 냅니다.

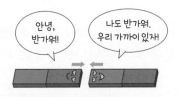

안녕, 반가워!

나도 반가워. 우리 가까이 있자!

다른 극끼리는 서로 끌어당깁니다.

고리 자석으로 가장 높은 탑 쌓기

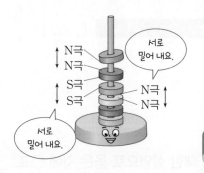

N극
N극
서로 밀어 내요.

S극
S극
N극
N극
서로 밀어 내요.

더 알아보기

고리 자석을 쌓아 가장 낮은 탑을 만들려면 서로 마주 보고 있는 극을 어떻게 해야 하는지 이야기해 봅시다. **도움①**

예시 답안 고리 자석의 다른 극끼리 서로 마주 보게 쌓습니다.

교과서 속 핵심 개념

● **두 자석을 가까이 할 때 일어나는 현상**

두 자석을 같은 극끼리(N극과 N극, S극과 S극) 가까이 할 때	두 자석을 다른 극끼리(N극과 S극) 가까이 할 때
서로 밀어 냄.	서로 끌어당김.
	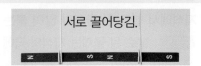

도움 ① 고리 자석 탑 쌓기

자석의 같은 극끼리는 서로 밀어 내기 때문에 고리 자석 끼우개에 고리 자석을 같은 극끼리 마주 보게 끼우면 자석이 옆으로는 움직이지 못하고 위로만 밀려나서 공중에 뜨게 됩니다. 이런 현상을 이용하여 고리 자석 탑을 쌓을 수 있습니다.

● **가장 높은 고리 자석 탑을 쌓는 방법**

고리 자석 각각을 서로 같은 극끼리 마주 보게 쌓는 것입니다. 예를 들어 고리 자석을 아래에서부터 N−S, S−N, N−S, S−N, N−S, S−N극과 같은 방법으로 쌓으면 고리 자석끼리 서로 밀어 내기 때문에 가장 높은 탑을 쌓을 수 있습니다.

● **가장 낮은 고리 자석 탑을 쌓는 방법**

고리 자석 각각을 서로 다른 극끼리 마주 보게 쌓는 것입니다. 예를 들어 고리 자석을 아래에서부터 N−S, N−S, N−S, N−S, N−S, N−S극과 같은 방법으로 쌓으면 고리 자석이 서로 붙기 때문에 가장 낮은 탑을 쌓을 수 있습니다.

😊 스스로 확인해요

● 두 자석의 극을 가까이 할 때 일어나는 현상을 설명할 수 있어요.

도움말 N극과 N극, S극과 S극, N극과 S극을 가까이 할 때 일어나는 현상을 설명합니다.

● 고리 자석으로 탑을 가장 높게 쌓았어요.

도움말 고리 자석 탑 쌓기에서 고리 자석의 같은 극끼리 서로 마주 보게 쌓았을 때 가장 높은 고리 자석 탑이 만들어짐을 설명합니다.

1 다음 글을 읽고 ( ) 안에 들어갈 알맞은 말을 골라 ○표 해 봅시다.

(1) 두 자석의 같은 극끼리 가까이 하면 서로 (밀어 냅니다, 끌어당깁니다).

(2) 두 자석의 다른 극끼리 가까이 하면 서로 (밀어 냅니다, 끌어당깁니다).

2 그림과 같이 자석의 두 극을 가까이 해 보았습니다. 각각 어떻게 되었을지 바르게 연결해 봅시다.

(1)  ・

・㉠ 두 극이 서로 끌어당깁니다.

(2)  ・

・㉡ 두 극이 서로 밀어 냅니다.

3 그림과 같이 고리 자석 탑을 쌓아 보았습니다. 두 종류의 고리 자석 탑은 어떤 방법을 사용했는지 바르게 연결해 봅시다.

(1)  ・

・㉠ 같은 극끼리 마주 보게 배열

(2)  ・

・㉡ 다른 극끼리 마주 보게 배열

🔍 관찰 ❓ 추리　　　　　　　　　실험 관찰 30~31쪽

4 자석과 자석을 가까이 해 보아요

탐구 활동 두 자석을 가까이 할 때 일어나는 현상 관찰하기

탐구 활동 도움말

이 탐구 활동은 두 개의 막대 자석을 가까이 하여 일어나는 현상을 관찰하고, 알아낸 원리를 활용하여 고리 자석 탑을 쌓아 보는 활동입니다.

도움말

• 막대자석이 끌어당기거나 밀어 내는 힘이 느껴지는 자석인지 확인합니다.
• 고리 자석 끼우개에 고리 자석이 잘 끼워지는지 확인합니다.

『실험 관찰』꾸러미 73쪽 붙임딱지를 붙여요.

⚠️ 자석으로 장난치지 않아요.

무엇을 준비할까요? 👀

준비물에 ◯ 표시를 하면서 확인해 봅시다.

막대자석 2개

고리 자석 6개

고리 자석 끼우개

N극 S극 붙임딱지
(『실험 관찰』꾸러미 76쪽)

---

1 막대자석 2개를 N극끼리 마주 보게 잡고 서로 가까이 하면 어떤 느낌이 드는지 이야기해 봅시다.

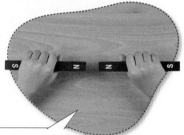

자석끼리 서로 (☑마는, ☐당기는) 느낌이 듭니다.

2 막대자석 2개를 S극끼리 마주 보게 잡고 서로 가까이 하면 어떤 느낌이 드는지 이야기해 봅시다.

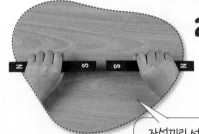

자석끼리 서로 (☑마는, ☐당기는) 느낌이 듭니다.

3 막대자석 N극과 다른 막대자석의 S극을 마주 보게 잡고 서로 가까이 하면 어떤 느낌이 드는지 이야기해 봅시다.

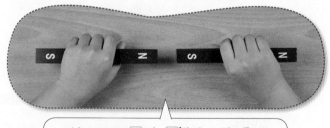

자석끼리 서로 (☐마는, ☑당기는) 느낌이 듭니다.

4 막대자석으로 고리 자석의 극을 찾아서 표시해 봅시다. ●━━━━━━━━━━

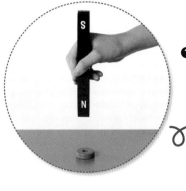

❶ 막대자석으로 극 표시가 없는 고리 자석의 극을 찾아봅시다.

❷ 극을 찾은 고리 자석에 N극 S극의 붙임딱지를 붙여 봅시다.

● **보충해설**

막대자석과 고리 자석을 같은 극끼리 가까이 하면 고리 자석이 막대자석으로부터 멀어지기도 하고, 뒤집어져서 아랫면이 붙기도 합니다. 어떤 경우이든 막대자석의 N극에 붙은 면이 고리 자석의 S극이고, 막대자석의 S극에 붙은 면이 고리 자석의 N극입니다.

5 고리 자석을 막대에 끼워 가장 높은 탑을 쌓아 봅시다.

가장 높은 탑을 쌓으려면 어떻게 해야 할까요?

예시 답안 고리 자석의 같은 극끼리 서로 마주 보도록 놓아서 쌓습니다.

이렇게 ○○ 정리해요

○○ 두 자석을 서로 가까이 할 때 일어나는 현상에 대하여 이야기해 봅시다.

▶ 한 자석의 극에 같은 극을 가까이 하면 서로 [밀어 내고], 다른 극을 가까이 하면 서로 [끌어당깁니다].

▶ 고리 자석을 이용해 탑을 가장 높게 쌓으려면 [같은] 극끼리 마주 보게 쌓습니다.

5 자석으로 방향을 찾아보아요

궁금해요

자석으로 방향을 찾는 방법을 생각해 봅시다. 도움①

질문 자석으로 방향을 찾으려면 어떻게 해야 할까요?

예시 답안 · 자석을 플라스틱 접시에 올려놓고 물에 띄워 봅니다.
· 자석을 실로 매달아 자유롭게 움직이게 합니다.

탐구 활동 · 자석이 가리키는 방향 관찰하기

자세한 해설은 66~67쪽에 있어요.

무엇을 준비할까요?

나침반, 원형 수조, 물, 플라스틱 접시, 막대자석, 동서남북을 표시한 8절 도화지, 막대자석 붙임딱지(『실험 관찰』 꾸러미 76쪽)

과정을 알아볼까요?

① 나침반으로 동서남북의 방향을 확인하고, 도화지를 방향에 맞게 놓습니다.
② 도화지 위에 원형 수조를 놓고, 수조에 물을 넣습니다.
③ 막대자석을 올려놓은 플라스틱 접시를 물에 띄우고, 막대자석이 가리키는 방향을 관찰해 봅시다.
④ 플라스틱 접시를 돌려서 막대자석이 다른 방향을 가리키도록 합니다.
⑤ 플라스틱 접시가 움직이다가 멈췄을 때 막대자석이 가리키는 방향을 관찰해 봅시다. 도움②

관찰 내용 및 결과를 정리해요

➡ 물에 띄운 막대자석이 움직이다 멈췄을 때 막대자석의 N극은 항상 북쪽을 가리키고, S극은 항상 남쪽을 가리킵니다.

➡ 자석과 비슷한 성질을 가진 지구

단 북극이 S극, 남극이 N극인 자석과 비슷한 성질을 갖고 있지. 그래서 자석의 N극은 북쪽을, 자석의 S극은 남쪽을 가리키는 거야.

➡ 자석이 가리키는 방향 도움③

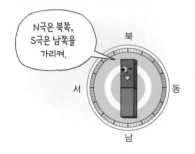

N극은 북쪽, S극은 남쪽을 가리켜.

잠깐 퀴즈!

공중에 매달아 자유롭게 움직이는 막대자석의 N극이 북쪽을 향하는 까닭은 무엇일까요?

예시 답안 지구가 북극이 S극, 남극이 N극인 거대한 자석과 비슷한 성질을 지니고 있기 때문입니다.

교과서 속 핵심 개념

· **자석이 가리키는 방향:** 자석의 N극은 북쪽을 가리키고, S극은 남쪽을 가리킵니다.

· **자석의 N극이 북쪽을 가리키는 까닭:** 지구는 북극이 S극, 남극이 N극인 거대한 자석과 비슷한 성질을 지니고 있기 때문입니다.

도움 ① 일상생활에서 방향을 찾기 위해 사용할 수 있는 방법
● 종이 지도를 봅니다.
● 스마트폰의 지도를 확인합니다.
● 자동차의 내비게이션을 확인합니다.

도움 ② 물에 띄운 자석이 가리키는 방향
지구는 북극이 S극, 남극이 N극인 거대한 자석과 비슷한 성질을 지니고 있습니다. 지구의 북극은 자석의 N극을 끌어당기고, 남극은 자석의 S극을 끌어당깁니다. 그래서 물에 띄우거나 공중에 매달아 자유롭게 움직이는 자석의 N극은 북쪽을 향하고, S극은 남쪽을 향합니다.

도움 ③ 자석의 극을 표시하는 방법
자석의 N극과 S극은 북쪽을 뜻하는 'North'와 남쪽을 뜻하는 'South'에서 첫 글자를 따온 것입니다. 일반적으로 자석의 N극은 빨간색으로 표시하고, S극은 파란색으로 표시합니다. 나침반의 경우는 N극만 빨갛게 칠해서 표시하거나, S극에서 N극 또는 N극에서 S극으로 향하는 화살표 모양으로 표시하기도 합니다.

😊 스스로 확인해요

● 자석이 일정한 방향을 가리키는 원리를 설명할 수 있어요.
도움말 지구는 북극이 S극, 남극이 N극인 거대한 자석과 비슷한 성질을 지니고 있음을 알고, 지구의 북극이 자석의 N극을, 남극이 자석의 S극을 끌어당긴다는 것을 설명합니다.

● 자석이 일정한 방향을 가리키는 성질이 있음을 관찰했어요.
도움말 자유롭게 움직이도록 한 자석의 N극은 북쪽을 향하고, S극은 남쪽을 향하는 것을 관찰합니다.

교과서 개념 확인 문제

1 다음은 자석의 극에 대한 설명입니다. (   ) 안에 들어갈 알맞은 말을 써 봅시다.

> 막대자석에서 북쪽을 가리키는 자석의 극을 (㉠)극이라 하고, 남쪽을 가리키는 자석의 극을 (㉡)극이라고 합니다.

㉠ (   ), ㉡ (   )

2 물이 담긴 수조에 자석을 띄우고 접시의 움직임이 멈췄을 때, 그림과 같은 모습이 되었습니다. 자석이 가리키는 방향을 각각 써 봅시다.

㉠ (   ), ㉡ (   )

3 다음 글을 읽고 (   ) 안에 들어갈 알맞은 말을 써 봅시다.

(1) 물에 띄운 자석의 (   )극은 북쪽을 가리키고, (   )극은 남쪽을 가리킵니다.

(2) 지구는 북극이 S극, 남극이 N극인 거대한 (   )과 비슷한 성질을 지니고 있습니다. 그래서 지구의 북극은 자석의 (   )극을, 남극은 자석의 (   ) 극을 끌어당깁니다.

4 다음 설명을 읽고 옳은 것에 ○표, 옳지 않은 것에 ✕표 해 봅시다.

(1) 자석의 성질을 이용하면 방향을 찾을 수 있습니다. (   )

(2) 물에 띄운 자석은 일정한 방향을 가리킵니다. (   )

🔍 관찰 ❓ 추리
실험 관찰 32~33쪽

5 자석으로 방향을 찾아보아요

탐구 활동 자석이 가리키는 방향 관찰하기

탐구 활동 도움말

이 탐구 활동은 물에 띄운 막대자석이 가리키는 방향을 관찰하고 막대자석이 가리키는 일정한 방향이 어디일지 추리해 보는 활동입니다.

도움말

- 수조 안에서 자유롭게 움직일 수 있는 크기의 플라스틱 접시를 준비합니다.
- 막대자석이 끌어당기거나 밀어 내는 힘이 느껴지는 자석인지 확인합니다.

보충해설

플라스틱 접시에 막대자석을 올리고 물에 조심스럽게 띄우도록 합니다. 자석을 올려놓은 뒤에는 실험대나 수조를 건드리지 않도록 합니다.

『실험 관찰』꾸러미 73쪽 붙임딱지를 붙여요.

물을 바닥에 흘리지 않아요.

무엇을 준비할까요? ∞

준비물에 ◯ 표시를 하면서 확인해 봅시다.

나침반

원형 수조

물

플라스틱 접시

막대자석

동서남북을 표시한 8절 도화지

N S
막대자석 붙임딱지
(『실험 관찰』 꾸러미 76쪽)

1 나침반으로 동서남북의 방향을 확인하고, 도화지를 방향에 맞게 놓습니다.

도움말

실험 장소의 동서남북 방향을 미리 알아놓으면 좋습니다.

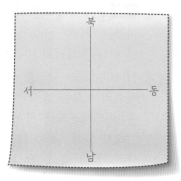

2 도화지 위에 원형 수조를 놓고, 수조에 물을 넣습니다.

도움말

수조의 물은 플라스틱 접시와 자석이 뜰 정도로만 넣어도 됩니다.

3 막대자석을 올려놓은 플라스틱 접시를 물에 띄우고, 막대자석이 가리키는 방향을 관찰해 봅시다.

실험하는 곳 근처에는 다른 자석이나 철로 된 물체를 두지 않도록 해요.

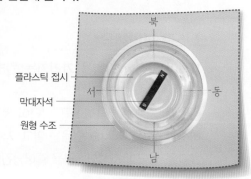

플라스틱 접시
막대자석
원형 수조

● 플라스틱 접시가 움직이다가 멈췄을 때, 막대자석이 가리키는 방향을 아래 그림에 붙임딱지로 나타내 봅시다.

▲ 막대자석을 물에 띄운 직후

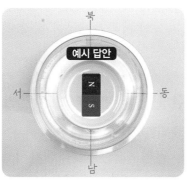

▲ 막대자석이 멈췄을 때

4 플라스틱 접시를 돌려서 막대자석이 다른 방향을 가리키도록 합니다. ●

5 플라스틱 접시가 움직이다가 멈췄을 때 막대자석이 가리키는 방향을 관찰해 봅시다.

● 플라스틱 접시가 멈췄을 때, 막대자석이 가리키는 방향을 오른쪽 그림에 붙임딱지로 나타내 봅시다.

▲ 막대자석이 멈췄을 때

보충해설

실험을 반복하여 막대자석이 일정하게 가리키는 방향은 북쪽과 남쪽이라는 것을 관찰합니다.

이렇게 ○○ 정리해요

○○ 물에 띄운 막대자석은 어느 방향을 가리키는지 이야기해 봅시다.

▶ 물에 띄운 막대자석의 N극은 항상 [북쪽] 을/를 가리킵니다.

▶ 물에 띄운 막대자석의 S극은 항상 [남쪽] 을/를 가리킵니다.

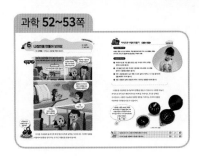
과학 52~53쪽

궁금해요

내비게이션과 나침반에 대해 이야기를 나누고, 방향을 알려 주는 나침반을 만들어 봅시다.

질문 어떻게 하면 나침반을 만들 수 있을까요?

예시 답안 자석의 N극과 S극이 각각 북쪽과 남쪽을 가리키는 성질을 이용하면 만들 수 있습니다.

➡ **막대자석으로 구멍 뚫린 동전 모양 자석의 N극과 S극 찾기**

막대자석을 구멍 뚫린 동전 모양 자석에 가까이 했을 때, 막대자석의 N극에 붙는 동전 모양 자석의 면이 S극이야.

탐구 활동   자석으로 나침반 만들기

자세한 해설은 **70~71쪽**에 있어요.

● **무엇을 준비할까요?**

나침반, 원형 수조, 물, 막대자석, 구멍 뚫린 동전 모양 자석, 수수깡(빨강, 파랑), 이쑤시개, N극 S극 붙임딱지(『실험 관찰』 꾸러미 76쪽)

● **과정을 알아볼까요?**

1. 막대자석으로 구멍 뚫린 동전 모양 자석의 N극과 S극을 찾아서 표시해 봅시다.
2. 구멍 뚫린 동전 모양 자석의 가운데에 이쑤시개와 수수깡을 꽂아서 나침반을 만들어 봅시다.
3. 만든 나침반을 물이 담긴 원형 수조에 살며시 띄우고, 더 이상 움직이지 않을 때까지 기다려 봅시다.
4. 만든 나침반과 실제 나침반의 N극이 가리키는 방향을 비교해 봅시다.

● **관찰 내용 및 결과를 정리해요**

➡ 막대자석을 사용해서 구멍 뚫린 동전 모양 자석의 극을 찾은 후, 자석에 이쑤시개와 수수깡을 끼우면 물에 띄울 수 있는 나침반이 만들어집니다.

➡ 자석으로 만든 나침반과 실제 나침반의 N극은 모두 북쪽을 가리킵니다.

➡ **구멍 뚫린 동전 모양 자석, 이쑤시개와 수수깡으로 나침반 만들기**

S극
N극

교과서 속 핵심 개념

➡ **나침반의 특징**

우리 둘 다 N극은 항상 북쪽을 가리켜.

● **나침반:** 지구의 북쪽과 남쪽을 일정하게 가리키는 자석의 성질을 이용하여 방향을 알려 주는 도구 **도움①** **도움②**

● **나침반의 성질:** 나침반 바늘이 자석으로 되어 있기 때문에 나침반 바늘의 N극은 지구의 북쪽, S극은 지구의 남쪽을 가리킵니다.

● **나침반으로 동서남북의 방향을 찾을 수 있습니다.** **도움③**

● **자석으로 나침반을 만드는 원리:** 자석이 일정한 방향을 가리키는 성질을 이용하여 나침반을 만듭니다.

도움 ①　나침반을 사용하는 일상생활의 예

등산객, 스킨 스쿠버, 항해사, 비행기 조종사, 야외 활동을 하는 군인 등 방향을 찾아야 하는 사람들이 주로 사용합니다.

도움 ②　수중 나침반과 구형 나침반

● **수중 나침반**: 스쿠버 다이빙을 할 때처럼 바닷속에서 방향을 찾을 때 주로 사용하는 나침반으로 물속에서 사용할 수 있습니다.

● **구형 나침반**: 나침반이 공 모양의 공간 안에 떠 있는 형태이기 때문에 기울어진 상황에서 방향은 물론 수평 상태도 확인할 수 있습니다.

▲ 수중 나침반　　▲ 구형 나침반

도움 ③　나침반 보는 방법

① 나침반을 평평한 바닥에 내려놓고 나침반 바늘의 움직임이 멈출 때까지 기다립니다.

② 나침반 바늘에서 빨갛게 표시된 부분이나, 일반적으로 화살표가 가리키는 방향이 북쪽입니다.

③ 나침반 바닥을 천천히 돌려서 바닥면에 북쪽이 표시된 곳과 바늘의 북쪽 방향을 일치시킵니다.

④ 나침반 바닥면에 표시된 방향을 보고 동서남북의 방향을 확인합니다.

 →

스스로 확인해요

● 방향을 알려 주는 나침반의 원리를 설명할 수 있어요.

도움말　자석이 일정한 방향을 가리키는 성질을 이용한 나침반의 원리를 설명합니다.

● 자석의 성질을 이용하여 나침반을 만들었어요.

도움말　자석을 자유롭게 움직이게 하면 항상 자석의 N극은 북쪽을, S극은 남쪽을 가리키는 성질을 이용하여 나침반을 만듭니다.

♀ 정답과 해설 3쪽

교과서 개념 확인 문제

1 다음 글을 읽고 어떤 물체를 설명한 것인지 써 봅시다.

> 자석을 자유롭게 움직이게 하면 자석의 극이 북쪽과 남쪽을 가리키는 성질을 이용하여 방향을 알려 주는 도구

（　　　　　　　）

2 나침반 바늘의 N극이 가리키는 방향은 어디일까요? （　　　）

① 동쪽　　　② 서쪽　　　③ 남쪽

④ 북쪽　　　⑤ 북동쪽

3 나침반에 사용된 자석의 성질은 어느 것일까요?

（　　　）

① 매우 무거운 성질

② 매우 단단한 성질

③ 물에 가라앉는 성질

④ 일정한 방향을 가리키는 성질

⑤ 철로 된 물체를 끌어당기는 성질

4 다음은 나침반에 대한 설명입니다. （　　）안에 들어갈 알맞은 말을 써 봅시다.

> 나침반은 일정한 방향을 가리키는 （　　　　）의 성질을 이용하여 방향을 찾을 수 있도록 만든 것입니다.

（　　　　　　　）

👁 관찰 ❓ 추리

실험 관찰 34~35쪽

6 나침반을 만들어 보아요

🐛 탐구 활동 **자석으로 나침반 만들기**

탐구 활동 도움말

이 탐구 활동은 자석으로 나침반을 만들어 보고, 만든 나침반과 실제 나침반을 비교해 보는 활동입니다.

『실험 관찰』꾸러미 73쪽 붙임딱지를 붙여요.

이쑤시개에 찔리지 않도록 해요.

보충해설

같은 극끼리 가까이 하면 서로 밀어 내고, 다른 극끼리 가까이 하면 서로 끌어당기는 자석의 특징을 이용하여 구멍 뚫린 동전 모양 자석의 극을 찾을 수 있습니다.

무엇을 준비할까요? 🐛

준비물에 ⬭ 표시를 하면서 확인해 봅시다.

 나침반

 원형 수조

 물

 막대자석

 구멍 뚫린 동전 모양 자석

 수수깡 (빨강, 파랑)

 이쑤시개

 Ⓝ Ⓢ
N극 S극 붙임딱지
(『실험 관찰』꾸러미 76쪽)

도움말

만든 나침반을 띄워야 하므로 수수깡의 길이가 각각 5 cm 이상인 것으로 준비합니다.

1 막대자석으로 구멍 뚫린 동전 모양 자석의 N극과 S극을 찾아서 표시해 봅시다.

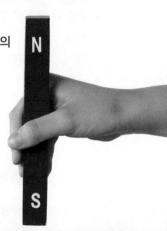

❶ 막대자석으로 구멍 뚫린 동전 모양 자석의 N극과 S극을 찾습니다.

❷ 찾은 극에는 각각 알맞은 붙임딱지를 붙여서 표시합니다.

막대자석의 N극을 밀어 내는 극은 (N)극이고, 끌어당기는 극은 (S)극입니다.

2 구멍 뚫린 동전 모양 자석의 가운데에 이쑤시개와 수수깡을 꽂아서 나침반을 만들어 봅시다.

● 보충해설
수수깡을 자를 때 가위나 칼 등을 사용하지 않고 손으로 부러뜨려 사용할 수 있습니다.

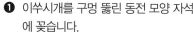

주의!
이쑤시개에 찔리지 않도록 주의해요.

❶ 이쑤시개를 구멍 뚫린 동전 모양 자석에 꽂습니다.　❷ 수수깡을 이쑤시개 양쪽에 N극과 S극의 색깔에 맞춰서 꽂습니다.

3 만든 나침반을 물이 담긴 원형 수조에 살며시 띄우고, 더 이상 움직이지 않을 때까지 기다려 봅시다.

● 보충해설
만든 나침반이 움직이면서 수조 벽면에 닿으면 움직임이 멈추어 북쪽을 가리키지 않을 수 있습니다. 그러므로 커다란 수조를 사용하거나 나침반이 수조 벽면에 닿았을 때에는 벽면에서 멀어지게 한 다음 다시 방향을 관찰하도록 합니다.

4 만든 나침반과 실제 나침반의 N극이 가리키는 방향을 비교해 봅시다.

만든 나침반의 N극이 가리키는 방향과 실제 나침반의 N극이 가리키는 방향은 (같습니다).

실험하는 곳 근처에는 다른 자석이나 철로 된 물체를 두지 않도록 해요.

● 보충해설
만든 나침반과 실제 나침반의 거리가 너무 가까우면 서로 영향을 주고받을 수 있으므로 적당한 거리를 유지합니다.

이렇게 ○○ 정리해요

만든 나침반과 실제 나침반이 가리키는 방향을 비교해 봅시다.

	만든 나침반	실제 나침반
가리키는 방향	북쪽과 남쪽	북쪽과 남쪽

과학 54~55쪽

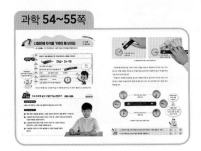

궁금해요

자석에 관한 노랫말 짓기 활동을 통해 자석 주위에 놓인 나침반 바늘의 움직임을 관찰해 봅시다.

질문 노랫말을 읽고 빈칸에 들어갈 알맞은 말을 추리해 볼까요?

예시 답안 첫 번째와 두 번째 빈칸에 들어갈 단어는 각각 '북쪽'과 '남쪽'입니다. 세 번째 빈칸에 들어갈 단어는 '자석'입니다.

→ 나침반 바늘

나침반 바늘은 자석이라 다른 자석이 주위에 있으면 방향이 바뀌.

★ 탐구 활동   자석 주위에 놓인 나침반 바늘 관찰하기

자세한 해설은 74~75쪽에 있어요.

● 무엇을 준비할까요?

　나침반 6개, 막대자석, 나침반 바늘 붙임딱지(『실험 관찰』 꾸러미 76쪽)

● 과정을 알아볼까요?

❶ 책상 위에 나침반을 올려놓고 나침반 바늘이 움직이지 않을 때까지 기다립니다.

❷ 나침반에 막대자석의 N극을 가까이 가져간 후, 나침반 주변으로 움직이면서 나침반 바늘을 관찰해 봅시다. 도움❶

❸ 나침반에 막대자석의 S극을 가까이 가져간 후, 나침반 주변으로 움직이면서 나침반 바늘을 관찰해 봅시다. 도움❶

❹ 나침반을 막대자석 주위에 놓았을 때 나침반 바늘을 관찰해 봅시다. 도움❷

→ 자석 주위의 나침반

나침반 바늘의 빨간색은 N극, 파란색은 S극 이야.

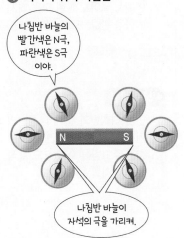

나침반 바늘이 자석의 극을 가리켜.

● 관찰 내용 및 결과를 정리해요

➡ 나침반 바늘이 (자석)이기 때문에 나침반 바늘의 N극은 자석의 (S)극에, 나침반 바늘의 S극은 자석의 (N)극에 끌립니다.

➡ 막대자석을 나침반에서 멀어지게 하면 나침반 바늘은 원래 가리키던 방향으로 되돌아갑니다.

→ 자석에서 나침반 멀리하기

자석에서 나침반을 점점 멀리 하면 나침반 바늘은 북쪽을 가리켜.

실제 북쪽

충분히 먼 거리

교과서 속 핵심 개념

● 나침반에 막대자석을 가까이 하면 나침반 바늘이 회전하여 자석의 극을 가리킵니다.

● 막대자석 주위에 놓인 나침반 바늘이 자석의 극을 가리키는 까닭: 나침반 바늘의 한쪽 끝과 막대자석의 극이 서로 끌어당기거나 밀어 내기 때문입니다.

도움 ① 나침반에 막대자석을 가까이 했을 때 나침반 바늘의 변화

나침반에 막대자석을 가까이 가져가면 나침반 바늘이 막대자석 쪽으로 끌려옵니다. 막대자석의 S극을 가까이 가져가면 나침반 바늘의 N극이 끌려오고, 막대자석의 N극을 가까이 가져가면 나침반 바늘의 S극이 끌려옵니다. 또 나침반 주변으로 막대자석을 움직이면 나침반 바늘이 막대자석의 극을 따라서 움직입니다. 그 까닭은 나침반 바늘이 자석이기 때문에 두 자석을 가까이 할 때와 마찬가지로 나침반 바늘과 막대자석이 서로 밀어 내거나 끌어당기기 때문입니다. 다만 나침반 바늘은 가운데 부분이 핀으로 고정되어 있어 자석 쪽으로 움직이지는 못하고 회전하여 자석의 극을 향해 끌려옵니다.

▲ 막대자석을 가까이 할 때의 나침반 바늘의 모습

도움 ② 막대자석 주위에 놓인 나침반

막대자석 주위에 놓인 나침반 바늘의 N극은 막대자석의 S극을 향하고, 나침반 바늘의 S극은 막대자석의 N극을 향합니다.

▲ 막대자석 주위에 놓인 나침반 바늘의 모습

😀 **스스로 확인해요**

● 나침반에 자석을 가까이 했을 때 나침반 바늘이 움직이는 까닭을 설명할 수 있어요.
  도움말 나침반 바늘이 자석이라서 나침반 바늘과 자석이 서로 밀어 내거나 끌어당기기 때문임을 설명합니다.

● 자석 주위에 놓인 나침반 바늘의 움직임을 관찰했어요.
  도움말 나침반 바늘이 자석이기 때문에 자석 주위에 놓인 나침반 바늘은 자석의 극을 가리킴을 관찰합니다.

1 다음 글을 읽고 ( ) 안에 들어갈 알맞은 말을 써 봅시다.

(1) 막대자석을 나침반에 가까이 가져가면 나침반 바늘이 회전하며 자석의 ( )을 가리킵니다.
(2) 막대자석의 N극을 나침반에 가까이 가져가면 나침반 바늘의 ( )극이 막대자석의 N극을 가리킵니다.
(3) 막대자석의 S극을 나침반에 가까이 가져가면 나침반 바늘의 ( )극이 막대자석의 S극을 가리킵니다.

2 다음 그림을 보고 나침반에 막대자석의 어떤 극을 가까이 한 모습인지 ㉠ 부분의 극을 써 봅시다.

( )극

3 다음 설명을 읽고 옳은 것에 ○표, 옳지 <u>않은</u> 것에 ×표 해 봅시다.

(1) 자석 주위의 나침반 바늘이 자석의 극을 가리키는 까닭은 나침반 바늘의 한쪽 끝과 자석의 극이 서로 끌어당기거나 밀어 내기 때문입니다. ( )
(2) 나침반 주위에 자석을 가까이 할 때 나침반 바늘이 자석의 극을 따라 움직이는 까닭은 나침반 바늘도 자석이기 때문입니다. ( )

🔍 관찰 ❓ 추리

실험 관찰 36~37쪽

7 나침반에 자석을 가까이 해 보아요

탐구 활동 자석 주위에 놓인 나침반 바늘 관찰하기

탐구 활동 도움말

이 탐구 활동은 나침반 바늘이 일정한 방향을 가리키는 성질이 있음을 알고, 나침반에 자석을 가까이 했을 때 나침반 바늘이 움직이는 까닭을 설명하는 활동입니다.

보충해설

나침반의 남쪽으로 막대자석의 N극을 가까이 가져가면 나침반 바늘이 움직이지 않습니다. 자석을 가까이 가져갈 때 나침반 바늘의 움직임을 관찰하기 위해서는 나침반의 동쪽이나 서쪽으로 막대자석을 가까이 가져갑니다.

『실험 관찰』꾸러미 73쪽 붙임딱지를 붙여요.

 나침반을 조심히 다뤄요.

무엇을 준비할까요?

준비물에 ⭕ 표시를 하면서 확인해 봅시다.

 나침반 6개

 막대자석

 나침반 바늘 붙임딱지 (『실험 관찰』 꾸러미 76쪽)

실험하는 곳 근처에는 다른 자석이나 철로 된 물체를 두지 않도록 해요.

1 책상 위에 나침반을 올려놓고 나침반 바늘이 움직이지 않을 때까지 기다립니다.

2 나침반에 막대자석의 N극을 가까이 가져간 후, 나침반 주변으로 움직이면서 나침반 바늘을 관찰해 봅시다.

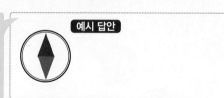

● 나침반 바늘의 방향을 붙임딱지로 나타내 봅시다.

나침반에 막대자석을 가까이 하기 전	예시 답안
	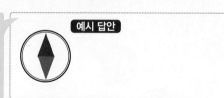

나침반 오른쪽에서 막대자석의 N극을 가까이 할 때

나침반 주변으로 막대자석의 N극을 움직일 때

3 나침반에 막대자석의 S극을 가까이 가져간 후, 나침반 주변으로 움직이면서
나침반 바늘을 관찰해 봅시다.

● 나침반 바늘의 방향을 붙임딱지로 나타내 봅시다.

나침반 오른쪽에서
막대자석의
S극을 가까이 할 때

나침반 주변으로
막대자석의
S극을 움직일 때

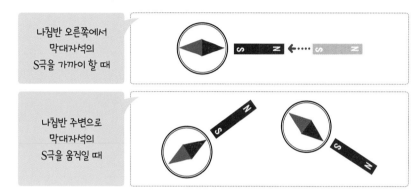

4 나침반을 막대자석 주위에 놓았을 때 나침반 바늘을 관찰해 봅시다. ●━━━━●**보충해설**

● 나침반 바늘의 방향을 붙임딱지로 방향을 나타내 봅시다.

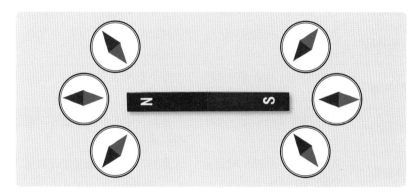

나침반을 최대한 자석의 극 근
처에 가깝게 두어야 합니다.
극에서 멀어질수록 나침반 바
늘이 극을 뚜렷하게 가리키지
않기 때문입니다.

이렇게 ○○ 정리해요

자석 주위에서 나침반 바늘의 방향이 달라지는 까닭은 무엇인지 이야기해 봅시다.

나침반 바늘이 │ 자석 │ 이기 때문에 나침반 바늘의 N극은 자석의 │ S │ 극에, 나침반 바늘의 S극은 자석의

│ N │ 극에 끌립니다.

과학 56~57쪽

? 궁금해요

그림에게 찾은 6가지 물건들의 공통점을 발견해 봅시다.

질문 찾은 물건에 공통으로 있는 것은 무엇일까요?

예시 답안 자석입니다.

★ 해 보기 자석을 이용한 생활용품 찾아보기

● **무엇을 준비할까요?**

스마트 기기

● **어떻게 할까요?**

① 아래 그림에 있는 생활용품에서 자석이 있는 부분에 ○표시해 봅시다.

② 일상생활에서 자석이 이용되는 예를 조사하고, 이용한 자석의 성질과 자석이 있어서 편리한 점을 써 봅시다. **도움①**

조사한 물건	이용한 자석의 성질	자석이 있어서 편리한 점
자석 광고지	철과 자석이 서로 끌어당기는 성질	냉장고에 붙여서 이용할 수 있습니다.
가방 자석 단추	철과 자석이 서로 끌어당기는 성질	가방을 쉽게 열고 닫을 수 있습니다.
자석 드라이버	철과 자석이 서로 끌어당기는 성질	작은 나사를 드라이버 끝에 고정하기 좋습니다.
자석 블록	자석의 다른 극끼리 서로 끌어당기는 성질	힘을 들이지 않고 블록끼리 붙일 수 있습니다.

→ 자석을 이용한 생활용품

모두 자석이야.

냉장고는 철로 만들어져 있어.

▲ 냉장고 자석

드라이버 끝부분이 자석이야.

나사는 철로 만들어져 있어.

▲ 자석 드라이버

이 부분은 철로 만들어져 있어요.

가방 입구 둥근 단추 부분이 자석이에요.

▲ 가방 자석 단추

● 교과서 속 핵심 개념

● **자석을 이용한 생활용품**: 자석 필통, 자석 광고지, 가방 자석 단추, 자석 집게, 자석 블록, 자석 드라이버, 냉장고 자석 등

● **생활용품에 이용된 자석의 성질**: 철로 된 물체를 끌어당기는 성질, 두 자석의 같은 극끼리 밀어 내고 다른 극끼리 끌어당기는 성질, 일정한 방향을 가리키는 성질 등

생활용품	자석 광고지	가방 자석 단추	자석 드라이버
자석의 위치	광고지 뒷면	가방 입구의 둥근 단추 부분	손잡이 반대편의 뾰족한 부분
자석이 있어서 편리한 점	광고지를 냉장고에 붙였다가 뗐다 할 수 있음.	가방을 쉽게 열고 닫을 수 있게 함.	작은 나사를 드라이버 끝에 고정하기 좋음.

교과서 개념 확인 문제

도움 ① 자석의 성질을 생활용품에 이용한 예

자석 휴대 전화 거치대	자석 햇빛 가리개

휴대 전화를 쉽게 뗐다 붙였다 할 수 있습니다.	자동차 문틀에 붙여서 햇빛을 가릴 수 있습니다.
자석 창문닦이	자석 블록

유리창의 안쪽과 바깥쪽을 동시에 청소할 수 있습니다.	조립과 분해를 쉽게 할 수 있습니다.

1 다음의 물건들에 공통으로 있는 것은 무엇인지 써 봅시다.

> • 자석 필통   • 냉장고 자석
> • 자석 드라이버   • 자석 집게
> • 가방 자석 단추   • 자석 광고지

(   )

2 다음 글을 읽고 알맞은 말을 골라 ○표 해 봅시다.

(1) 자석 필통, 자석 집게는 (자석, 금속)의 성질을 이용한 생활용품입니다.

(2) 냉장고 자석은 철로 된 물체와 자석이 서로 (끌어당기는, 밀어 내는) 성질을 이용한 생활용품입니다.

😊 스스로 확인해요

● 자석을 이용한 생활용품의 편리한 점을 자석의 성질과 관련지어 설명할 수 있어요.
  도움말 조사한 생활용품에서 자석이 있어서 편리한 점을 자석의 성질과 관련지어 설명합니다.

● 일상생활에서 자석을 이용한 예를 조사했어요.
  도움말 일상생활에서 자석을 이용한 예에는 자석 집게, 자석 필통, 냉장고 자석 등 여러 가지가 있음을 설명합니다.

3 다음 사진 속 물건과 물건에 이용한 자석의 성질을 바르게 연결해 봅시다.

(1)  •

 • ㉠ 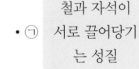 철과 자석이 서로 끌어당기는 성질

(2)  •

 • ㉡ 자석의 다른 극끼리 서로 끌어당기는 성질

9 자석 장난감을 만들어 보아요

과학 58~59쪽

😊❓ **궁금해요**

자석의 성질을 복습하고, 자석의 성질을 활용해서 다양한 자석 장난감을 만들어 봅시다.

질문 각각의 장난감들은 자석의 어떤 성질을 이용해 만든 것일까요?

예시 답안
- 자석 로켓은 자석의 같은 극끼리 서로 밀어 내는 성질을 이용했습니다.
- 자석 악어는 자석의 같은 극끼리 서로 밀어 내고, 다른 극끼리 서로 끌어당기는 성질을 이용했습니다.
- 자석 낚시는 철로 된 물체와 자석이 서로 끌어당기는 성질을 이용했습니다.

➡ **자석 로켓 장난감**

➡ **자석 악어 장난감**

➡ **자석 낚시 장난감**

⭐ **탐구 활동** 　**자석을 이용한 장난감 만들기** 　도움①

자세한 해설은 80~81쪽에 있어요.

● **무엇을 준비할까요?**

나만의 준비물

● **과정을 알아볼까요?**

① 자석을 이용해 어떤 장난감을 만들지 이야기해 봅시다.
② 만들 장난감을 그림으로 그리고 필요한 준비물을 써 봅시다.
③ 재료를 준비하여 자석 장난감을 만들어 봅시다.
④ 자석의 어떤 성질을 이용해 장난감을 만들었는지 써 봅시다.
⑤ 만든 장난감을 소개해 봅시다.

● **관찰 내용 및 결과를 정리해요**

➡ 만든 장난감에서 좋은 점: 재료가 간단하고 만들기 쉽습니다.
➡ 만든 장난감에서 보완할 점: 막대자석 끝에 물고기 그림을 붙이면 더 재미있을 것 같습니다.

⭐ **교과서 속 핵심 개념**

● **자석 장난감 예시**

자석 장난감	이용한 자석의 성질
자석 로켓	두 자석의 같은 극끼리 서로 밀어 내는 성질을 이용함.
자석 악어	두 자석이 마주 보는 극에 따라서 서로 끌어당기거나 밀어 내는 성질을 이용함.
자석 낚시	철로 된 물체와 자석이 서로 끌어당기는 성질을 이용함.

도움 ① 자석을 이용한 장난감 만들기

● **자석 로켓 만들기**

준비물: 로켓 모양 종이, 구멍 뚫린 동전 모양 자석 3개, 굵은 빨대, 막대

과정

① 구멍 뚫린 동전 모양 자석 3개를 같은 극끼리 마주 보도록 막대에 꽂습니다.

② 굵은 빨대에 로켓 모양 종이를 붙입니다.

③ 빨대의 끝이 위쪽 자석에 닿도록 빨대를 막대에 꽂습니다.

④ 로켓을 아래로 눌렀다가 놓으면 로켓이 위로 솟아오릅니다.

● **자석 악어 만들기**

준비물: 악어 모양 종이, 풀, 양면 셀로판테이프, 동전 모양 자석 2개, 막대자석

과정

① 종이를 오려서 악어 모양을 만듭니다.

② 악어 입의 위아래에 동전 모양 자석을 같은 극끼리 마주 보도록 각각 붙입니다.

③ 두 동전 모양 자석의 극과 다른 극의 막대자석을 악어 입에 가져가면 악어가 입을 움직입니다.

④ 물고기 모양 등을 오려서 막대자석에 붙여 장난감을 재미있게 꾸밀 수 있습니다.

🐛 **스스로 확인해요**

● **자석의 어떤 성질을 이용해 장난감을 만들었는지 설명할 수 있어요.**

도움말 자석을 이용하여 만든 장난감을 설명할 때 자석의 어떤 성질을 이용했는지도 함께 설명합니다.

● **자석을 이용해 장난감을 만들었어요.**

도움말 자석끼리 서로 밀어 내거나 끌어당기는 성질, 철로 된 물체와 자석이 서로 끌어당기는 성질 등을 이용하여 장난감을 만들었음을 설명합니다.

교과서 개념 확인 문제

1 다음 글을 읽고 알맞은 말을 골라 ○표 해 봅시다.

(1) 자석과 철은 서로 (끌어당깁니다, 밀어 냅니다).

(2) 두 개의 자석이 N극끼리 가까워지면 서로 (끌어당기고, 밀어 내고), 한 자석의 N극과 다른 자석의 S극이 가까워지면 서로 (끌어당깁니다, 밀어 냅니다).

2 다음 자석을 이용한 장난감이 자석의 어떤 성질을 이용하는지 각각의 장난감과 자석의 성질을 바르게 연결해 봅시다.

(1)  •

• ㉠ 철로 된 물체와 자석이 서로 끌어당기는 성질

(2)  •

• ㉡ 두 자석이 같은 극끼리 밀어 내고 다른 극끼리 끌어당기는 성질

(3)  •

• ㉢ 두 자석이 같은 극끼리 밀어 내는 성질

3 자석 악어 장난감의 입을 다물게 하는 경우를 보기에서 골라 기호를 써 봅시다.

보기

㉠ 두 동전 모양 자석의 S극 사이로 막대자석의 S극을 가까이 할 때

㉡ 두 동전 모양 자석의 S극 사이로 막대자석의 N극을 가까이 할 때

(   )

🔊 의사소통

실험 관찰 38~39쪽

9 자석 장난감을 만들어 보아요

탐구 활동 **자석을 이용한 장난감 만들기**

탐구 활동 도움말

이 탐구 활동은 자석의 성질을 이용하여 장난감을 만들어 보고, 만든 장난감을 설명하는 활동입니다.

『실험 관찰』꾸러미 73쪽 붙임딱지를 붙여요.

✂️ 가위를 사용할 때 조심해요.

무엇을 준비할까요?

아래 준비물은 예시 장난감을 만들 때 필요한 것입니다.

동전 모양 자석 2개

막대자석

풀

양면 셀로판테이프

악어 모양 종이 (『실험 관찰』 꾸러미 77쪽)

도움말

양면 셀로판테이프를 이용하여 악어 모양 종이의 입에 동전 모양 자석을 붙입니다.

나만의 준비물

1 자석을 이용해 어떤 장난감을 만들지 이야기해 봅시다.

예시 답안

어떤 모양의 자석 장난감을 만들까?	자석의 어떤 성질을 이용할까?	준비물로는 무엇이 필요할까?
먹이를 먹는 악어 모양	두 자석 사이에 밀어내거나 끌어당기는 성질	악어 모양 종이, 풀, 양면 셀로판테이프, 동전 모양 자석, 막대자석

예

❶ 악어 머리 모양 종이 **1**을 점선을 따라 접고 풀칠하여, 악어 모양 종이 **2**에 붙입니다.

❷ 악어 입의 위와 아래에 각각 동전 모양 자석을 같은 극끼리 마주 보도록 붙입니다.

❸ 동전 모양 자석의 마주 본 극과 다른 극의 막대자석을 악어 입에 가져갑니다.

2 만들 장난감을 그림으로 그리고 필요한 준비물을 써 봅시다.

예시 답안

장난감 이름	장난감 그림
자석 악어	
필요한 준비물	
악어 모양 종이, 풀, 양면 셀로 판테이프, 동전 모양 자석, 막대자석	

창의적으로 생각해 보아요.

3 재료를 준비하여 자석 장난감을 만들어 봅시다.

4 자석의 어떤 성질을 이용해 장난감을 만들었는지 써 봅시다. •————

예시 답안 두 자석을 가까이 할 때 같은 극끼리는 서로 밀어 내고 다른 극끼리는 서로 끌어 당기는 성질을 이용하였습니다.

5 만든 장난감을 소개해 봅시다. •————

이렇게 ○○ 정리해요

😎 만든 장난감에서 좋은 점과 보완할 점을 생각해 봅시다. •————

예시 답안 좋은 점: 재료가 간단하고 만들기 쉽습니다.

보완할 점: 막대자석 끝에 물고기 그림을 붙이면 더 재미있을 것 같습니다.

● **보충해설**

자석의 성질로는 '철로 된 물체와 자석이 서로 끌어당기는 성질', '자석끼리 서로 밀어 내거나 끌어당기는 성질', '물에 띄우거나 자유롭게 공중에 매달았을 때 일정한 방향을 가리키는 성질' 등이 있습니다.

● **보충해설**

장난감을 소개할 때는 자석의 어떤 성질을 이용했는지도 함께 소개합니다.

도움말

자석을 이용하여 장난감을 만들어 본 것에 그치지 않고 장난감을 가지고 놀면서 더 재미있게 노는 방법을 생각합니다.

나침반과 지피에스(GPS)

▲ 550년 전 항해에 사용했던 나침반

방향을 찾을 때 사용하는 나침반이 언제 만들어졌는지는 정확히 알 수 없어요. 그러나 약 2300년 전 중국에서 나침반을 사용한 기록이 남아 있어요.

중국의 나침반이 유럽에 전해지면서, 유럽의 탐험가들이 배를 타고 전 세계를 탐험하는 데에 큰 도움을 주었어요.

오늘날에는 위성 지피에스를 사용하여 방향을 찾는 기기들이 많이 있어요. 지피에스는 인공위성을 이용하여 비행기나 배, 자동차의 위치를 확인할 수 있도록 만든 장치예요.

나침반으로는 동서남북의 방향만을 알 수 있지만 지피에스를 이용하면 방향뿐만 아니라 현재 위치와 빠르기를 알 수 있어요. 그래서 주변 정보 검색과 자동차 내비게이션에 유용하게 사용되고 있어요.

➕ 과학 더하기 도움말

나침반의 역사를 알아보고, 오늘날 길을 찾을 때 사용하는 지피에스(GPS)와 나침반의 차이점을 비교해 봅니다.

➕ 과학 더하기 해설

• **나침반을 사용했던 옛날 기록:** 약 2300년 전 중국에서 쓰여진 『귀곡자』를 보면 길을 찾기 위해 '사남'을 이용했다는 기록이 있습니다. 사남은 쟁반 모양의 '반'과 자석으로 만들어진 국자 모양의 '지남기'로 구성되어 있습니다. 반 위에 지남기를 놓고 돌리면 손잡이가 남쪽을 가리킵니다.

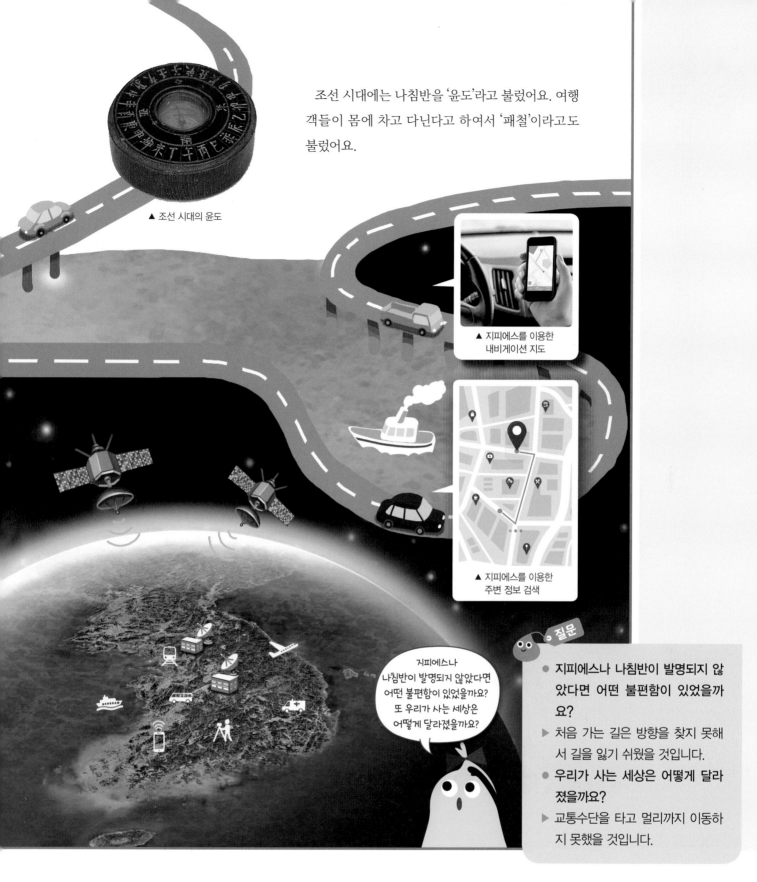

조선 시대에는 나침반을 '윤도'라고 불렀어요. 여행객들이 몸에 차고 다닌다고 하여서 '패철'이라고도 불렀어요.

▲ 조선 시대의 윤도

▲ 지피에스를 이용한 내비게이션 지도

▲ 지피에스를 이용한 주변 정보 검색

지피에스나 나침반이 발명되지 않았다면 어떤 불편함이 있었을까요? 또 우리가 사는 세상은 어떻게 달라졌을까요?

질문

• 지피에스나 나침반이 발명되지 않았다면 어떤 불편함이 있었을까요?
▶ 처음 가는 길은 방향을 찾지 못해서 길을 잃기 쉬웠을 것입니다.
• 우리가 사는 세상은 어떻게 달라졌을까요?
▶ 교통수단을 타고 멀리까지 이동하지 못했을 것입니다.

• **오랫동안 사용되어 온 나침반:** 1200년대에 중국의 나침반이 아라비아를 거쳐 유럽에서 널리 사용된 것으로 알려지고 있습니다. 하지만 1000년대에 이미 바이킹들이 천연자석을 이용하여 방향을 찾았다는 연구 결과도 있습니다. 지금의 나침반과 비슷한 나침반은 1500년대에 나타났습니다.

• **우리나라의 나침반:** 우리나라에는 통일 신라 시대에 중국을 통해서 나침반이 들어왔고, 조선 시대에는 나침반을 '윤도'나 '패철'이라고 불렀습니다.

• **지피에스(GPS):** 인공위성에서 보내는 신호를 받아 지구에서 현재의 위치를 알 수 있는 기술입니다. 지피에스(GPS)로 위치를 알기 위해서는 최소한 4개의 위성으로부터 신호를 받아 위치를 확인합니다.

단원 매듭 짓기   그림으로 정리하기 ✐

해당 칸에
『과학』 부록 119쪽
붙임딱지를
붙이세요.

과학 62~63쪽

붙임딱지로 빈칸을 채우며
배운 내용을 정리해 봅시다.

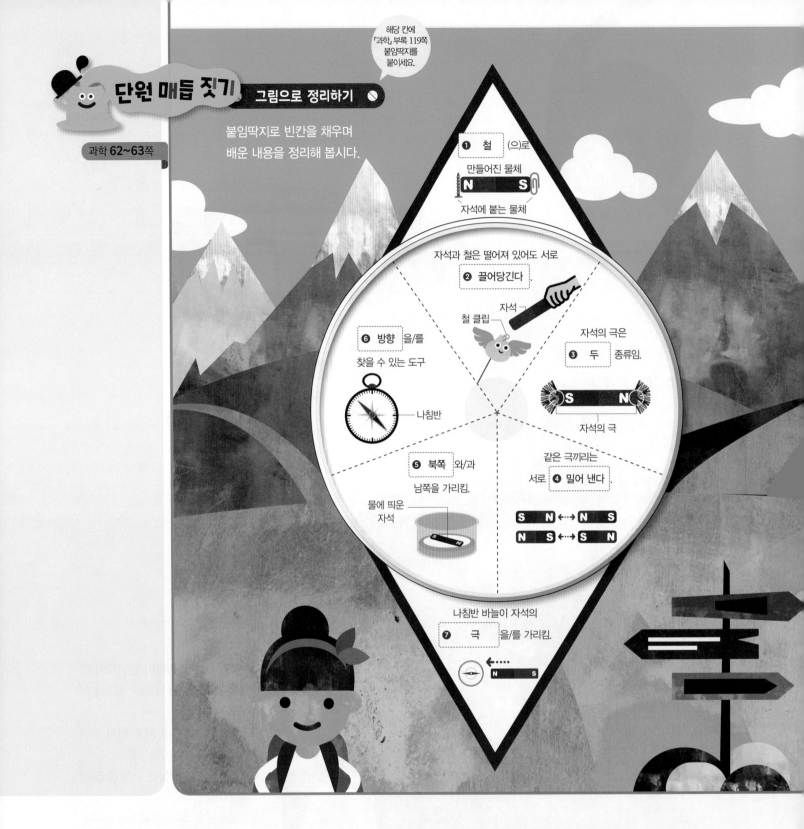

❶ **철** (으)로
만들어진 물체
N   S
자석에 붙는 물체

자석과 철은 떨어져 있어도 서로
❷ **끌어당긴다**.

철 클립   자석

❻ **방향** 을/를
찾을 수 있는 도구

나침반

자석의 극은
❸ **두** 종류임.

S   N
자석의 극

❺ **북쪽** 와/과
남쪽을 가리킴.

물에 띄운
자석

같은 극끼리는
서로 ❹ **밀어 낸다**

S N ↔ **N S**
N S ↔ **S N**

나침반 바늘이 자석의
❼ **극** 을/를 가리킴.

N   S

✎ 그림으로 정리하기 해설 ✎

❶ 철로 된 물체와 자석은 서로 끌어당깁니다. 철로 된 물체에는 철 클립, 철사가 든 빵 끈, 철 못, 철 용수철 등이 있습니다.

❷ 자석에 붙는 물체는 자석과 약간 떨어져 있어도 자석과 서로 끌어당깁니다. 또한 철로 된 물체와 자석 사이에 종이나 투명 필름과 같이 자석에 붙지 않는 물체가 있어도 서로 끌어당길 수 있습니다.

❸ 자석의 극은 N극과 S극으로 두 종류가 있으며, 극의 위치는 자석의 양 끝입니다.

❹ 두 자석은 같은 극끼리 가까이 하면 서로 밀어 내고, 다른 극끼리 가까이 하면 서로 끌어당깁니다.

❺ 물에 띄운 자석의 N극은 북쪽을 가리키고 S극은 남쪽을 가리킵니다. 지구는 북극이 S극, 남극이 N극인 거대한 자석과 비슷한 성질을 지니고 있기 때문에 이러한 현상이 일어납니다.

❻ 나침반은 자석의 성질을 이용하여 방향을 찾을 수 있는 도구입니다. 나침반 바늘은 자석으로 만들어져 있습니다.

❼ 나침반에 막대자석을 가까이 가져가면 나침반 바늘이

❶ 그림과 같은 가위에 자석을 대 보았을 때 자석에 붙는 부분과 붙지 않는 부분의 기호를 각각 써넣어 봅시다.

(1) 자석에 붙는 부분: (㉡)

(2) 자석에 붙지 않는 부분: (㉠)

❷ 자석을 물에 띄웠더니 그림과 같은 모습이 되었습니다. 물에 띄운 막대자석의 극에 맞게 선으로 연결해 봅시다.

(1) 남쪽을 가리키는 자석의 극 ——— N극

(2) 북쪽을 가리키는 자석의 극 ——— S극

❸ 그림과 같이 막대자석을 나침반에 가까이 할 때, 나침반 바늘의 움직임에 대한 설명으로 옳은 것은 ○표시를, 옳지 않은 것은 ✕표시를 해 봅시다.

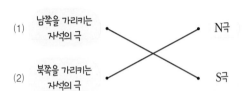

(1) ㉠ 부분이 끌려옵니다. (✕)

(2) 나침반 바늘이 움직이는 까닭은 나침반 바늘도 자석이기 때문입니다. (○)

❹ 일상생활에서 자석은 다양하게 이용되고 있습니다. 만약 이 세상에서 자석이 없어진다면 어떤 일이 일어날까요? 예를 참고하여 상상한 내용을 자유롭게 써 봅시다.

> 예 냉장고 문에 광고지를 테이프로 붙여 놓고 뗐다 붙이기를 여러 번 했더니 바닥으로 떨어진 광고지들이 많습니다.

✏ 예시 답안   가방 입구가 모두 지퍼나

똑딱이 단추로 되어 있어서 가방을 열고

난 후 닫는 데 시간이 오래 걸립니다.

도움말
우리 주변에서 자석이 다양하게 사용됨을 알고, 자석이 없다면 어떤 점이 불편할지 떠올려 보면서 글을 써 봅니다.

◉ 도전! 창의 융합 ◉

재미가 팡팡! 나도 발명왕

자석은 우리 생활을 편리하게 해 주는 많은 발명품에 이용되고 있습니다. 자석을 이용한 다양한 발명품에 대하여 알아봅시다.

『실험 관찰』40쪽

자석의 극을 향합니다. 또 막대자석 주위에 나침반을 놓으면 나침반 바늘은 자석의 극을 가리킵니다. 그 까닭은 나침반 바늘이 자석으로 만들어져 있어서 나침반 바늘의 한쪽 끝과 막대자석의 극이 서로 끌어당기거나 밀어 내기 때문입니다.

◉ 문제로 확인하기 해설 ◉

❶ 가위에 자석을 대어 보았을 때 가위의 날 부분은 자석에 붙고 손잡이 부분은 자석에 붙지 않습니다.

❷ 자석을 물 위에 띄우면, 자석의 N극은 북쪽을 가리키고 S극은 남쪽을 가리킵니다.

❸ 나침반에 자석을 가까이 가져가면 나침반 바늘이 자석의 극을 가리킵니다. 그 까닭은 나침반 바늘이 자석이기 때문입니다.

◉ 과학 글쓰기 해설 ◉

우리 주변에서 자석이 사용되는 상황이나 물체를 찾아보고, 자석이 없다면 어떤 점이 불편할지 상상하여 글을 자유롭게 써 봅니다.

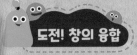

도전! 창의 융합

도전! 창의 융합 도움말

자석의 성질을 이용한 다양한 발명품에는 자석 충전 단자와 케이블, 밑에 자석을 붙인 컵, 고정 자석 등이 있습니다.

재미가 팡팡! 나도 발명왕

자석은 철로 만들어진 물체를 끌어당기고, 같은 극끼리 서로 밀어 내거나 다른 극끼리는 끌어당기는 성질이 있어요. 이러한 성질은 우리 생활을 편리하게 해 주는 많은 발명품에 이용되었어요. 자석을 이용한 다양한 발명품에 대하여 알아보아요.

❶ 생활의 불편함을 해결한 발명품을 찾아 선으로 연결해 봅시다.

❷ 자석을 이용해서 더욱 편리하게 만들 수 있는 물건으로는 어떤 것이 있는지 이야기해 봅시다.

스마트폰 충전 케이블을 충전 단자에 끼우려면 충전 단자와 케이블을 잘 맞추어야 해.

충전 단자와 케이블을 자석으로 만들면 충전 단자에 케이블이 저절로 가서 붙어.

신발을 신을 때마다 끈을 묶어야 하는 불편이 있어!

컵 밑에 자석을 붙여 컵을 거꾸로 보관하면 물이 고이지 않게 할 수 있어.

양치질이 끝나면 컵에 물이 고여 있어.

신발 끈에 자석을 달면 끈을 쉽게 고정할 수 있어.

❸ 자석을 이용한 나의 발명품을 한 가지씩 생각해 봅시다.

🖉 자석을 이용한 나의 발명품

예시 답안

• 필기도구에 자석을 붙이면 철로 된 책상 위에 붙여 둘 수 있습니다.
• 스테이플러 바닥에 자석을 붙이면 잘못 찍은 스테이플러 심을 붙여 두었다가 모아서 버릴 수 있습니다.

1 다음 그림의 가위와 책상에는 자석에 붙는 부분과 자석에 붙지 <u>않는</u> 부분이 있습니다. 각각 기호를 쓰시오.

(1) 자석에 붙는 부분: (   )
(2) 자석에 붙지 않는 부분: (   )

중요

2 다음 그림과 같이 철 클립이 담겨 있는 종이 상자에 막대자석을 넣었을 때의 결과를 옳게 설명한 것은 어느 것입니까? (   )

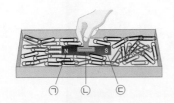

① 철 클립이 ㉠, ㉢ 부분에 많이 붙습니다.
② 철 클립이 ㉡ 부분에 가장 많이 붙습니다.
③ 철 클립이 ㉠ 부분에 가장 적게 붙습니다.
④ 철 클립이 ㉢ 부분에 가장 적게 붙습니다.
⑤ 철 클립이 ㉠, ㉡, ㉢ 부분에 모두 붙지 않습니다.

3 다음 그림과 같은 막대자석에서 극의 위치를 찾아 기호를 쓰시오. (2개)

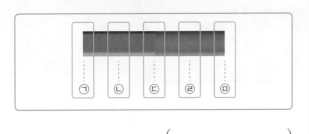

(,   )

4 다음 그림과 같이 두 자석을 서로 가까이 가져 갔을 때의 모습으로 옳은 것은 어느 것입니까? (   )

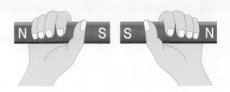

① 자석이 서로 붙습니다.
② 자석이 서로 밀어 냅니다.
③ 자석이 붙었다 밀어 냈다를 반복합니다.
④ 자석이 잠시 붙었다가 다시 밀어 냅니다.
⑤ 아무런 변화도 나타나지 않습니다.

중요

5 다음 (   ) 안에 들어갈 알맞은 말을 각각 쓰시오.

막대자석을 공중에서 자유롭게 움직이도록 하였을 때, 북쪽을 가리키는 극을 (㉠) 극이라 하고, 남쪽을 가리키는 극을 (㉡) 극이라고 합니다.

㉠ (   ), ㉡ (   )

중요

6 다음 나침반 바늘의 N극이 가리키는 방향은 어디입니까? (   )

① 동쪽   ② 서쪽
③ 남쪽   ④ 북쪽
⑤ 동쪽과 서쪽 사이

7 다음 그림과 같이 막대자석을 나침반에 가까이 가져갈 때 나침반 바늘의 움직임으로 옳은 것을 한 가지 골라 ○표 하시오.

(1) 변화가 없습니다. ( )
(2) 나침반 바늘이 빙글빙글 돕니다. ( )
(3) 나침반 바늘이 자석의 극 쪽으로 움직입니다. ( )

8 다음 ( ) 안에 들어갈 알맞은 말은 어느 것입니까? ( )

나침반 바늘은 ( )이기 때문에 나침반 바늘과 자석이 서로 밀어 내기도 하고 끌어당기기도 합니다.

① 철   ② 유리
③ 자석   ④ 고무
⑤ 플라스틱

9 다음 ( ) 안에 들어갈 알맞은 말은 어느 것입니까? ( )

철로 된 물체와 ( )이/가 서로 끌어당기는 성질을 이용하여 편리한 생활용품을 만들 수 있다.

① 철   ② 자석
③ 유리   ④ 나무
⑤ 플라스틱

서술형 문제
10 그림은 자석과 자석을 서로 가까이 했을 때의 모습입니다. 물음에 답하시오.

▲ 같은 극끼리 가까이 할 때   ▲ 다른 극끼리 가까이 할 때

(1) 자석의 같은 극끼리 서로 가까이 할 때 어떤 모습이 나타나는지 쓰시오.

_____

_____

(2) 자석의 다른 극끼리 서로 가까이 할 때 어떤 모습이 나타나는지 쓰시오.

_____

(3) 위 실험에서 알 수 있는 자석의 성질을 쓰시오.

_____

서술형 문제
11 그림과 같이 막대자석 주위에 나침반을 놓았습니다. 물음에 답하시오.

(1) 나침반 바늘은 어떻게 되는지 쓰시오.

_____

(2) 나침반 바늘이 위 (1)번과 같이 되는 까닭은 무엇인지 쓰시오.

_____

3 동물의 한살이

나는 애벌레예요. 아직 자라고 있는 중이죠.
난 어른이 되기까지 여러 가지 모습으로 바뀐답니다.
이제부터 내가 자라는 모습을 알아볼까요?

알아볼까요?

동물의 암수는 생김새와 역할이 어떻게 다른지 알아봅시다.

배추흰나비를 기르면서 배추흰나비의 한살이를 알아봅시다.

알을 낳는 동물의 한살이를 알아봅시다.

새끼를 낳는 동물의 한살이를 알아봅시다.

단원 그림 도움말

단원 그림은 나뭇잎 위를 기어가고 있는 애벌레의 모습입니다. 그림을 보면서 애벌레를 본 경험을 떠올려 보고, 애벌레가 자란 뒤의 모습은 어떨지 추측해 보면서 앞으로 배울 내용을 생각해 봅니다.

좀 더 설명할게요

배추흰나비 애벌레는 번데기가 되기까지 많은 양의 먹이를 먹고 짧은 시간 동안 많이 자랍니다. 또 배추흰나비 애벌레는 어떤 먹이를 먹느냐에 따라 배설물의 색깔이 달라집니다. 예를 들어 노란 색깔 배춧잎을 먹으면 노란색 똥을 누고, 초록 색깔 배춧잎을 먹으면 초록색 똥을 눕니다.

질문과 답

내가 다 자라면 어떤 모습일까요?

어른벌레인 나비나 나방이 됩니다.

과학 놀이터

동물을 찾아보세요

우리 마을에는 여러 가지 동물이 살고 있어요.
어떤 동물이 살고 있는지 찾아보아요. 예시 답안

무엇을 준비할까요?

숨은 그림 연결 막대
(『과학』 부록 121쪽),
할핀

① 부록에서 숨은 그림 연결 막대를 떼어 내어 할핀으로 연결합니다.

② 막대를 움직여 그림 속 숨은 동물을 찾아봅시다.

이렇게 해요

 과학 놀이터 도움말

여러 가지 동물이 자라는 모습을 순서대로 연결하면 서 각 동물이 태어나서 자라는 모습을 생각해 봅시다.

 이렇게 해요

준비물 도움말

· 할핀은 다리가 1 cm 정도 되는 가장 작은 크기로 2개가 필요합니다.

 ↕1 cm

활동 도움말

① 부록에서 숨은 그림 연결 막대를 떼어 내어 할핀으로 연결합니다.

도움말 숨은 그림 연결 막대는 3개의 막대가 1세트이며, 각 막대에는 작은 구멍과 큰 구멍이 있습니다. 그림과 같은 작은 구멍끼리 각각 겹치게 놓고 작은 구멍에 할핀을 꽂아 연결합니다. 큰 구멍의 점선을 따라 뜯어 원을 떼어 냅니다.

그림 속 숨은 동물

애벌레 번데기 배추흰나비	알 올챙이 개구리	병아리 알 닭	갓 태어난 강아지 강아지 개	알 잠자리 애벌레 잠자리
배추흰나비	개구리	닭	개	잠자리

찾은 동물 중 실제로 관찰한 동물에 대하여 이야기해 보아요.

② 막대를 움직여 그림 속 숨은 동물을 찾아봅시다.

도움말 『과학』 66~67쪽 그림에서 각 동물이 자라는 과정의 모습을 찾은 뒤, 숨은 그림 연결 막대의 큰 구멍에 각 동물의 자라는 모습이 순서대로 보이도록 맞춥니다.

· 배추흰나비: 애벌레 → 번데기 → 배추흰나비

· 개구리: 알 → 올챙이 → 다 자란 개구리
· 닭: 알 → 병아리 → 다 자란 닭
· 개: 갓 태어난 강아지 → 강아지 → 다 자란 개
· 잠자리: 알 → 애벌레 → 잠자리

○ 질문

· 찾은 동물 중 실제로 관찰한 동물에 대하여 이야기해 보아요.

나의 답 시골에 갔을 때 나비, 잠자리를 관찰했습니다.

동물의 암수를 알아볼까요?

과학 68~71쪽

궁금해요

갯벌에 사는 암컷 게와 수컷 게의 생김새를 비교해 봅시다.

질문 암컷 게와 수컷 게는 어느 부분이 다른지 찾아볼까? 도움①

예시 답안 암컷 게는 배판이 넓고 둥근데, 수컷 게는 배판이 좁고 뾰족합니다.

해 보기 동물의 암수에 따른 생김새 알아보기

● 무엇을 준비할까요? 『과학』 68~69쪽의 사진

● 어떻게 할까요?

❶ 암수가 쉽게 구별되는 동물과 쉽게 구별되지 않는 동물을 찾아봅시다.

암수가 쉽게 구별되는 동물	암수가 쉽게 구별되지 않는 동물
꿩, 노루, 장수풍뎅이, 사자 등	잉어, 남생이, 잠자리, 참새, 고양이 등

❷ 암수가 쉽게 구별되는 동물 중 한 가지를 선택하여 암수 생김새의 특징을 써 봅시다. 도움②

예시 답안 노루: 암컷은 머리에 뿔이 없고, 수컷은 뿔이 있습니다.

→ 암수가 쉽게 구별되는 동물

왜, 꿩은 수컷이 더 크고 화려하지?

짝짓기를 하기 위해 암컷에게 잘 보이려고 화려한 거야.

잠깐 퀴즈!

암수의 특징에 해당하는 말을 골라 ✓표시를 해 보세요.

▶ 꿩의 수컷은 깃털 색깔이 암컷보다 (✓ 연하고, ✓ 화려하고), 꼬리가 깁니다.

▶ 장수풍뎅이의 수컷은 (✓ 뿔, ✓ 날개)이/가 있지만, 암컷은 없습니다.

해 보기 동물의 암수 역할 알아보기

● 무엇을 준비할까요? 『과학』 70~71쪽의 사진

● 어떻게 할까요?

❶ 암수가 함께 알이나 새끼를 돌보는 동물을 찾아봅시다.

예시 답안 꾀꼬리, 제비, 박새, 황새, 두루미, 황제펭귄 등

❷ 알을 낳고 암수가 모두 알을 돌보지 않는 동물을 찾아봅시다.

예시 답안 빙어, 개구리, 거북, 자라, 도마뱀, 잠자리, 장수풍뎅이 등

❸ 암컷이나 수컷이 알이나 새끼를 돌보는 동물을 찾아봅시다.

→ 수컷이 새끼를 돌보는 동물

위험한 적들을 아빠가 물리쳐 줄게.

아빠 고마워요!

암컷이 돌보는 동물	수컷이 돌보는 동물
곰, 호랑이, 코끼리, 캥거루, 코알라 등	물자라, 가시고기, 해마 등

더 알아보기

코끼리처럼 암컷 무리가 새끼를 돌보는 동물을 알아봅시다.

예시 답안 고래, 미어캣 등

정답과 해설 4쪽

교과서 개념 확인 문제

도움 ① 게의 암수 구분

암컷 게는 배판에 알을 품으므로, 알을 많이 품고 잘 보호하기 위해 수컷보다 배판이 넓고 둥급니다.

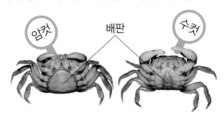

도움 ② 암수가 쉽게 구별되는 동물
● 사자: 수컷만 머리에 갈기가 있어 암수 구별이 쉽습니다.
● 사슴벌레: 머리의 턱이 수컷은 크고, 암컷은 작습니다.

▲ 사자   ▲ 사슴벌레

교과서 속 핵심 개념

● **동물의 암수 생김새의 특징**
  • 암수의 구별이 쉬운 동물: 꿩, 노루, 장수풍뎅이 등
  • 암수의 구별이 어려운 동물: 잉어, 남생이, 잠자리 등

● **알이나 새끼를 돌보는 과정에서 암수의 역할**
  • 암컷이 돌보는 동물: 곰, 호랑이, 코끼리 등
  • 수컷이 돌보는 동물: 물자라, 가시고기 등
  • 암수가 함께 돌보는 동물: 꾀꼬리, 황제펭귄, 제비 등
  • 암수 모두 알과 새끼를 돌보지 않는 동물: 빙어, 개구리, 거북, 잠자리 등

스스로 확인해요

● 동물의 암수에 따른 생김새의 특징을 비교했어요.
  도움말 암수의 구별이 쉬운 동물을 중심으로 암수의 생김새의 특징을 비교합니다.

● 동물에 따라 알이나 새끼를 돌보는 암수의 역할이 어떻게 다른지 설명할 수 있어요.
  도움말 암수가 함께 돌보는지, 암컷과 수컷이 각각 돌보는지 등을 설명합니다.

1 다음 중 암컷과 수컷이 쉽게 구분되는 동물은 어느 것입니까? (   )

① 꿩   ② 잉어   ③ 고양이
④ 잠자리   ⑤ 남생이

2 다음은 알이나 새끼를 돌볼 때 암수가 하는 역할을 나타낸 것입니다. (   ) 안에 들어갈 알맞은 말을 **보기**에서 골라 기호를 써 봅시다.

알이나 새끼를 돌볼 때 암수가 하는 역할	
(1) 개구리는 ( ). 	(2) 호랑이는 ( ). 
(3) 꾀꼬리는 ( ). 	(4) 물자라는 ( ). 

보기

㉠ 암컷이 혼자서 돌봅니다.
㉡ 수컷이 혼자서 돌봅니다.
㉢ 암수가 함께 돌봅니다.
㉣ 암수가 모두 돌보지 않습니다.

(1) (   ), (2) (   )
(3) (   ), (4) (   )

3 다음 중 암컷이 무리를 이루어 새끼를 돌보는 동물은 어느 것입니까? (   )

① 곰   ② 개구리   ③ 코끼리
④ 코알라   ⑤ 가시고기

과학 72~73쪽

궁금해요

나비는 어디에 알을 낳을지에 대하여 이야기해 보고, 배추흰나비의 알을 채집하는 방법을 생각해 봅시다.

[질문] 배추흰나비는 어디에 알을 낳을까요?

[예시 답안]
• 애벌레가 먹는 식물에 알을 낳을 것 같습니다.
• 꽃 주변에 있는 식물의 잎 뒷면이나 줄기의 안쪽에 알을 낳을 것 같습니다.
• 잎들이 무성하게 난 곳에 알을 낳을 것 같습니다.

→ 배추흰나비 알 채집 장소

탐구 활동 　배추흰나비의 한살이 관찰 계획 세우기

자세한 해설은 98~99쪽에 있어요.

● **무엇을 준비할까요?**

케일 화분, 안전 장갑

● **과정을 알아볼까요?** [도움❶]

❶ 배추흰나비를 기를 때 주의할 점을 조사해 봅시다. [도움❷]
❷ 배추흰나비가 알을 낳을 수 있도록 케일 화분을 준비합니다.
❸ 모둠 토의를 통해 배추흰나비가 알을 낳을 만한 곳을 예상하여 화분을 놓아둡니다. [도움❸]
❹ 배추흰나비가 알을 낳았는지 하루에 한 번씩 확인해 봅니다.
❺ 관찰 계획서를 써 봅시다.

● **관찰 내용 및 결과를 정리해요**

➡ 배추흰나비를 기를 때 애벌레를 손으로 만지지 않도록 조심하고, 애벌레를 옮길 때는 붓을 이용합니다.
➡ 알 채집을 위해 케일 화분을 꽃이 많은 화단에 두고, 순서를 정해 하루에 한 번씩 배추흰나비가 알을 낳았는지 확인합니다.
➡ 케일 잎에서 알을 확인한 뒤 케일 화분을 사육 망에 넣어 보관합니다.
➡ 관찰 계획서에는 관찰 기간, 배추흰나비 알을 기를 장소, 필요한 준비물, 관찰하고 싶은 것, 관찰 방법 등을 정리하여 씁니다.

→ 배추흰나비 알이 있는 곳

교과서 속 핵심 개념

● **동물의 한살이:** 동물이 태어나고 자라서 자손을 남기는 과정입니다.
● **배추흰나비 알의 채집 방법:** 애벌레의 먹이가 되는 식물을 꽃이 핀 식물 주변에 둡니다.
● **관찰 계획서 내용:** 준비물, 관찰 기간, 채집 장소, 기르는 장소, 관찰 방법, 관찰 도구, 기록 방법 등을 씁니다.

교과서 개념 확인 문제

📍 정답과 해설 4쪽

도움 ① **표범나비 한살이 관찰 계획 세우기**
준비물: 제비꽃, 꽃삽, 화분, 물, 사육 망, 관찰 계획서
과정
① 주변에서 제비꽃을 찾습니다. (표범나비 애벌레는 제비꽃의 잎을 먹습니다.)
② 잎 뒷면을 들춰 보며 표범나비 알을 찾습니다.
③ 알이 붙어 있는 제비꽃을 뿌리째 채집하여 화분에 옮겨 심습니다.
④ 제비꽃을 심은 화분을 사육 망에 넣고 관찰 계획을 세웁니다.

▲ 개망초 꿀 먹는 표범나비

▲ 제비꽃

도움 ② **배추흰나비를 기르는 장소**
배추흰나비의 한살이를 관찰하기 위해서 시기별 먹이, 행동 특성 등을 미리 조사합니다. 배추흰나비를 기르는 장소는 관찰하기 편하면서 햇빛이 잘 드는 창가 같은 곳이 좋습니다. 알에서 배추흰나비로 자라는 과정을 관찰하기 편하고, 애벌레의 먹이인 케일도 잘 자라기 때문입니다.

도움 ③ **배추흰나비가 알을 낳는 식물**
배추흰나비는 애벌레의 먹이가 되는 식물인 배추, 양배추, 유채, 무, 케일, 냉이, 브로콜리 등의 잎에 알을 낳습니다.

😊 스스로 확인해요

• **동물의 한살이 뜻을 설명할 수 있어요.**
　도움말 한살이는 태어나서 자라고 자손을 남기는 과정임을 설명합니다.

• **배추흰나비의 한살이 관찰 계획을 세웠어요.**
　도움말 배추흰나비의 한살이 관찰 계획서에는 관찰 기간, 기를 장소, 관찰할 내용 등을 씁니다.

1 다음 (　) 안에 들어갈 알맞은 말을 써 봅시다.

> 동물이 태어나서 자라 자손을 남기는 과정을 (　　　)(이)라고 합니다.

　　　　　　　　(　　　　　　　　)

2 배추흰나비의 한살이를 관찰하기 위해 알을 채집하는 과정을 순서대로 나열해 봅시다.

> ㉠ 배추흰나비가 알을 낳았는지 하루에 한 번씩 확인해 봅니다.
> ㉡ 배추흰나비가 알을 낳을 수 있는 케일 화분을 준비합니다.
> ㉢ 배추흰나비를 기를 때 주의할 점을 조사해 봅니다.
> ㉣ 배추흰나비 알을 채집하기 위해 화분 놓을 곳을 정하고, 정한 곳에 놓아둡니다.

(　　　) → (　　　) → (　　　) → (　　　)

3 다음은 배추흰나비를 기를 때 주의할 점과 필요한 것들입니다. 관련 있는 것끼리 바르게 연결해 봅시다.

(1) 케일 화분 •　　• ㉠ 알이나 애벌레를 옮길 때 이용합니다.

(2) 붓 •　　• ㉡ 배추흰나비를 관찰한 뒤에는 손을 깨끗이 씻습니다.

(3) 비누 •　　• ㉢ 배추흰나비 애벌레의 먹이입니다.

실험 관찰

🔍 관찰 🔊 의사소통 👁 예상

2 배추흰나비의 한살이를 관찰하려면?

> 탐구활동 배추흰나비의 한살이 관찰 계획 세우기

탐구 활동 도움말

이 탐구 활동은 배추흰나비의 한살이를 알아보기 위해 케일 화분에 낳은 배추흰나비 알을 채집하고, 관찰 계획을 세우는 활동입니다.

보충해설

붓에 물을 약간 묻히면 애벌레가 붓에 잘 붙어 애벌레를 옮기기 쉽습니다.

도움말

• 애벌레 먹이가 부족할 수 있으니 케일 화분은 잎이 많이 달린 것으로 준비합니다.
• 안전 장갑은 케일 화분을 야외에 놓아둘 때 사용합니다.

보충해설

배추흰나비 알을 채집하려면 애벌레와 배추흰나비의 먹이가 모두 있는 곳이 좋습니다. 특히 배추흰나비가 좋아하는 꽃 주변에 케일 화분을 두는 것이 좋습니다.

보충해설

배추흰나비는 보통 잎 뒷면에 알을 낳습니다. 따라서 케일 잎을 살짝 잡아야 잎이 훼손되지 않습니다.

『실험 관찰』꾸러미 73쪽 붙임딱지를 붙여요.

흙을 만진 뒤 손을 깨끗이 씻어요.

무엇을 준비할까요?

준비물에 ○ 표시를 하면서 확인해 봅시다.

 케일 화분

 안전 장갑

---

1 배추흰나비를 기를 때 주의할 점을 조사해 봅시다.

예 알이나 애벌레를 옮길 때 붓을 이용합니다.

예시 답안 배추흰나비를 관찰한 뒤에는 비누로 손을 깨끗이 씻습니다.

예시 답안 애벌레는 손으로 만지지 않습니다.

2 배추흰나비가 알을 낳을 수 있도록 케일 화분을 준비합니다.

3 모둠 토의를 통해 배추흰나비가 알을 낳을 만한 곳을 예상하여 화분을 놓아둡니다.

4 배추흰나비가 알을 낳았는지 하루에 한 번씩 확인해 봅니다.

케일 화분을 꽃 옆에 놓아두면 꿀을 먹으러 온 배추흰나비가 케일을 쉽게 찾을 수 있어요.

배추흰나비 알의 크기는 1 mm 정도예요. 꼼꼼히 찾아봐야 볼 수 있어요.

5 관찰 계획서를 써 봅시다.

관찰 계획서

관찰 기간	05 월 02 일 ~ 06 월 01 일
기를 장소	• 채집한 알은 어디에서 기를까요? 교실 창가
준비물	케일 화분, 안전 장갑, 관찰 일지
관찰하고 싶은 것	애벌레가 알에서 나오는 모습, 애벌레가 먹이를 먹거나 똥 누는 모습, 번데기의 색깔과 모양, 나비가 나오는 모습 등
관찰 방법	• 얼마나 자주 관찰할까요? 하루에 한 번(등교 뒤 바로) 관찰합니다. • 무엇을 이용하여 관찰할까요? 돋보기를 이용하여 관찰하고, 자로 길이를 잽니다. 스마트 기기로 사진이나 동영상을 촬영합니다. • 어떻게 기록하면 좋을까요? 관찰 내용을 글과 그림으로 기록합니다. 촬영한 사진을 출력하여 붙이고 기록합니다.

● 보충해설

배추흰나비의 한살이를 관찰 과정에서 크기를 잴 때는 줄자보다는 딱딱한 자를 이용해 애벌레가 움직이지 않을 때 측정하는 것이 좋습니다. 무게를 잴 때는 붓으로 종이나 플라스틱 접시 등에 애벌레를 옮겨 전자저울로 측정하는 것이 좋습니다.

이렇게 ○○ 정리해요

○○ 배추흰나비의 한살이 관찰 계획을 정리해 봅시다.

▶ 배추흰나비의 한살이를 관찰하려면 애벌레의 먹이가 되는 │ 식물 (케일 화분) │ 을/를 준비하고, 기를 장소와

관찰하고 싶은 것, 관찰 방법을 계획합니다.

과학 74~77쪽

🙂❓ 궁금해요

배추흰나비는 어른벌레가 될 때까지 모습이 여러 번 변합니다. 배추흰나비를 기르면서 배추흰나비의 한살이를 관찰해 봅시다.

질문 배추흰나비의 한살이는 어떤가요?

예시 답안 알—애벌레—번데기—어른벌레의 순서로 자랍니다.

🙂⭐ 탐구 활동   배추흰나비 알과 애벌레 관찰하기

자세한 해설은 102~103쪽에 있어요.

● 무엇을 준비할까요?

케일 화분, 배추흰나비 알과 애벌레, 돋보기, 사육 망, 자

● 과정을 알아볼까요?

❶ 배추흰나비 알을 관찰하여 그림과 글로 나타내 봅시다.

❷ 배추흰나비 알이 붙어 있는 케일 화분을 사육 망에 넣어 빛이 잘 드는 곳에 두고 알의 변화를 관찰하여 봅시다.

❸ 배추흰나비 애벌레를 관찰하여 그림과 글로 나타내 봅시다.

● 관찰 내용 및 결과를 정리해요

➡ 배추흰나비 알은 연한 노란색의 옥수수와 비슷한 모양이며, 움직이지 않습니다.

➡ 애벌레는 알에서 나오자마자 알껍데기를 갉아 먹습니다.   도움❶

➡ 애벌레는 잎을 먹으면서 몸의 색이 노란색에서 초록색으로 바뀝니다.   도움❷

➡ 배추흰나비의 애벌레는 15일~20일 동안 4번의 허물을 벗으며 자랍니다.   도움❸

➡ 부화 뒤 약 20일이 지나면 애벌레는 먹는 양이 줄어들고 묽은 똥을 눕니다. 묽은 똥이 보이기 시작하면 곧 번데기로 변합니다.

➡ 배추흰나비 애벌레 다루기

> 앗! 애벌레가 아래로 떨어졌어. 올려줘야지.

> 손으로 만지면 안돼! 만약 만지면 비누로 손을 깨끗이 씻어야 해!

🙂 더 알아보기

애벌레의 몸 색깔이 점점 초록색으로 변하는 까닭은 무엇일까요?

예시 답안 애벌레는 초록색 잎을 먹으면서 초록색으로 변합니다.

🙂 교과서 속 핵심 개념

● 부화: 동물의 알에서 애벌레나 새끼가 알 밖으로 나오는 것을 말합니다.

● 배추흰나비 알과 애벌레의 특징 비교

구분	알	애벌레
색깔	연한 노란색	초록색(먹이 색깔과 비슷함.)
생김새	길쭉한 옥수수 모양	길쭉하고, 마디로 되어 있음.
크기와 움직임	작고 움직이지 않음.	커지면서 4번 허물을 벗으며, 기어서 자유롭게 움직임.

➡ 사육 망을 씌우는 까닭

> 화분을 사육 망에 넣어 두니 알이 잘 보이지 않아. 화분을 꺼내 놓자.

> 아니야. 알과 애벌레를 먹는 동물로부터 보호해야 하므로 넣어 둬야 해!

교과서 개념 확인 문제

도움 ① 애벌레가 알껍데기를 먹는 까닭

● 알껍데기에 영양분이 풍부하게 들어 있고, 흔적을 지워 자신을 잡아 먹는 동물로부터 몸을 피할 수 있기 때문입니다.

도움 ② 애벌레의 색깔 변화

● 알에서 나온 애벌레는 처음에는 연한 노란색이지만, 잎을 먹으면서 점차 초록색으로 변합니다.

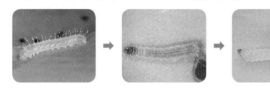

● 애벌레의 몸은 먹이 색깔과 비슷한 색을 띠며, 움직이지 않을 때는 잎맥과 나란히 붙어 있어 눈에 잘 띄지 않습니다.

도움 ③ 애벌레의 자람

● **허물벗기:** 애벌레의 몸은 비교적 단단한 껍질로 되어 있어서 몸이 자라기 위해서는 이 껍질을 벗어야 합니다. 이렇게 애벌레가 벗은 껍질을 허물이라고 하며, 껍질을 벗는 것을 허물벗기라고 합니다.

● 알에서 나온 애벌레를 1령 애벌레, 허물을 1번 벗은 애벌레를 2령 애벌레, 2번 벗은 애벌레를 3령 애벌, 3번 벗은 애벌레를 4령 애벌, 4번 벗은 애벌레를 5령 애벌레라고 합니다.
애벌레마다 크는 정도는 매우 다르지만, 평균적인 크기는 다음과 같습니다.

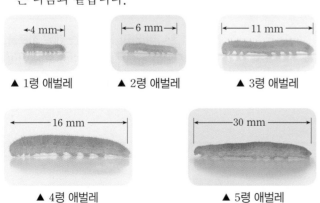

▲ 1령 애벌레   ▲ 2령 애벌레   ▲ 3령 애벌레

▲ 4령 애벌레   ▲ 5령 애벌레

---

1 다음은 배추흰나비의 한살이 과정을 나타낸 것입니다. ( ) 안에 들어갈 알맞은 말을 각각 써 봅시다.

> 배추흰나비는 알 → (㉠) → (㉡) 과정을 거쳐 어른벌레가 됩니다.

㉠ (   ), ㉡ (   )

2 배추흰나비를 기를 때 필요한 것을 보기 에서 모두 골라 기호를 써 봅시다.

> **보기**
> ㉠ 먹이   ㉡ 초시계   ㉢ 돋보기
> ㉣ 사육 망   ㉤ 어둠 상자

(   )

3 다음 ( ) 안에 들어갈 알맞은 말을 써 봅시다.

> 동물의 알에서 애벌레나 새끼가 알껍데기를 뚫고 밖으로 나오는 것을 ( )(이)라고 합니다.

(   )

4 다음 중 배추흰나비 애벌레에 대한 설명으로 옳지 **않은** 것은 어느 것입니까? (   )

① 몸 색깔은 초록색입니다.
② 여러 개의 발이 있습니다.
③ 허물을 벗으며 점점 자랍니다.
④ 움직이지 않고 한곳에 가만히 있습니다.
⑤ 몸 주변에 털이 나 있고 길쭉한 모양입니다.

관찰  측정 　　　　　　　　실험 관찰 46~47쪽

3 배추흰나비의 한살이를 관찰해요

배추흰나비 알과 애벌레 관찰하기

탐구 활동 도움말

이 탐구 활동은 배추흰나비 알과 애벌레를 관찰하여 그림과 글로 나타내고, 알과 애벌레의 차이점을 확인하는 활동입니다.

보충해설

배추흰나비 알은 주로 잎의 뒷면이나 새로 난 잎에서 찾기 쉽습니다. 잎의 뒷면은 강한 햇빛과 빗물을 피할 수 있고, 애벌레를 잡아먹는 동물이 발견하기 어렵기 때문입니다. 또한, 새로 난 잎은 연해서 어린 애벌레가 먹기 좋습니다.

『실험 관찰』꾸러미 73쪽 붙임딱지를 붙여요.

 알이나 애벌레를 소중히 다뤄요.

무엇을 준비할까요?

준비물에 ◯ 표시를 하면서 확인해 봅시다.

케일 화분

배추흰나비 알과 애벌레

돋보기

자

사육 망

1 배추흰나비 알을 관찰하여 그림과 글로 나타내 봅시다.

예시 답안

모양: 길쭉한 옥수수 모양입니다.

색깔: 노란색입니다.

움직임: 움직이지 않습니다.

크기(변화): 1 mm 정도로 크기 변화가 없습니다.

주의!
- 알이나 애벌레를 손으로 만지지 않아요.
- 관찰한 뒤 케일 화분을 사육 망에 넣어 주세요.

애벌레는 알껍데기를 갉아 먹습니다.

알 속에서 애벌레의 움직임이 보입니다.

2 배추흰나비 알이 붙어 있는 케일 화분을 사육 망에 넣어 빛이 잘 드는 곳에 두고 알의 변화를 관찰하여 봅시다.

3 배추흰나비 애벌레를 관찰하여 그림과 글로 나타내 봅시다. ●

도움말

애벌레의 길이를 잴 때는 애벌레가 쉴 때 측정하도록 합니다.

예시 답안

모양: 길쭉한 모양이며 마디와 털이 있습니다.

색깔: 초록색입니다.

움직임: 기어서 움직입니다.

크기(변화): 허물을 벗으며 자랍니다.

옆에서 본 모습 ▶

아래에서 본 모습 ▶

다 자라면 어른벌레 다리로 돼요.

얼굴

똥 누는 모습

보충해설

애벌레의 몸은 머리, 가슴, 배 세 부분으로 구분되며 가슴에는 가슴발이 3쌍 있습니다. 이 3쌍의 가슴발이 어른벌레가 되었을 때 다리로 됩니다. 배 부분에 있는 4쌍의 배발과 1쌍의 꼬리발은 어른벌레가 되면서 없어집니다.

〈머리〉

가슴발

배발

꼬리발

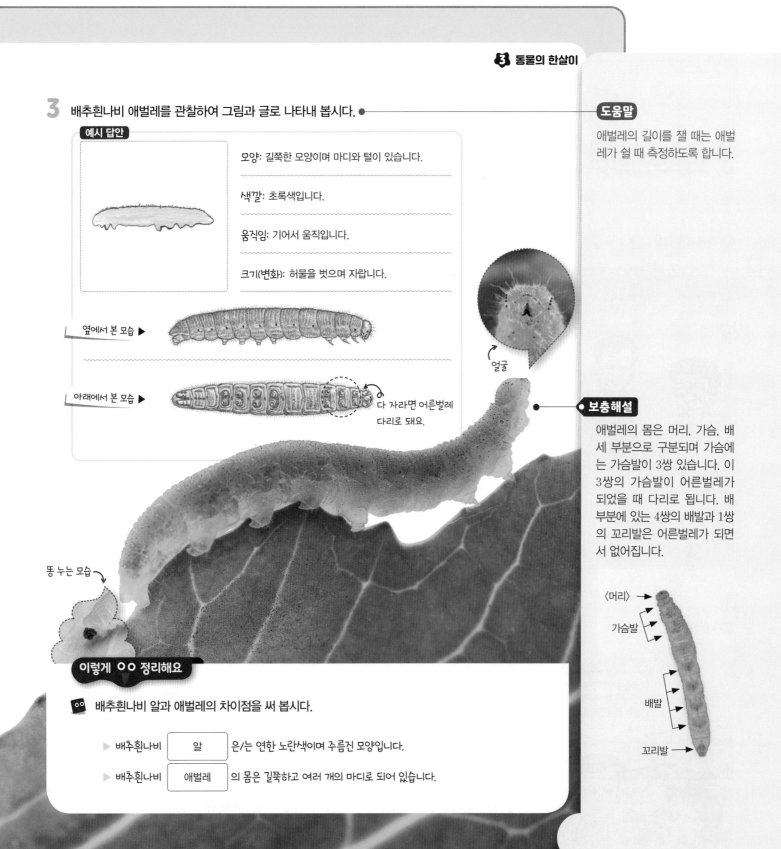

이렇게 ○○ 정리해요

○○ 배추흰나비 알과 애벌레의 차이점을 써 봅시다.

▶ 배추흰나비 [알] 은/는 연한 노란색이며 주름진 모양입니다.

▶ 배추흰나비 [애벌레] 의 몸은 길쭉하고 여러 개의 마디로 되어 있습니다.

과학 78~79쪽

➡ 번데기의 관찰

여기 번데기가 있어요.

사람이 손으로 만지는 등 충격을 받으면 어른벌레가 되지 못하고 죽을 수도 있으니 조심하자.

➡ 나비의 먹이

나비가 번데기에서 나오면 배고플 것 같아요.

나비는 꽃의 꿀을 먹어야 하니 날개돋이를 마친 뒤 먹을 수 있도록 주변에 꽃이나 꿀물 등을 놓아두면 좋아. 관찰이 끝나면 바로 놓아 주자.

탐구 활동 ─ 배추흰나비 번데기와 어른벌레 관찰하기

자세한 해설은 106~107쪽에 있어요.

● **무엇을 준비할까요?**

케일 화분, 배추흰나비 번데기와 어른벌레, 돋보기, 사육 망, 자

● **과정을 알아볼까요?**

❶ 배추흰나비 번데기를 관찰하고 그림과 글로 나타내 봅시다.

❷ 배추흰나비 번데기가 있는 장소의 색깔과 번데기의 색깔을 비교해 써 봅시다. 도움❶

❸ 배추흰나비 번데기에서 어른벌레가 나오는 과정을 관찰하여 봅시다.

❹ 배추흰나비 어른벌레를 관찰하고 그림과 글로 나타내 봅시다. 도움❷

● **관찰 내용 및 결과를 정리해요**

➡ 번데기는 거의 움직이지 않고 먹지도 않습니다.

➡ 번데기는 주변의 색깔과 비슷해져 눈에 잘 띄지 않습니다.

➡ 번데기는 여러 개의 마디가 있으며, 가운데가 볼록하고 양쪽 끝이 뾰족합니다.

➡ 어른벌레는 날개를 움직여 날아다닙니다.

➡ 어른벌레는 머리에 눈 1쌍과 더듬이 1쌍, 입이 있습니다. 가슴에 다리 3쌍과 날개 2쌍이 있습니다.

교과서 속 핵심 개념

● **번데기**: 어른벌레가 되기 전, 먹이를 먹지 않고 한곳에 가만히 있는 시기입니다.

● **어른벌레**: 다 자라서 알을 낳을 수 있는 벌레입니다.

● **배추흰나비 번데기와 어른벌레의 특징 비교**

구분	번데기	어른벌레
생김새	• 주변의 색깔과 비슷한 색깔임. • 여러 개의 마디가 있음. • 가운데가 볼록하고 양쪽 끝이 뾰족함.	• 머리, 가슴, 배 세 부분으로 구분 • 머리에는 더듬이, 눈, 입이 있음. • 가슴에는 날개 2쌍, 다리 3쌍이 있음.
먹이와 움직임	• 먹이를 먹지 않음. • 움직이지 않음.	• 꿀을 먹고, 날아다님.

● **날개돋이**: 번데기에서 어른벌레가 나오는 과정입니다.

　• 과정: 등 부분이 갈라지고 머리가 나옵니다.

　　→ 몸 전체가 빠져나옵니다.

　　→ 날개가 말라서 펴질 때까지 기다립니다.

● **곤충**: 배추흰나비나 개미, 잠자리처럼 몸이 머리, 가슴, 배 세 부분으로 구분되고, 다리가 3쌍인 동물입니다.

교과서 개념 확인 문제

1 다음 보기 에서 배추흰나비 번데기의 특징을 모두 골라 기호를 써 봅시다.

보기

㉠ 먹이를 먹습니다.
㉡ 먹이를 먹지 않습니다.
㉢ 자유롭게 움직입니다.
㉣ 움직이지 않습니다.
㉤ 몸의 크기가 자랍니다.
㉥ 몸의 크기가 자라지 않습니다.

(   )

2 배추흰나비 어른벌레에 대한 설명으로 옳은 것은 어느 것입니까? (   )

① 날개가 1쌍 있습니다.
② 가슴에는 다리가 3쌍 붙어 있습니다.
③ 머리에는 더듬이와 눈이 2쌍씩 있습니다.
④ 몸의 색깔은 초록색에서 갈색으로 변합니다.
⑤ 몸은 머리, 가슴 두 부분으로 되어 있습니다.

3 곤충의 특징에 해당하는 내용에 ○표 해 봅시다.

(1) 몸이 머리, 가슴, 배 세 부분으로 구분됩니다. (   )
(2) 다리가 2쌍이거나 3쌍입니다. (   )
(3) 배추흰나비, 개미, 잠자리 등이 있습니다. (   )

도움 ① 번데기의 관찰

배추흰나비 번데기는 애벌레와는 달리 움직이지 않고 먹이도 먹지 않습니다. 번데기는 여러 개의 마디가 있고, 색깔은 주변 환경과 비슷한 색깔로 변합니다.

▲ 번데기 1일차

▲ 번데기 4일차: 주변과 비슷한 색깔로 변하는 시기

도움 ② 어른벌레의 관찰

배추흰나비 어른벌레의 몸은 머리, 가슴, 배 세 부분으로 되어 있습니다. 머리에는 1쌍의 더듬이와 눈, 동글게 말고 있는 입이 있고, 가슴에는 다리 3쌍과 날개 2쌍이 있습니다.

▲ 배추흰나비의 구조

도움 ③ 곤충의 생김새

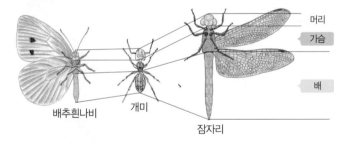
배추흰나비   개미   잠자리 / 머리 가슴 배

🐌 스스로 확인해요

● 배추흰나비의 한살이를 설명할 수 있어요.
도움말 알 → 애벌레 → 번데기 → 어른벌레의 단계별 특징을 설명합니다.

● 배추흰나비의 한살이를 관찰하여 그림과 글로 나타냈어요.
도움말 배추흰나비의 알, 애벌레, 번데기, 어른벌레를 관찰하며 그림과 글로 표현합니다.

◉ 관찰 ◬ 측정 실험 관찰 48~49쪽

3 배추흰나비의 한살이를 관찰해요

탐구 활동 **배추흰나비 번데기와 어른벌레 관찰하기**

탐구 활동 도움말

이 탐구 활동은 배추흰나비 번데기와 어른벌레의 색깔, 모양, 움직임, 크기 등을 관찰하는 활동입니다.

보충해설

번데기는 움직이지 못하므로 자신을 잡아먹는 동물의 눈에 최대한 띄지 않아야 합니다. 그래서 주변과 비슷한 색깔을 띠어 몸을 숨깁니다.

『실험 관찰』꾸러미 73쪽 붙임딱지를 붙여요.

번데기나 어른벌레를 손으로 만지지 않아요.

무엇을 준비할까요? ○○

준비물에 ○ 표시를 하면서 확인해 봅시다.

케일 화분

배추흰나비 번데기와 어른벌레

돋보기

자

사육 망

번데기에 비치는 어른벌레의 날개와 배를 찾아보세요.

어른벌레의 날개

어른벌레의 배

---

1 배추흰나비 번데기를 관찰하고 그림과 글로 나타내 봅시다. 예시 답안

움직임: 움직임이 없습니다.

크기(변화): 크기가 변하지 않습니다.

• 먹이를 먹지 않습니다.

번데기가 붙어 있는 잎이나 줄기의 방향을 바꾸면서 관찰해 보세요.

2 배추흰나비 번데기가 있는 장소의 색깔과 번데기의 색깔을 비교해 써 봅시다. 예시 답안

▶ 번데기가 있는 장소의 색깔
  갈색

▶ 번데기의 색깔
  갈색

3 배추흰나비 번데기에서 어른벌레가 나오는 과정을 관찰하여 봅시다.

주의! 관찰이 끝나면 어른벌레를 야외에 놓아주세요.

날개돋이를 마친 어른벌레를 위해 먹이를 준비해 볼까요?

• 보충해설
먹이를 먹지 않는 번데기 과정을 거쳐 날개돋이를 끝낸 배추흰나비는 힘이 부족합니다. 날개가 마른 뒤 먹을 수 있도록 꿀물이나 설탕물을 준비해 주는 것이 좋습니다.

페트병 뚜껑, 설탕물, 스펀지를 준비해요.

페트병 뚜껑 안에 설탕물을 적신 스펀지를 넣어 주세요.

페트병 뚜껑 밖을 꽃잎처럼 꾸밀 수도 있어요.

4 배추흰나비 어른벌레를 관찰하고 그림과 글로 나타내 봅시다. 【예시 답안】

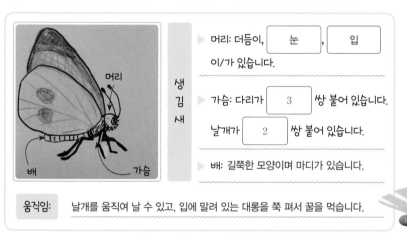

▶ 머리: 더듬이, 눈 , 입 이/가 있습니다.

생김새

▶ 가슴: 다리가 3 쌍 붙어 있습니다.
날개가 2 쌍 붙어 있습니다.

▶ 배: 길쭉한 모양이며 마디가 있습니다.

움직임: 날개를 움직여 날 수 있고, 입에 말려 있는 대롱을 쭉 펴서 꿀을 먹습니다.

이렇게 ○○ 정리해요

배추흰나비 번데기와 어른벌레의 차이점을 써 봅시다.

▶ 배추흰나비 번데기는 주변의 색깔과 (☑비슷하여, ☐달라) 눈에 잘 띄지 않습니다.
▶ 어른벌레는 날개 이/가 있어서 날아다닐 수 있습니다.

④ 여러 가지 곤충의 한살이를 관찰해요

과학 80~81쪽

😊 궁금해요

곤충의 허물을 본 경험을 이야기해 봅시다.

질문 곤충이 허물을 벗는 까닭은 무엇일까요?

예시 답안 • 곤충은 더 크게 자라기 위해 허물을 벗습니다.

• 애벌레에서 어른벌레로 변하기 위해 허물을 벗습니다.

• 번데기에서 어른벌레로 변하기 위해 허물을 벗습니다.

→ 매미의 허물

😊 해 보기   여러 가지 곤충의 한살이 알아보기

● 무엇을 준비할까요?

곤충 도감, 스마트 기기

● 어떻게 할까요?

❶ 장수풍뎅이와 잠자리의 한살이를 살펴보고, 한살이 과정을 비교해 봅시다.   **도움❶**

장수풍뎅이	알 ➡ 애벌레 ➡ 번데기 ➡ 어른벌레
잠자리	알 ➡ 애벌레 ➡ 어른벌레

❷ 장수풍뎅이와 잠자리 한살이의 차이점을 찾아봅시다.

예시 답안 • 장수풍뎅이 애벌레는 땅속에서 자라지만, 잠자리 애벌레는 물속에서 자랍니다.

• 장수풍뎅이는 번데기 시기를 거치지만, 잠자리는 번데기 시기를 거치지 않습니다.

→ 잠자리의 알 낳기

❸ 번데기 단계를 거치는 곤충과 번데기 단계를 거치지 않는 곤충에는 어떤 것이 있는지 조사해 봅시다.   **도움❷**

번데기 단계를 거치는 곤충	번데기 단계를 거치지 않는 곤충
장수풍뎅이, 사슴벌레, 나비, 무당벌레 등	잠자리, 매미, 사마귀, 노린재, 메뚜기 등

➔ 스마트 기기로 검색할 경우 '번데기 시기가 없는 곤충', '번데기 시기가 있는 곤충' 등으로 검색합니다.

🌱 교과서 속 핵심 개념

● **탈바꿈**: 동물이 자라면서 모습이나 형태를 바꾸는 것입니다.

● **완전 탈바꿈**: 곤충의 한살이 과정에서 번데기 단계를 거치는 것입니다.
(알→애벌레→번데기→어른벌레) **예** 장수풍뎅이, 사슴벌레, 나비, 벌 등

● **불완전 탈바꿈**: 곤충의 한살이 과정에서 번데기 단계를 거치지 않는 것입니다.
(알→애벌레→어른벌레) **예** 잠자리, 매미, 메뚜기, 사마귀, 노린재 등

교과서 개념 확인 문제

도움 ① 곤충의 한살이
● **장수풍뎅이의 한살이:** 장수풍뎅이 어른벌레는 8월 무렵에 짝짓기를 한 뒤, 암컷이 썩은 참나무나 낙엽이 썩어서 된 흙에 알을 낳습니다. 2주 정도 지나면 알에서 애벌레가 나와 주변의 흙을 먹으며 자라고, 겨울이 올 때까지 몇십 배로 자랍니다. 다음 해 초여름이 되면 번데기가 되고, 3주~4주가 지나면 날개돋이를 합니다.
● **잠자리의 한살이:** 잠자리 어른벌레는 물속이나 물 표면에 나와 있는 식물의 줄기에 알을 낳고, 알에서 부화한 애벌레는 물속에서 생활합니다. 애벌레는 물속의 작은 물고기, 올챙이 등을 먹이로 하고 여러 번 허물을 벗으며 자랍니다. 애벌레가 다 자라면 물 밖으로 나와 마지막으로 허물을 벗고 어른벌레가 됩니다.

도움 ② 완전 탈바꿈과 불완전 탈바꿈
● 완전 탈바꿈을 하는 곤충의 예

구분	알	애벌레	번데기	어른벌레
사슴벌레				
나비				

● 불완전 탈바꿈을 하는 곤충의 예

구분	알	애벌레	어른벌레
매미			
메뚜기			

🐛 **스스로 확인해요**

● 완전 탈바꿈과 불완전 탈바꿈이 어떻게 다른지 설명할 수 있어요.
　도움말 한살이 과정에서 번데기 단계를 거치는지를 구분하여 설명합니다.

● 완전 탈바꿈하는 곤충과 불완전 탈바꿈하는 곤충의 예를 조사했어요.
　도움말 곤충 도감이나 스마트 기기를 활용하여 조사합니다.

1 다음 장수풍뎅이의 한살이를 순서대로 나열해 봅시다.

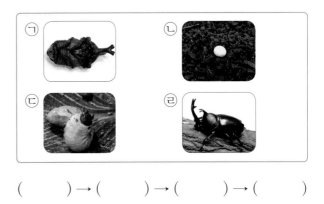

(　　) → (　　) → (　　) → (　　)

2 장수풍뎅이와 잠자리의 한살이를 비교한 내용으로 옳지 <u>않은</u> 것은 어느 것입니까? (　　)

① 장수풍뎅이는 나무에 알을 낳습니다.
② 장수풍뎅이는 번데기 단계를 거칩니다.
③ 잠자리는 물속에 알을 낳습니다.
④ 잠자리는 번데기 단계를 거칩니다.
⑤ 잠자리 애벌레는 물속에서 자랍니다.

3 한살이 과정이 다음과 같은 곤충은 어느 것입니까? (　　)

알 → 애벌레 → 어른벌레

① 나비　　② 잠자리　　③ 무당벌레
④ 사슴벌레　　⑤ 장수풍뎅이

4 사슴벌레와 매미의 한살이 과정의 특징을 바르게 연결해 봅시다.

(1) 사슴벌레 •　　　　• ㉠ 번데기 과정을 거치지 않습니다.

(2) 매미 •　　　　• ㉡ 번데기 과정을 거칩니다.

과학 82~83쪽

궁금해요

곤충 외에 알을 낳는 다양한 동물을 찾아봅시다.

질문 그림을 완성하여 알 속 동물을 맞춰 보세요.

예시 답안 빨간 점들을 모두 연결하니 알을 품으려고 하는 오리의 모습이 완성되었습니다.

탐구 활동 알을 낳는 동물의 한살이 알아보기

자세한 해설은 112~113쪽에 있어요.

● 무엇을 준비할까요?

동물도감, 동물의 한살이 딱지(『실험 관찰』 꾸러미 77쪽), 스마트 기기, 풀

● 과정을 알아볼까요?

❶ 개구리의 한살이 과정을 조사하여 각 단계에서의 특징을 알아봅시다.

❷ 알을 낳는 다른 동물의 한살이를 알아보고, 알게 된 점을 이야기해 봅시다. **도움❶**

동물의 한살이 딱지 준비하기 ➡ 알 사진에 맞춰 딱지 붙이기 ➡ 알 낳는 동물의 한살이에서 공통점과 차이점 찾아 이야기해 보기

→ 개구리가 알을 낳는 장소

물속에 올챙이가 있어.

개구리도 어린 시절을 물속에서 지내는구나. 그럼 알을 물속에 낳겠네요?

맞아요. 어린 시절을 물속에서 지내야 하는 동물들은 알을 물속에서 낳아.

● 관찰 내용 및 결과를 정리해요

➡ 개구리 알은 투명한 막에 싸여 있습니다.

➡ 알에서 나온 올챙이는 시간이 지나 뒷다리가 나오고 앞다리가 나오면서 꼬리가 점점 짧아지고 물 밖에서 숨을 쉴 수 있습니다. 이 시기가 되면 물속에서 물 밖으로 나와 개구리가 됩니다.

➡ 알을 낳는 동물은 알을 낳는다는 공통점이 있지만, 알의 모양과 크기, 알을 낳는 장소, 한 번에 낳는 알의 개수 등은 다릅니다.

→ 개구리가 알을 많이 낳는 까닭

개구리 알이 엄청 많아.

개구리는 암수 모두 알을 돌보지 않지만 알을 많이 낳기 때문에 자손이 많이 살아 남을 수 있어.

교과서 속 핵심 개념

● **개구리의 한살이:** 알 → 올챙이 → 다 자란 개구리

● **물속에 알을 낳는 동물:** 붕어, 연어, 개구리 등

● **땅 위나 나무 위 둥지에 알을 낳는 동물:** 오리, 꾀꼬리, 붉은머리오목눈이 등

● **땅속에 알을 낳는 동물:** 뱀, 거북 등

● **알을 낳은 동물의 공통점:** 알에서 깨어난 새끼는 자라서 어른이 되면 짝짓기를 하여 알을 낳으며, 다음 세대를 이어 갑니다.

● **알을 낳는 동물의 차이점:** 알의 크기, 알의 모양, 한 번에 낳는 알의 개수, 알을 낳는 장소 등이 동물의 종류마다 다릅니다.

도움 ① 알을 낳는 동물의 한살이의 예

- **뱀의 한살이:** 뱀은 봄에 돌 밑이나 땅속에 타원형의 알을 낳습니다. 부화한 새끼는 개구리, 쥐 등을 잡아먹으며 허물을 벗으면서 자라고, 몇 년 뒤 다 자라면 짝짓기를 하여 알을 낳습니다. 겨울에는 땅속에서 겨울잠을 잡니다.

▲ 알　　　　▲ 새끼 뱀　　　　▲ 다 자란 뱀

- **연어의 한살이:** 연어는 강에서 태어난 뒤 바다로 나가 일생의 대부분을 보내고, 자기가 태어난 강으로 되돌아와 알을 낳은 뒤 죽습니다.

▲ 알　　　　▲ 새끼 연어　　　　▲ 다 자란 연어

- **닭의 한살이:** 닭은 알은 단단한 껍데기에 싸여 있습니다. 어미 닭이 알을 품고 3주가 지나면 병아리가 부리로 껍데기를 깨고 나옵니다. 병아리는 솜털로 덮여 있고 자라면서 솜털이 깃털로 바뀝니다. 약 6개월 정도 자라면 다 자라 짝짓기를 하고 알을 낳을 수 있습니다.

▲ 알　　　　▲ 병아리　　　　▲ 다 자란 닭

😊 스스로 확인해요

- 곤충 외에 알을 낳는 동물의 한살이를 예를 들어 설명할 수 있어요.

  도움말 개구리, 뱀, 닭 등의 알을 낳는 동물의 한살이를 설명합니다.

- 알을 낳는 동물의 한살이를 비교하여 **공통점과 차이점**을 말했어요.

  도움말 알을 낳는다는 공통점과 낳는 알의 모양과 크기, 개수, 장소 등의 차이점을 설명합니다.

교과서 개념 확인 문제

1 다음 ( ) 안에 들어갈 알맞은 말을 써 봅시다.

> 암컷과 수컷이 짝짓기를 하면 암컷은 물에 알을 낳습니다. 알에서 나온 (㉠)은/는 물속에서 먹이를 먹으며 삽니다. (㉠)은/는 자라면서 다리가 생기는데, 뒷다리 두 개가 먼저 나오고 앞다리 두 개가 나중에 나옵니다. 점점 꼬리가 짧아지다가 사라지고 (㉡)이/가 됩니다.

㉠ (　　　　　　　), ㉡ (　　　　　　　)

2 다음 중 물에 알을 낳는 동물을 보기 에서 골라 기호를 써 봅시다.

보기

㉠ ▲ 거북　　　　㉡ ▲ 닭

㉢ ▲ 연어　　　　㉣ ▲ 꾀꼬리

(　　　　　　　)

3 다음 설명을 읽고 알을 낳는 동물의 한살이의 차이점에 ○표 해 봅시다.

(1) 동물의 종류에 따라 알의 크기가 다릅니다.
(　　　　)

(2) 알은 모두 단단한 껍데기에 싸여 있습니다.
(　　　　)

(3) 한 번에 낳는 알의 개수가 다릅니다.
(　　　　)

● 관찰 ◉ 의사소통

실험 관찰 50~51쪽

5 와! 알을 낳았어요

탐구
활동 **알을 낳는 동물의 한살이 알아보기**

탐구 활동 도움말

이 탐구 활동은 개구리의 한살이 과정을 조사하여 특징을 알아보고, 알을 낳는 다른 동물의 한살이를 알아보는 활동입니다.

보충해설

개구리는 알에서 10일 뒤 부화하여 8주 뒤 뒷다리가 나오고, 10주~12주 뒤 앞다리가 나옵니다. 12주~14주가 지나면 꼬리가 짧아지고 물 밖에서도 생활할 수 있습니다. 개구리는 부화 뒤 약 3년이 되면 다 자라서 알을 낳고, 12년~15년 정도 삽니다.

『실험 관찰』꾸러미 73쪽 붙임딱지를 붙여요.

 스마트 기기는 필요할 때만 사용해요.

무엇을 준비할까요?

준비물에 ◯ 표시를 하면서 확인해 봅시다.

동물도감

동물의 한살이 딱지
(『실험 관찰』꾸러미 77쪽)

스마트 기기

풀

1 개구리의 한살이 과정을 조사하여 각 단계에서의 특징을 알아봅시다.

알

투명한 막에 싸여 있고 물렁물렁합니다.

알에서 나와 올챙이 이/가 됩니다.

먼저 뒷다리 이/가 나옵니다.

앞다리 이/가 나옵니다.

꼬리가 사라지고 개구리가 됩니다.

다 자란 개구리

2 알을 낳는 다른 동물의 한살이를 알아보고, 알게 된 점을 이야기해 봅시다.

❶ 동물의 한살이 딱지를 뜯어 준비합니다.

❷ 딱지에 풀칠한 뒤 다 자란 동물이 낳은 알에 붙입니다.

딱지를 붙인 모습 → 딱지를 들춘 모습

알을 낳는 동물 중 좋아하는 동물을 선택하여 한살이를 그린 뒤 붙여 봅시다.

새끼 오리

오리

오리의 알

❸ 알을 낳는 동물의 한살이에서 공통점과 차이점을 찾아 이야기해 봅시다.

예시 답안
• 공통점: 알을 낳습니다.
• 차이점: 알을 낳는 장소, 알의 크기, 한 번에 낳는 알의 개수가 다릅니다.

이렇게 ○○ 정리해요

🔲 개구리의 한살이를 정리해 봅시다.

알 ➡ 올챙이 ➡ 다 자란 개구리

붉은머리 오목눈이

◀ 붉은머리 오목눈이 (뱁새)의 알

◀ 뱀의 알

뱀

◀ 닭의 알

닭

◀ 연어의 알

연어

도움말

각각 알 사진 테두리의 색깔과 그림 딱지 테두리의 색깔에 맞춰 붙입니다.

보충해설

알은 대부분 둥근 모양입니다. 그 까닭은 어미가 알을 낳을 때 둥근 모양의 알이 낳기 좋고, 둥근 모양의 알은 잘 깨지지 않기 때문입니다. 또 부모가 알을 품을 때 알과 닿는 부분이 덜 아프고, 알에서 새끼들이 나올 때 알껍데기를 깨기 쉽기 때문입니다.

과학 84~85쪽

반려동물 보살피기

너무 귀여워요. 데려가서 키우고 싶어요.

그럼 한 마리 데려가서 키울까?

어려서는 귀엽다고 좋아하다가 크면 관심을 가지지 않게 되고 보살피지 않는 경우도 있어. 함부로 결정하면 안돼요.

새끼 고래의 먹이

새끼 고래가 엄마에게 붙어서 헤엄을 치고 있어요.

새끼 고래가 젖을 먹고 있는 모습이구나. 새끼를 낳는 동물은 태어나서 어느 정도 자랄 때까지 어미의 젖을 먹고 자란단다.

궁금해요

어미와 새끼를 연결하는 활동을 하며, 어미와 새끼를 찾을 수 있었던 까닭을 생각해 봅시다. 도움①

질문 어미와 새끼를 어떻게 찾았나요?

예시 답안 어미와 새끼의 모습이 닮아서 찾을 수 있었습니다.

해 보기   새끼를 낳는 동물의 한살이 알아보기

● 무엇을 준비할까요? 동물도감, 스마트 기기

● 어떻게 할까요?

❶ 개의 한살이에서 각 단계별 특징을 알아보고, 발표해 봅시다. 도움②

다 자란 개

강아지

갓 태어난 강아지

예) 눈을 잘 뜨지 못합니다.

예) 이빨이 나고 씹을 수 있습니다.

짝짓기하여 새끼를 낳을 수 있습니다.

❷ 새끼를 낳는 다른 동물의 한살이 과정을 알아봅시다. 도움③

예시 답안 • 고양이: 갓 태어난 고양이 → 새끼 고양이 → 다 자란 고양이

• 소: 갓 태어난 송아지 → 송아지 → 다 자란 소

❸ 새끼를 낳는 동물의 공통점을 조사해 봅시다.

예시 답안 • 새끼는 어미와 모습이 비슷합니다.

• 몸이 털이나 가죽으로 덮여 있습니다.

• 어미가 젖을 먹여 새끼를 기르고 새끼가 다 자랄 때까지 돌봅니다.

• 다 자란 뒤에는 암컷과 수컷이 짝짓기하여 새끼를 낳습니다.

교과서 속 핵심 개념

● 새끼를 낳는 동물의 한살이

예) 개의 한살이: 갓 태어난 강아지 → 강아지 → 다 자란 개

● 새끼를 낳는 동물의 공통점

• 새끼와 어미의 모습이 비슷합니다.

• 새끼는 어미의 젖을 먹고 자랍니다.

• 다 자란 뒤에는 암컷이 새끼를 낳습니다.

● 새끼를 낳는 동물의 차이점: 동물마다 임신 기간과 한 번에 낳는 새끼의 수, 새끼가 자라는 기간 등이 다릅니다.

📍 정답과 해설 **4**쪽

교과서 개념 확인 문제

도움 1 어미와 새끼를 연결하기

할머니 집으로 돌아오는 길에 만난 동물이에요. 어미와 새끼를 연결해 주세요.

도움 2 개의 한살이 특징

구분	갓 태어난 강아지	다 자란 개
공통점	• 몸이 털로 덮여 있고, 다리가 4개이며 꼬리가 있습니다. • 주둥이가 길쭉하게 튀어나온 모양이고, 코는 털이 없고 촉촉합니다.	
차이점	• 눈을 뜨지 못합니다. • 잘 듣지 못합니다. • 이빨이 없어 씹지 못하고, 어미젖을 먹습니다. • 다리에 힘이 없어 일어서지 못합니다.	• 사물을 잘 볼 수 있고, 귀로 작은 소리도 들을 수 있습니다. • 이빨이 있어 고기를 뜯거나 먹이를 씹어 먹습니다. • 걷거나 달릴 수 있습니다.

도움 3 소의 한살이 과정

송아지는 태어나자마자 눈을 뜨고, 걸어 다닐 수 있습니다.

▲ 갓 태어난 송아지   ▲ 송아지   ▲ 다 자란 소

😊 스스로 확인해요

- 새끼를 낳는 동물의 한살이 과정을 말할 수 있어요.
  도움말 강아지나 송아지처럼 새끼의 이름이 다른 것도 있음을 설명합니다.

- 새끼를 낳는 동물의 한살이 과정에서 특징을 조사했어요.
  도움말 새끼를 낳는 동물의 한살이 과정에서 공통점과 차이점을 조사합니다.

1 다음 보기 에서 새끼를 낳는 동물을 모두 골라 써 봅시다.

> **보기**
>
> 닭, 말, 개구리, 고양이, 연어, 꾀꼬리

(   )

2 다음 개의 한살이 과정에서 (   ) 안에 들어갈 알맞은 말을 써 봅시다.

> 갓 태어난 강아지 → (   ) → 다 자란 개

(   )

3 개와 소의 한살이 과정의 특징을 바르게 연결해 봅시다.

(1)
▲ 개

• ㉠ 태어난 뒤 바로 걷지 못합니다.

• ㉡ 태어나자마자 눈을 뜹니다.

(2)
▲ 소

• ㉢ 태어나서 어미젖을 먹고 자랍니다.

4 다음 중 새끼를 낳는 동물의 공통점으로 옳지 않은 것은 어느 것입니까? (   )

① 젖을 먹여 새끼를 기릅니다.
② 자랄 때 허물을 벗기도 합니다.
③ 털이나 가죽으로 덮여 있습니다.
④ 새끼와 어미의 모습이 닮았습니다.
⑤ 새끼가 다 자랄 때까지 어미가 돌봅니다.

동물의 한살이를 비교해 볼까요?

과학 86~87쪽

→ 어미와 새끼의 생김새

개구리와 올챙이는 생김새가 달라요.

어미와 새끼의 생김새가 다른 동물도 많이 있단다. 특히, 곤충은 생김새가 많이 다르지.

궁금해요

할머니 집에 사는 어린 동물과 다 자란 동물의 모습을 보면서 지금까지 배운 여러 가지 동물의 한살이를 비교하며 정리해 봅시다.

질문 동물마다 다른 한살이 과정을 알아보기 쉽게 정리해 볼까요?

예시 답안 • 각 동물의 한살이를 그림으로 그린 뒤 펼쳐 놓고 비교해 봅니다.
• 비슷한 한살이를 가진 동물끼리 묶어서 공통점과 차이점을 찾아봅니다.

탐구 활동　여러 가지 동물의 한살이 비교하기

자세한 해설은 118~119쪽에 있어요.

● **무엇을 준비할까요?**

색지, 가위, 그림 도구(색연필, 사인펜 등), 풀

● **과정을 알아볼까요?**

❶ 모둠원은 각자 동물 꾸러미를 하나씩 고릅니다. 내가 고른 꾸러미에서 동물을 하나 선택합니다.

꾸러미 ㉮	꾸러미 ㉯	꾸러미 ㉰	꾸러미 ㉱
사슴벌레, 배추흰나비, 장수풍뎅이	매미, 잠자리, 메뚜기	개, 곰, 고양이	닭, 연어, 개구리

❷ 선택한 동물의 한살이를 소개할 자료를 만들어 봅시다.　**도움❶**

❸ 모둠원이 완성한 자료를 연결하여 여러 가지 동물의 한살이를 비교해 봅시다.

● **관찰 내용 및 결과를 정리해요**

➡ 동물의 종류에 따라 한살이의 모습이 다양합니다.

➡ 한살이 단계별 모습이 많이 바뀌는 동물도 있고, 단계별 모습이 비슷한 동물도 있습니다.

➡ 동물은 다음 세대를 이어 가기 위해 알이나 새끼를 낳습니다.

재는 왜 우리랑 다르게 생겼어요?

그러게. 누굴 닮은 걸까?

어려서는 몰랐는데 크니까 오리가 아니고 백조였네!

교과서 속 핵심 개념

● **동물의 한살이 비교:** 동물 중에는 알을 낳아 자손을 남기는 동물도 있고, 새끼를 낳아 자손을 남기는 동물도 있습니다.

● **동물의 한살이 비교를 통해 알게 된 점:** 동물마다 한살이 단계가 다르고, 단계마다 생김새와 먹이가 비슷한 동물도 있고 다른 동물도 있습니다.

정답과 해설 4쪽

도움 ① 동물의 한살이 소개 자료

● 돌림책 만들기

준비물: 원형 색종이 2장, 할핀, 그림 도구, 가위, 도화지

과정

① 자신이 선택한 동물의 한살이에서 글과 그림으로 표현하고 싶은 단계의 개수에 맞춰 원형 색종이에 나누어 표시합니다. 예 한살이 단계를 4단계로 표현하고 싶으면 4등분을 합니다.

② 각각의 면에 동물의 한살이 단계별 모습을 그리고, 단계별 특징을 글로 간단히 씁니다.

③ 두 원형 색종이를 겹친 뒤, 원의 중심에 할핀을 꽂아 연결합니다.

④ 완성한 돌림책에 이름을 씁니다.

▲ 사슴벌레의 한살이 돌림책

● 아코디언 북 만들기

준비물: 도화지, 두꺼운 종이(표지용), 그림 도구, 가위

과정

① 자신이 선택한 동물의 한살이에서 글과 그림으로 표현하고 싶은 단계의 개수에 맞춰 도화지의 면을 나눕니다.

② 각각의 면에 동물의 한살이 단계별 모습을 그리고, 단계별 특징을 글로 간단히 씁니다.

③ 두꺼운 종이로 표지를 만들어 붙이고, 지그재그로 접어 완성합니다.

🐛 스스로 확인해요

● 여러 가지 동물의 한살이에서 차이점을 설명할 수 있어요.

도움말 여러 가지 동물의 한살이의 차이점을 설명합니다.

● 여러 가지 동물의 한살이를 정리하여 소개할 자료를 만들었어요.

도움말 이 단원을 통해서 배운 내용을 정리하며 선택한 동물의 한살이를 자료로 완성합니다.

교과서 개념 확인 문제

1 다음 동물 중 알을 낳는 동물에는 '알', 새끼를 낳는 동물에는 '새'라고 써 봅시다.

(1) 개 　　(　　　) (2) 닭 　　(　　　)

(3) 연어 　(　　　) (4) 고양이 (　　　)

(5) 잠자리 (　　　) (6) 사슴벌레 (　　　)

2 다음 보기 의 동물에서 한살이 단계가 네 단계인 동물은 어느 것인지 골라 써 봅시다.

보기

ⓒ ▲ 개 　　　　ⓛ ▲ 장수풍뎅이

ⓒ ▲ 개구리 　　ⓔ ▲ 매미

(　　　　　　　　)

3 다음 글을 읽고 옳은 것에 ○표, 옳지 않은 것에 ✕표 해 봅시다.

(1) 동물마다 한살이 단계가 같습니다.

(　　　)

(2) 동물은 태어나고 자라서 자손을 남깁니다.

(　　　)

(3) 한살이 단계별 모습이 많이 바뀌는 동물이 있습니다. (　　　)

(4) 한살이 단계마다 먹이가 다른 동물이 있습니다. (　　　)

의사소통

실험 관찰 52~53쪽

7 동물의 한살이를 비교해 볼까요?

 여러 가지 동물의 한살이 비교하기

탐구 활동 도움말

이 탐구 활동은 완성한 한살이 자료를 보며 한살이 과정의 단계, 한살이 단계별 모습의 변화 등을 비교하며 공통점과 차이점을 찾아보는 활동입니다.

보충해설

- 꾸러미 ㉮는 완전 탈바꿈을 하는 곤충으로 알, 애벌레, 번데기, 어른벌레의 단계를 거칩니다.
- 꾸러미 ㉯는 불완전 탈바꿈을 하는 곤충으로 알, 애벌레, 어른벌레의 단계를 거칩니다.
- 꾸러미 ㉰는 새끼를 낳아 젖을 먹이는 동물입니다.
- 꾸러미 ㉱는 알을 낳는 동물입니다.

도움말

무대책 외에 돌림책이나 플랩북, 아코디언 북 형식 등으로 만드는 것도 좋습니다.

『실험 관찰』꾸러미 73쪽 붙임딱지를 붙여요.

 가위를 사용할 때 조심해요.

무엇을 준비할까요?

준비물에 ◯ 표시를 하면서 확인해 봅시다.

색지   가위

그림 도구
(색연필, 사인펜 등)

풀

1 모둠원은 각자 동물 꾸러미를 하나씩 고릅니다. 내가 고른 꾸러미에서 동물을 하나 선택합니다.

꾸러미 ㉮
사슴벌레,
배추흰나비,
장수풍뎅이

꾸러미 ㉯
매미,
잠자리,
메뚜기

꾸러미 ㉰
개,
곰,
고양이

꾸러미 ㉱
닭,
연어,
개구리

모둠원끼리 꾸러미가 겹치지 않도록 해요.

2 선택한 동물의 한살이를 소개할 자료를 만들어 봅시다.

예 무대책

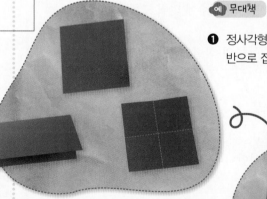

❶ 정사각형 종이를 반으로 접고, 다시 반으로 접은 다음 펼칩니다.

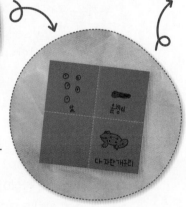

❷ 3개의 면에 동물의 한살이 단계를 그립니다.

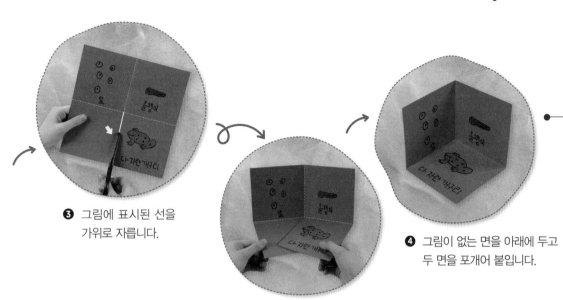

❸ 그림에 표시된 선을 가위로 자릅니다.

❹ 그림이 없는 면을 아래에 두고 두 면을 포개어 붙입니다.

● 보충해설

한살이가 네 단계인 경우에는 한쪽에 두 단계를 같이 표현할 수도 있습니다. 각자가 완성한 자료를 전시할 때 동물의 종류 (곤충, 알을 낳는 동물, 새끼를 낳는 동물 등)별로 구분해서 전시하거나 한살이의 단계별 모습이 많이 바뀌는 동물과 단계별 모습이 비슷한 동물로 나누어서 전시하면 더 좋습니다.

3 모둠원이 완성한 자료를 연결하여 여러 가지 동물의 한살이를 비교해 봅시다.

예시 답안
• 개는 어미가 새끼를 낳고 키우지만, 개구리, 배추흰나비, 매미는 어미가 알을 낳고 떠납니다.
• 개구리, 매미, 배추흰나비는 새끼와 어미의 먹이가 다르고, 사는 곳도 다릅니다. 하지만 개는 갓 태어난 강아지가 젖을 뗀 뒤에는 새끼와 어미는 비슷한 먹이를 먹고, 사는 곳도 비슷합니다.

이렇게 👀 정리해요

👀 여러 가지 동물의 한살이를 비교하면서 새롭게 알게 된 점을 이야기해 봅시다.

예시 답안
• 동물의 종류에 따라 한살이의 모습이 다양합니다.
• 한살이 단계별 모습이 많이 바뀌는 동물도 있고, 단계별 모습이 비슷한 동물도 있습니다.

열두 띠 동물이 해로운 것을 막아 준다고 믿어 동물의 모습을 탑에 새기기도 했답니다.

열두 띠 동물

옛날부터 우리나라를 비롯해 중국, 일본 등에서는 열두 종류의 동물(쥐, 소, 호랑이, 토끼, 용, 뱀, 말, 양, 원숭이, 닭, 개, 돼지)이 순서대로 돌아가면서 각각의 해를 상징해요. 그래서 아이가 태어나면 열두 띠 동물 중 그해를 상징하는 동물이 그 아이의 띠가 된답니다.

➕ 과학 더하기 도움말

예전부터 우리 조상들은 열두 종류의 동물을 이용하여 해를 상징하거나 시간을 나타내고, 방향을 찾았습니다. 특히 장영실(조선 세종 때의 과학자)이 만든 시계(옥루)는 각각 시간을 상징하는 열두 종류의 동물 인형이 시간마다 나타나서 글을 모르는 백성들도 시간을 알 수 있게 했습니다. 열두 종류의 동물은 무엇인지 알아보고, 각 동물의 한살이를 정리해 봅시다.

➕ 과학 더하기 해설

• 열두 띠 동물 이야기

옛날 옥황상제는 하늘과 땅을 다스리느라 너무 바빠서 일을 도와줄 동물을 뽑기로 했습니다. 그래서 동물을 모아 놓고 새해 아침에 가장 먼저 세배하러 오는 순서대로 큰 상을 내리겠다고 했습니다. 쥐는 소에게 길을 안내해 주겠다며 등에 태워달라고 했습니다. 소가 가장 부지런하

이 열두 띠 동물은 시간을 나타내기도 합니다. 조선 시대 과학자 장영실은 이를 이용해 시계를 만들었답니다.

▼ 장영실이 만든 시계

매 시간마다 각 시간에 해당하는 동물 인형이 일어나 시간을 알려 줘요.

우리 가족의 띠에 해당하는 동물의 한살이를 설명해 봅시다.

질문

● 우리 가족의 띠에 해당하는 동물의 한살이를 설명해 봅시다.
▶ 아빠 닭띠: 닭의 한살이는 '알 → 병아리 → 다 자란 닭' 순서입니다.
▶ 엄마 개띠: 개의 한살이는 '갓 태어난 강아지 → 강아지 → 다 자란 개' 순서입니다.
▶ 나 뱀띠: 뱀의 한살이는 '갓 태어난 뱀 → 새끼 뱀 → 다 자란 뱀' 순서입니다.

여 제일 먼저 도착했지만, 도착한 바로 그 순간에 소에게 붙어 있던 쥐가 뛰어내리면서 가장 먼저 문을 통과했습니다. 그래서 소는 두 번째가 되었습니다. 다음으로는 호랑이, 토끼, 용, 뱀, 말, 양, 원숭이, 닭, 개가 들어오고, 마지막 열두 번째로는 돼지가 들어왔습니다. 옥황상제는 잔치를 열고 열두 동물에게 벼슬을 내려서 순서대로 일 년씩 돌아가면서 한 해를 지키는 수호신이 되도록 했습니다.

• 십이지신
십이지신은 12종류의 동물 얼굴에 몸은 사람으로 나타냅니다. 12방향에 따라 땅을 지키는 12수호신으로, 방향과 관련된 시간의 신이기도 합니다. 죽은 사람이나 지역을 지킨다는 의미로 십이지신을 왕이나 왕후의 무덤 바깥의 둘레돌이나 탑 등에 조각하기도 하였습니다.

단원 매듭 짓기

그림으로 정리하기

해당 칸에 『과학』 부록 119쪽 붙임딱지를 붙이세요.

과학 90~91쪽

붙임딱지로 빈칸을 채우며 배운 내용을 정리해 봅시다.

❶ 배추흰나비의 한살이

알 → 애벌레 → 번데기 → 어른벌레

동물의 암수

암수의 생김새가 비슷한 것도 있고 다른 것도 있어요. 알이나 새끼를 돌보는 과정에서 동물마다 암수의 역할이 다양해요.

❷ 알을 낳는 동물의 한살이

알 → 올챙이 → 다 자란 개구리

❸ 새끼를 낳는 동물의 한살이

갓 태어난 강아지 → 강아지 → 다 자란 개

동물이 태어나고 자라 자손을 남기는 과정을 ❹ 동물의 한살이 (이)라고 해요.

🐚 그림으로 정리하기 해설 🐚

❶ 배추흰나비의 한살이는 알→애벌레→번데기→어른 벌레 순서입니다.

❷ 알을 낳는 동물에는 개구리, 꾀꼬리, 장수풍뎅이, 잠자리, 닭 등이 있습니다. 이 중 개구리의 한살이 과정이 그려진 붙임딱지를 붙입니다.
- 공통점: 암컷이 알을 낳습니다.
- 차이점: 알을 낳는 장소, 알의 모양, 알의 크기, 한 번에 낳는 알의 개수 등

❸ 새끼를 낳는 동물에는 개, 고양이, 소, 사자 등이 있습니다. 이 중 개의 한살이 과정이 그려진 붙임딱지를 붙입니다.
- 공통점: 어미와 새끼의 모습이 비슷합니다. 새끼는 어미의 젖을 먹고 자랍니다.
- 차이점: 한 번에 낳는 새끼의 수, 임신 기간 등

❹ 동물이 태어나고 자라서 자손을 남기는 과정을 동물의 한살이라고 합니다. 동물 중에는 알을 낳아 자손을 남기는 동물도 있고, 새끼를 낳아 자손을 남기는 동물도 있습니다.

① 암수의 생김새가 다른 동물을 따라가면 암컷 게를 찾을 수 있습니다. 암컷 게의 기호를 다음 빈칸에 써 봅시다.

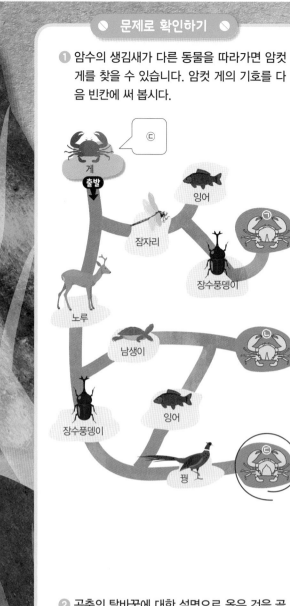

② 곤충의 탈바꿈에 대한 설명으로 옳은 것을 골라 ✔표시해 봅시다.

곤충의 한살이 과정에서 (☑️알, ☑️애벌레, ✔️번데기) 단계를 거치지 않고 어른벌레가 되는 것을 불완전 탈바꿈 이라고 합니다.

③ 동물의 한살이로 동시를 지어 봅시다.

(1) 주사위 각각의 칸에 동물의 이름을 하나씩 써 봅시다.

예시 답안

개 | 개구리 | 소
연어 | 잠자리 | 개

(2) 주사위를 굴려 나온 동물의 이름에 ◯표시를 하고, 그 동물의 한살이 특징을 동시로 표현해 봅시다. **예시 답안**

다글다글 개구리알, 참 많기도 하지.
하나 둘씩 꼬리 돋아나
올챙이들 요리조리 꼬물꼬물 헤엄쳐요.
뒷다리 먼저 삐죽, 앞다리 나중 삐죽
자라고 자라서
꼬리가 점점 줄어들더니
네 다리로 폴짝폴짝 개구리가 되었네요.
길쭉한 혀 쭉 내밀어 벌레도 잡겠지요.

도움말

선택한 동물의 한살이 단계를 정리한 뒤, 각 단계의 생김새나 특징을 표현하거나 움직임을 흉내내는 말을 활용하면 좋습니다.

도전! 창의 융합

나도 동영상 제작자

동영상 제작자가 되어 사람들에게 동물의 한살이 과정을 알려 주는 동영상을 만들어 보세요.

『실험 관찰』54쪽

문제로 확인하기 해설

① 암수의 생김새가 다른 동물은 게, 노루, 장수풍뎅이, 꿩입니다. 이 동물이 있는 길을 선택하여 따라가면 ⓒ에 도착합니다.

② 곤충의 한살이 과정에서 번데기 단계를 거치지 않고 어른벌레가 되는 것을 불완전 탈바꿈이라고 합니다.

• 완전 탈바꿈: 알 → 애벌레 → 번데기 → 어른벌레 단계를 거칩니다.
  예 장수풍뎅이, 사슴벌레, 나비 등

• 불완전 탈바꿈: 알 → 애벌레 → 어른벌레 단계를 거칩니다.
  예 잠자리, 매미, 메뚜기 등

• 번데기는 애벌레에서 어른벌레로 되기 전, 먹이를 먹지 않고 한곳에 가만히 있는 시기를 말합니다.

과학 글쓰기 해설

주사위를 굴려 나온 동물의 이름에 표시를 하고, 그 동물의 한살이 특징을 동시로 표현해 봅니다.

도전! 창의 융합

나도 동영상 제작자

동영상 제작자가 되어 사람들에게 동물의 한살이 과정을 알려 주는 동영상을 만들어 보세요.

올챙이와 개구리

윤현진 작사
윤현진 작곡

개울가에 올챙이 한 마리　꼬물꼬물 헤엄치다　뒷다리가 쑥~ 앞다리가 쑥~　팔딱팔딱 개구리 됐네

 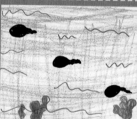  

꼬물꼬물 꼬물꼬물　꼬물꼬물 올챙이가　뒷다리가 쑥~ 앞다리가 쑥~　팔딱팔딱 개구리 됐네

❶ 동물의 한살이를 담은 노래를 선택한 뒤, 모둠원 수에 맞게 가사를 나눕니다.

❷ 동물의 한살이를 생각하며 가사에 어울리는 그림을 그리고, 사진을 찍습니다. 찍은 사진을 연결하여 동영상으로 만들어 봅시다.

예시 답안

뒷다리가 쏙~ 앞다리가 쏙~

팔딱팔딱 개구리 됐네

도움말

다양한 그림 도구를 이용하여 그림을 그려 봅니다. 직접 그리지 않고 사진이나 그림을 오려 붙여 장면을 구성할 수도 있습니다.

먼저 친구들과 가사 전체를 보며 각 가사에 맞는 그림을 이야기해 봅시다.

1 다음 중 알이나 새끼를 돌보는 과정에서 암수가 하는 역할을 바르게 짝 지은 것은 어느 것입니까? (   )

① 빙어: 암컷이 알을 돌봅니다.
② 물자라: 암컷이 알을 돌봅니다.
③ 호랑이: 수컷이 새끼를 돌봅니다.
④ 곰: 암컷 무리가 새끼를 돌봅니다.
⑤ 꾀꼬리: 암수가 함께 알과 새끼를 돌봅니다.

2 배추흰나비를 기를 때 주의할 점으로 옳은 것은 어느 것입니까? (   )

① 알을 손가락으로 살짝 눌러 봅니다.
② 사육 망 주변에 매일 모기약을 뿌려 줍니다.
③ 먹이가 되는 식물이 잘 자라도록 햇빛이 잘 비치는 곳에 둡니다.
④ 알이 부화할 수 있도록 사육 망을 검은색 천으로 덮어 둡니다.
⑤ 애벌레가 바닥에 떨어지면 재빨리 손으로 잡아 사육 망에 넣습니다.

3 다음은 배추흰나비 알이 애벌레로 변하는 과정입니다. (   ) 안에 들어갈 알맞은 말을 골라 ○표 하시오.

> 배추흰나비 알은 시간이 지나면 색깔이 점점 (진해지고 / 연해지고) 그 속에서 애벌레가 껍데기를 뚫고 밖으로 나옵니다.

4 배추흰나비 번데기에 대한 설명으로 옳지 않은 것은 어느 것입니까? (   )

① 번데기는 마디가 있습니다.
② 시간이 지나면 번데기가 점점 커집니다.
③ 번데기의 색깔은 주변의 색깔과 비슷합니다.
④ 번데기는 가운데가 볼록하고 양쪽 끝은 뾰족합니다.
⑤ 배추흰나비 애벌레가 번데기가 되면 이동하지 않고 한곳에 붙어 있습니다.

5 다음 (   ) 안에 들어갈 알맞은 말을 쓰시오.

> 몸이 머리, 가슴, 배 세 부분으로 되어 있고 다리가 3쌍인 동물을 (   )(이)라고 합니다.

(   )

6 다음은 사슴벌레의 한살이를 순서에 관계없이 나타낸 것입니다. 한살이 과정을 순서대로 기호를 쓰시오.

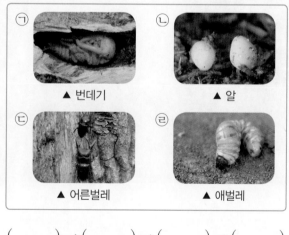

▲ 번데기   ▲ 알
▲ 어른벌레   ▲ 애벌레

(   ) → (   ) → (   ) → (   )

📍 정답과 해설 4쪽

중요 ⭐

7 다음은 개구리의 한살이 과정을 순서 없이 나타낸 것입니다. 한살이 과정에 맞게 순서대로 기호를 쓰시오.

> ㉠ 앞다리가 나옵니다.
> ㉡ 뒷다리가 나옵니다.
> ㉢ 알은 투명한 막으로 싸여 있습니다.
> ㉣ 알에서 나와 올챙이가 됩니다.
> ㉤ 꼬리가 점점 없어지고 물과 땅을 오가며 먹이를 잡아먹고 삽니다.

( ) → ( ) → ( ) → ( ) → ( )

8 다음 중 동물의 한살이 단계가 옳지 <u>않은</u> 것은 어느 것입니까? ( )

① 연어: 알 → 새끼 연어 → 다 자란 연어
② 뱀: 알 → 애벌레 → 새끼 뱀 → 다 자란 뱀
③ 소: 갓 태어난 송아지 → 송아지 → 다 자란 소
④ 꾀꼬리: 알 → 새끼 꾀꼬리 → 다 자란 꾀꼬리
⑤ 말: 갓 태어난 망아지 → 망아지 → 다 자란 말

중요 ⭐

9 다음 두 동물의 공통점으로 옳지 <u>않은</u> 것은 어느 것입니까? ( )

> 소, 고양이

① 젖을 먹여 새끼를 기릅니다.
② 어미와 새끼의 모습이 비슷합니다.
③ 몸이 털이나 가죽으로 덮여 있습니다.
④ 짝짓기를 하여 수컷이 새끼를 낳습니다.
⑤ 다 자랄 때까지 어미의 보살핌을 받습니다.

서술형 문제

10 다음은 배추흰나비 어른벌레를 관찰한 내용입니다. 물음에 답하시오.

생김새	• ㉠ 머리에는 더듬이와 눈이 1쌍씩 있습니다. • ㉡ 가슴에 다리가 3쌍 있습니다. • ㉢ 가슴에 날개가 2쌍 있습니다. • ㉣ 배에는 마디가 있고 길쭉합니다.
움직임	• ㉤ 날개를 움직여 날아다닙니다.
먹이를 먹는 모습	• ㉥ 입으로 꿀을 핥아 먹습니다.

(1) 위 ㉠~㉥ 중 옳지 <u>않은</u> 내용을 찾아 기호를 쓰시오.

( )

(2) (1)의 답을 바르게 고쳐 쓰시오.

_____

서술형 문제

11 다음 두 곤충을 보고 물음에 답하시오.

▲ 배추흰나비   ▲ 잠자리

(1) 위 두 곤충 중 다음과 같은 한살이를 거치는 곤충의 이름을 쓰시오.

> 알 → 애벌레 → 어른벌레

( )

(2) 위 두 곤충의 한살이에서 거치는 단계가 어떻게 다른지 쓰시오.

_____

4

지구의 모습

우주 비행사가 달에 처음 도착했을 때
달의 표면은 먼지로 덮여 있고 온통 메말라 있었어요.
그렇지만 저 멀리 보이는 지구는 달과는 달랐어요.
푸른 바다와 하얀 구름, 갈색의 땅이
어우러져 빛나고 있었지요.
지구에서 볼 수 있는 다양한 모습에
대해 알아볼까요?

단원 그림 도움말 단원 그림은 달에 있는 우주인이 지구를 바라볼 때 볼 수 있는 풍경입니다. 지구의 모습을 보고 달 표면과 지구 표면의 모습을 비교해 보면서 앞으로 배울 내용에 대해 생각해 봅니다.

달에서
우리나라를 볼 수
있을까요?

지구를 둘러싼
공기의 역할을
알아봅시다.

달의 특징을
지구와 비교해
봅시다.

**알아
볼까요?**

지구의 모양과
표면 모습을
알아봅시다.

육지와 바다의
다른 점을 비교해
봅시다.

놀라운 이야기
달 표면에는 50여 년 전에 찍힌 우주
비행사의 발자국이 아직도 남아 있어요.

**좀 더
설명할게요**

1969년 7월 미국 '아폴로 11호'의 우주 비행사들이 인류
최초로 달에 발자국을 남겼습니다. 달에는 날씨 변화도
없고 생물이 살고 있지 않기 때문에 운석 충돌이나 또
다른 우주선 착륙 등이 일어나지 않는 이상 한번 찍힌
발자국은 매우 오랜 시간 동안 지워지지 않고 그대로
남아 있습니다.

질문과 답

**달에서 우리나라를 볼
수 있을까요?**

달에서 우리나라는
잘 보이지 않지만, 우
리나라의 모습을 구
별할 수도 있습니다.

과학 놀이터

지구에서 어떤 모습을 볼 수 있을까요?

지구 표면에서는 다양한 모습을 볼 수 있습니다.
어떤 다양한 모습을 볼 수 있는지 카드놀이로 알아볼까요?

> 지구에는 정말 다양한 모습이 있네. 어떻게 하면 모두 볼 수 있을까?

> 세계 일주를 떠나면 모두 볼 수 있겠지.

사막

폭포

이렇게 해요

무엇을 준비할까요?

지구 표면 그림 카드
(『과학』 부록 123~124쪽)

① 지구 표면 그림 카드를 친구와 둘이 각각 뜯어서 준비합시다.

② 1분 동안 카드를 보면서 지구에는 어떤 모습이 있는지 확인합시다.

 과학 놀이터 도움말

지구 표면 그림 카드놀이를 하면서 지구 표면에서 볼 수 있는 다양한 모습에 대해 이해할 수 있습니다.

 이렇게 해요

◉ **활동 도움말**

① 지구 표면 그림 카드를 친구와 둘이 각각 뜯어서 준비합시다.

② 1분 동안 카드를 보면서 지구에는 어떤 모습이 있는지 확인합시다.

　도움말 카드를 관찰하기 전 어떤 종류의 지구 표면 모습이 서로 같은지를 확인합니다.

③ 카드를 모두 뒤집어 잘 섞은 다음, 펼쳐 놓고 순서를 정합시다.

　도움말 뒤집을 때 카드를 잘 섞어 놓아 바로 놓은

화산

빙하

가장 기억에 남은 지구의 모습은 어떤 것이었나요?

③ 카드를 모두 뒤집어 잘 섞은 다음, 펼쳐 놓고 순서를 정합시다.

④ 한 번에 카드 2장을 뒤집어 그림이 같으면 내 앞으로 가져옵시다.

⑤ 그림이 다르면 다시 뒤집어 놓고 차례를 넘기며 놀이를 진행합시다.

위치에서 카드를 쉽게 찾을 수 없게 합니다.

④ 한 번에 카드 2장을 뒤집어 그림이 같으면 내 앞으로 가져옵시다.

도움말 같은 지구 표면 그림 카드를 가져올 경우는 한 번 더 선택할 수 있습니다.

⑤ 그림이 다르면 다시 뒤집어 놓고 차례를 넘기며 놀이를 진행합시다.

도움말 다시 카드를 뒤집어 놓을 때에는 처음 카드가 놓인 곳에 있게 합니다.

🔵 **질문**

• 가장 기억에 남은 지구의 모습은 어떤 것이었나요?

나의 답 • 얼음으로 뒤덮여 있는 빙하의 모습이 가장 기억에 남았습니다.

• 폭발하는 화산의 모습이 가장 기억에 남았습니다.

1 지구는 어떤 모양일까요?

과학 96~97쪽

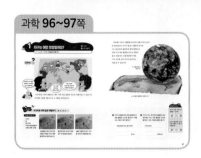

😊❓ **궁금해요**

세계 일주 여행 계획을 따라서 지도의 끝을 넘어가면 어떻게 될지 생각해 봅시다.

질문 뒤로 돌아가지 않고 뉴욕에서 카이로로 갈 수 있을까요? 도움①

예시 답안
• 지구가 둥글기 때문에 뉴욕에서 출발하여 앞으로 계속 가면 카이로에 도착할 수 있습니다.
• 지도에서는 보이지 않지만 서로 이어져 있기 때문에 뉴욕에서 카이로로 갈 수 있습니다.

➡ **지구의 모양**

😊⭐ **해 보기**   지구의로 세계 일주 체험하기

● **무엇을 준비할까요?** 도움②

지구의, 실, 장구 자석, 지역 표시용 붙임딱지(『과학』 부록 122쪽)

● **어떻게 할까요?**

❶ '궁금해요?'에서 이야기한 여행할 지역을 지구의 위에 붙임딱지로 붙여 봅시다.

❷ 붙임딱지로 표시한 곳에 장구 자석을 붙여 봅시다. 도움③

❸ 실을 이용하여 장구 자석을 연이어 연결해 봅시다. 도움④

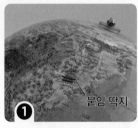
붙임 딱지 ❶

장구 자석 ❷

실 ❸

❹ 지구가 평평하다면 세계 일주를 하고 처음 출발한 곳으로 돌아오기 위해서는 어떻게 해야 할까요?

➡ 처음 출발한 곳으로 돌아오려면 (왔던 길을 되돌아와야) 합니다.

❺ 지구의 어느 한 곳에서 출발해 계속 앞으로만 가도 처음 출발한 곳으로 돌아올 수 있는 까닭을 설명해 봅시다.

➡ 지구의 모양이 (둥글기) 때문입니다.

➡ **우주와 지도에서 본 지구의 모양**

😊 **교과서 속 핵심 개념**

● **지구의 모양:** 지구는 공처럼 둥근 모양입니다.

● **둥근 지구 모양 확인:** 인공위성에서 찍은 지구 사진에 둥근 지구의 모양이 나타납니다.

도움 ① 지구의로 세계 일주 체험하기

평면인 지도 위에 표시한 여행할 도시들을 공 모양의 지구의 위에 표시해 보면 뉴욕에서 카이로로 갈 수 있다는 것을 알 수 있습니다. 즉, 지구는 평평하지 않고 둥글기 때문에 지구의 어느 한 곳에서 출발하여 한쪽 방향으로 계속 가면 처음 출발한 곳으로 되돌아올 수 있습니다.

도움 ② 지구의와 붙임딱지

● **지구의:** 지구의는 지구를 본떠 만든 작은 모형입니다. 지구를 공 모양으로 표현한 것으로 지구본이라고도 합니다.
● **붙임딱지:** 붙임딱지를 붙이는 까닭은 장구 자석을 붙이는 과정에서 장구 자석의 위치가 이동하는 경우 원래의 위치를 잘 찾기 위해서입니다.

도움 ③ 장구 자석

장구 자석은 가운데 부분이 오목한 모양의 자석입니다. 장구 자석의 이 오목한 부분에 실을 감으면 실이 풀리지 않아 활동을 진행하기가 쉽습니다.

도움 ④ 실로 연결하기

장구 자석의 오목한 부분에 실을 감아서 각 장소를 연결합니다. 이때 장구 자석의 위치가 이동할 경우 붙임딱지를 확인하여 위치를 조절해 줍니다.

스스로 확인해요

● 지구가 어떤 모양인지 설명할 수 있어요.
  도움말 지구 바깥의 인공위성에서 찍은 지구 사진을 보면서 지구가 둥글다는 것을 설명합니다.
● 친구와 협동하여 지구의 위에 여행할 도시를 잘 연결했어요.
  도움말 붙임딱지와 장구 자석을 사용하여 지구의 위에 여행할 도시를 표시하고 실로 연결합니다.

📍 정답과 해설 5쪽

교과서 개념 확인 문제

1 다음 글을 읽고 ( ) 안에 들어갈 알맞은 말을 골라 ○표 해 봅시다.

(1) 지도에서 지구는 (평평해, 둥글게) 보이지만, 실제 지구는 (평평한, 둥근) 모양입니다.

(2) 지구의 어느 한 곳에서 출발하여 한쪽 방향으로 계속 가면 처음 출발한 곳으로 되돌아올 수 (있습니다, 없습니다). 그 까닭은 지구의 모양이 (평평하기, 둥글기) 때문입니다.

2 우주에서 본 지구의 모양과 가장 비슷한 것을 보기 에서 골라 기호를 써 봅시다.

보기
㉠ 농구공   ㉡ 주사위   ㉢ 고깔모자

(   )

3 지도와 인공위성에서 본 지구의 모습을 바르게 연결해 봅시다.

(1) 지도에서 보는 지구의 모습 •   • ㉠ 둥글게 보입니다.

(2) 인공위성에서 보는 지구의 모습 •   • ㉡ 평평하게 보입니다.

과학 98~99쪽

궁금해요

지구에서 여행을 가고 싶은 곳에 대해 이야기해 봅시다. **도움①**

질문 선택한 곳에 가고 싶은 까닭을 이야기해 봅시다.

예시 답안
• 눈이 쌓인 산에서 눈썰매를 타고 싶습니다.
• 모래사장에서 멋진 모래성을 만들어 보고 싶습니다.
• 차가운 물이 흐르는 계곡에서 물놀이를 하고 싶습니다.

지구 표면의 모습

내가 볼 수 있는 지구 표면의 모습에는 산, 폭포, 계곡 등이 있어.

나는 바다와 갯벌을 많이 볼 수 있지.

탐구 활동   지구 표면의 모습 알아보기

자세한 해설은 136~137쪽에 있어요.

● **무엇을 준비할까요?**
스마트 기기, 그림 도구, 지구 표면 그리기 카드(『실험 관찰』 꾸러미 78쪽)

● **과정을 알아볼까요?**

❶ 지구 표면의 여러 모습을 스마트 기기로 찾아봅시다. **도움②**

❷ 찾은 모습 중 하나를 지구 표면 그리기 카드에 그림으로 그리고 특징을 써 봅시다.

❸ 카드를 돌려 보면서 지구 표면에서 볼 수 있는 여러 모습을 이야기해 봅시다.

❹ 자신이 그린 지구 표면에서 사람은 어떤 일을 할 수 있는지 이야기하고 글로 써 봅시다.

❺ 친구가 만든 카드 중 하나를 고르고, 고른 까닭을 이야기해 봅시다.

● **관찰 내용 및 결과를 정리해요**

➡ 지구 표면에서는 산, 계곡, 강, 바다, 갯벌, 빙하, 사막, 화산 등의 모습을 볼 수 있습니다.

➡ 산, 계곡, 강, 바다, 갯벌 등은 우리나라에서 잘 볼 수 있는 지구 표면 모습입니다.

➡ 빙하, 사막, 화산 등은 우리나라에서는 잘 볼 수 없는 지구 표면 모습이지만, 세계 곳곳에서는 볼 수 있습니다.

지구 표면의 모습 상상

해외여행을 가서 사막을 보고 싶어.

나는 화산의 모습이 보고 싶어.

빙하는 어떤 모습일까?

교과서 속 핵심 개념

● **우리나라에서 주로 볼 수 있는 지구 표면 모습**: 산, 들, 계곡, 폭포, 강, 호수, 갯벌, 바다 등이 있습니다.

● **우리나라에서 잘 볼 수 없는 지구 표면 모습**: 빙하, 사막, 화산 등이 있습니다.

교과서 개념 확인 문제

도움 ① 사다리타기 게임

가보고 싶은 곳 중에서 산, 바닷가(모래사장), 계곡이 있는 경우 사다리타기 게임을 해 보고 그 곳에 가고 싶은 까닭을 이야기해 봅니다.

도움 ② 지구 표면의 모습 찾기
스마트폰, 태블릿, 노트북, 데스크탑 컴퓨터 등을 이용하여 지구 표면의 여러 모습을 찾아봅니다. 검색어를 입력할 때 '과학 놀이터'에서 사용한 지구 표면 그림 카드에 있는 제목들을 활용하면 편리합니다.

스스로 확인해요

● **지구 표면의 다양한 모습을 이야기할 수 있어요.**
　　도움말 우리 주변이나 외국에서 볼 수 있는 다양한 지구 표면의 모습을 떠올려보고 이야기합니다.

● **스마트 기기로 지구 표면의 다양한 모습을 조사했어요.**
　　도움말 사진뿐만 아니라 영상이나 유튜브, 인터넷 자료 등 다양한 자료를 통하여 지구 표면의 모습을 조사하고 관찰합니다.

1 다음 글을 읽고 옳은 것에 ○표, 옳지 <u>않은</u> 것에 ✕표 해 봅시다.

(1) 사막과 빙하는 우리나라에서 잘 볼 수 없는 지구 표면의 모습입니다. (　　　)
(2) 산, 강, 바다는 우리나라에서 주로 볼 수 있는 지구 표면의 모습입니다. (　　　)

2 다음 지구 표면의 모습과 그 이름을 바르게 연결해 봅시다.

(1)  ・

・㉠ 화산

(2)  ・

・㉡ 빙하

3 다음 지구 표면의 모습과 그 곳에서 사람들이 할 수 있는 일을 바르게 연결해 봅시다.

(1)  ・

・㉠ 낙타를 탑니다.

(2)  ・

・㉡ 급류 타기를 합니다.

관찰 의사소통

실험 관찰 58~59쪽

2 구석구석, 지구 표면을 살펴보아요

탐구 활동 지구 표면의 모습 알아보기

탐구 활동 도움말

이 탐구 활동은 지구 표면 그리기 카드에 그려진 다양한 지구 표면 모습을 보면서 그 특징을 확인하고, 지구 표면에서 어떤 모습을 볼 수 있는지를 설명하는 활동입니다.

『실험 관찰』 꾸러미 73쪽 붙임딱지를 붙여요.

 카드를 잃어버리지 않게 잘 보관해요.

보충해설

지구 표면 모습을 스마트 기기로 찾아볼 때에는 개인이 조사할 수도 있고, 상황에 따라 짝이나 모둠이 함께 조사할 수도 있습니다. 모둠으로 조사할 때에는 각자 어떤 내용을 조사할지를 서로 의견을 나누어 결정합니다.

무엇을 준비할까요?

준비물에 ◯ 표시를 하면서 확인해 봅시다.

스마트 기기

그림 도구
(색연필, 사인펜 등)

지구 표면 그리기 카드
(『실험 관찰』 꾸러미 78쪽)

도움말

그림 도구를 준비하지 못한 경우에는 필기도구를 사용할 수 있습니다.

보충해설

지구 표면 모습을 그릴 때에는 그림을 보고 어떤 지역인지를 확인할 수 있을 정도로 간단하게 그리며, 너무 자세히 그리지 않아도 됩니다. 특징은 그려진 그림으로 알 수 있는 정도의 내용만 씁니다.

1 지구 표면의 여러 모습을 스마트 기기로 찾아봅시다.

예시 답안
나는 지구 표면에서 (들, 바다, 빙하, 화산)이/가 있는 곳을 찾아볼래.
산, 계곡, 강, 폭포,

2 찾은 모습 중 하나를 지구 표면 그리기 카드에 그림으로 그리고 특징을 써 봅시다.

3 카드를 돌려 보면서 지구 표면에서 볼 수 있는 여러 모습을 이야기해 봅시다.

예시 답안

> 지구 표면에서 볼 수 있는 모습에는 (산, 들, 계곡, 폭포, 강, 호수, 갯벌, 바다, 빙하, 사막, 화산) 등이 있습니다.

4 자신이 그린 지구 표면에서 사람은 어떤 일을 할 수 있는지 이야기하고 글로 써 봅시다.

예시 답안 산에서 스키를 탑니다.
강에서 낚시를 합니다. 급류타기를 합니다.
바다에서 수영을 합니다. 서핑을 합니다.
사막에서 낙타를 탑니다.

도움말

사람들이 할 수 있는 일은 주로 스포츠나 여행과 같은 활동을 중심으로 이야기합니다.

5 친구가 만든 카드 중 하나를 고르고, 고른 까닭을 이야기해 봅시다.

| 카드의 주인 | 예시 답안 혜윰이 |
| 고른 까닭 | 예시 답안 절벽 모습을 잘 그리고 내용 설명도 쉬웠습니다. |

도움말

카드를 고른 까닭을 이야기하면서 자신이 조사하지 않았던 지구 표면 모습의 특징에 대하여 이해할 수 있습니다.

이렇게 ○○ 정리해요

지구 표면에서는 어떤 모습을 볼 수 있는지 이야기해 봅시다.

예시 답안

▶ 지구 표면에서는 산 , 계곡 , 강 , 바다 , 빙하 , 화산 등의
모습을 볼 수 있습니다.

과학 100~101쪽

→ **육지와 바다의 넓이 비교하기**

노란색이 육지고,

파란색이 바다야.

노란색보다 파란색이 더 많으니 육지보다 바다가 더 넓구나.

→ **육지의 물과 바닷물의 맛 비교하기**

육지의 물은 아무 맛이 안 나.

바닷물은 너무 짜, 퉤퉤!

→ **육지와 바다의 차이점**

바다는 항상 파도가 치고, 물고기가 많이 살아!

육지에는 땅이 있어 식물이 잘 자라고 많은 생물이 있어.

궁금해요

지도에서 육지와 바다에 해당하는 부분을 서로 다른 색으로 색칠한 다음 육지와 바다의 넓이를 비교해 봅시다. **도움①**

질문 노란색과 파란색 중 어떤 색깔의 물감이 더 필요할까요?

예시 답안 바다가 육지보다 넓기 때문에 파란색 물감을 더 많이 사용해야 합니다.

탐구 활동   육지와 바다 면적 비교하기

자세한 해설은 140~141쪽에 있어요.

● **무엇을 준비할까요?**

　지구의 입체 퍼즐, 페트리 접시, 고무망치, 비닐 봉지(지퍼 백)

● **과정을 알아볼까요?**

❶ 지구의 입체 퍼즐을 관찰하여 육지와 바다 중 어느 곳이 더 넓은지 생각해 봅시다.

❷ 지구의 입체 퍼즐을 퍼즐 조각으로 나누고, 육지 또는 바다만 있는 조각을 찾아 분류해 봅시다.　**도움②**

❸ 육지와 바다가 함께 있는 퍼즐 조각을 일정한 기준을 정하여 분류해 봅시다.　**도움③**

❹ 과정 ❷와 ❸에서 분류한 퍼즐 조각을 각각 더하고, 육지와 바다의 넓이를 비교해 봅시다.

● **관찰 내용 및 결과를 정리해요**

➡ 육지와 바다 중 더 넓은 곳은 바다입니다. 왜냐하면 파란 부분이 더 많기 때문입니다.

➡ 육지와 바다 중 바다에 해당하는 퍼즐 조각의 수가 더 많습니다.

교과서 속 핵심 개념

● **육지와 바다의 특징 비교**

구분	육지	바다
면적	바다의 면적이 육지의 면적보다 넓음.	
물의 특징	육지의 물은 짠맛이 나지 않아 사람이 마시거나 식물이 자라기에 적당함.	바닷물은 소금이 녹아 있어서 짠맛이 나 마시거나 식물이 자라기에 적당하지 않음.

● **지구의 물:** 지구에는 바다뿐만 아니라 육지에도 물이 있습니다. 육지에 있는 물은 주로 빙하, 지하수, 강, 호수, 계곡 등에 있습니다.

교과서 개념 확인 문제

도움 ① 육지와 바다의 넓이

지구 표면에서 바다가 차지하는 넓이는 약 71%로 육지 넓이의 약 2.5배 정도입니다.

도움 ② 입체 퍼즐을 부술 때 주의 사항

지구의 입체 퍼즐을 부술 때에는 손보다 고무망치를 사용하여 비닐 봉지 등에 담아서 진행하면 부수는 과정에서 조각이 튀어 잃어버리거나 다치는 등의 사고가 일어나는 것을 막을 수 있습니다.

도움 ③ 퍼즐의 구분

퍼즐 조각을 육지와 바다로 구분할 때는 눈으로 보면서 확인하므로 구분하는 사람에 따라 차이가 날 수 있습니다. 이 때문에 실험을 하는 사람에 따라 조금씩 결과가 다를 수도 있습니다. 그러나 퍼즐 조각을 구분한 후에 육지보다 바다가 더 넓다는 결과는 모두 같습니다.

스스로 확인해요

- 육지와 바다의 면적을 비교할 수 있어요.
  도움말 바다가 육지보다 넓다는 사실을 설명합니다.

- 육지의 물과 바닷물의 차이점을 설명할 수 있어요.
  도움말 짠맛을 비교하고, 바닷물이 식물과 사람의 생활에 영향을 주는 점을 설명합니다.

- 퍼즐 조각을 분류하여 육지와 바다의 면적을 비교했어요.
  도움말 퍼즐 조각을 분류하는 기준을 세우고 세운 기준에 따라 퍼즐 조각을 분류하여 면적을 비교합니다.

1 다음 지구 표면에서 육지와 바다의 넓이를 비교한 설명 중 옳은 것에 ○표, 옳지 <u>않은</u> 것에 ×표 해 봅시다.

(1) 육지가 바다보다 더 넓습니다. (　　　)

(2) 바다가 육지보다 더 넓습니다. (　　　)

(3) 육지와 바다는 넓이가 비슷합니다.
　　　　　　　　　　　　　　　(　　　)

2 다음 글을 읽고 (　　) 안에 들어갈 알맞은 말을 골라 ○표 해 봅시다.

(1) (육지의 물, 바닷물)은 짠맛이 나지 않아 사람이 먹는 물로 사용할 수 있고, 식물이 자라기에 적당합니다.

(2) (육지의 물, 바닷물)은 소금이 녹아 있어 짠맛이 나 사람이 마시거나 식물이 자라기에 적당하지 않습니다.

3 다음 지구에 있는 물과 그에 대한 설명을 바르게 연결해 봅시다.

(1)
▲ 육지의 물
　　•

•㉠ 소금이 녹아 있어 짠맛이 납니다.

(2)
▲ 바닷물
　　•

•㉡ 짠맛이 나지 않습니다.

🟣 분류 ❓ 추리

실험 관찰 60~61쪽

3 육지와 바다 중 어디가 더 넓을까요?

탐구 활동 육지와 바다 면적 비교하기

탐구 활동 도움말

이 탐구 활동은 지구의 입체 퍼즐에서 퍼즐 조각을 분류하는 기준을 세우고, 세운 기준에 따라 퍼즐 조각을 분류하여 지구 표면에서 육지와 바다 중 어디가 더 넓은지 설명하는 활동입니다.

도움말

지구의 입체 퍼즐을 준비하지 못한 경우 일반 지구의를 사용할 수 있습니다.

보충해설

퍼즐을 부술 때에는 손으로 부수기보다는 고무망치 등 도구를 사용하면 쉽게 할 수 있고, 비닐 봉지 등에 담아서 부수면 부수는 과정에서 조각이 튀어 분실되거나 안전사고가 발생하는 것을 막을 수 있습니다.

『실험 관찰』 꾸러미 73쪽 붙임딱지를 붙여요.

퍼즐을 조각으로 만들 때 손을 다치지 않도록 조심해요.

무엇을 준비할까요?

준비물에 ⭕ 표시를 하면서 확인해 봅시다.

지구의 입체 퍼즐

페트리 접시

고무망치

비닐 봉지 (지퍼 백)

1 지구의 입체 퍼즐을 관찰하여 육지와 바다 중 어느 곳이 더 넓은지 생각해 봅시다.

육지와 바다 중 더 넓은 곳은 (바다)(이)야. 왜냐하면 (파란 부분이 더 많기) 때문이지.

2 지구의 입체 퍼즐을 퍼즐 조각으로 나누고, 육지 또는 바다만 있는 조각을 찾아 분류해 봅시다.

육지만 있는 퍼즐 조각의 수	바다만 있는 퍼즐 조각의 수
27	99

예시 답안

3 육지와 바다가 함께 있는 퍼즐 조각을 일정한 기준을 정하여 분류해 봅시다. ●

● **보충해설**

퍼즐을 분류하는 기준을 정할 때에는 퍼즐 조각에서 육지와 바다에 해당하는 부분이 어느 정도 차지하는지를 중심으로 정합니다. 퍼즐을 분류할 때 보는 사람마다 생각에 차이가 있으므로 결과가 서로 다르게 나올 수 있습니다.

예 육지가 더 넓으면 육지로, 바다가 더 넓으면 바다로 분류하자.

그럼 이 조각은 육지가 더 넓으니까 육지로 분류해야지.

육지가 더 넓은 퍼즐 조각의 수	바다가 더 넓은 퍼즐 조각의 수
47	67

예시 답안

예시 답안

육지에 해당하는 퍼즐 조각의 총수	바다에 해당하는 퍼즐 조각의 총수
74	166

4 과정 **2**와 **3**에서 분류한 퍼즐 조각을 각각 더하고, 육지와 바다의 넓이를 비교해 봅시다.

● 육지와 바다 중 퍼즐 조각이 더 많은 곳은 어디인가요?
예시 답안 바다에 해당하는 퍼즐 조각의 수가 더 많습니다.

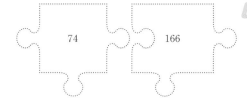
이렇게 ○○ 정리해요

👀 지구 표면에서 육지와 바다 중 더 넓은 곳은 어디인지 이야기해 봅시다.

▶ 지구 표면에서 [바다] 이/가 [육지] 보다 더 넓습니다.

과학 102~103쪽

궁금해요

제시한 질문을 스무고개처럼 친구에게 하나씩 질문하면서 '?'가 무엇인지 알아봅시다.

질문 '?'는 무엇일까요?

예시 답안 공기입니다. **도움①**

해 보기 우주와 지구에서 입는 옷 비교하기

● 공기의 필요성

● 무엇을 준비할까요?

스마트 기기

● 어떻게 할까요?

❶ 스마트 기기를 이용하여 우주에서 입는 옷에 대해 조사해 봅시다.

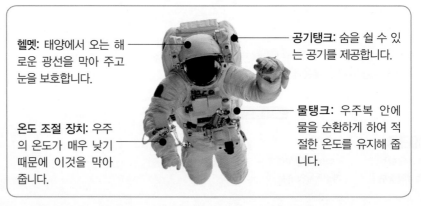

헬멧: 태양에서 오는 해로운 광선을 막아 주고 눈을 보호합니다.

온도 조절 장치: 우주의 온도가 매우 낮기 때문에 이것을 막아 줍니다.

공기탱크: 숨을 쉴 수 있는 공기를 제공합니다.

물탱크: 우주복 안에 물을 순환하게 하여 적절한 온도를 유지해 줍니다.

❷ 우주에서 입는 옷에 필요한 장치에 ✔ 표시를 해 봅시다.
● ✔ 열을 차단하는 헬멧   ✔ 햇빛을 막아주는 헬멧
   ✔ 공기탱크   ✔ 물탱크   ✔ 온도 조절 장치
❸ 우주에서 입는 옷의 특징을 이야기해 봅시다. **도움②**
● 우주에서 입는 옷에는 (헬멧 / 공기탱크 / 물탱크 / 온도 조절 장치)이/가 있습니다.
❹ 지구에서 입는 옷과 우주에서 입는 옷이 서로 다른 까닭을 설명해 봅시다.
● 지구에는 물과 (공기)이/가 있어 지구에서 입는 옷에는 우주에서 입는 옷처럼 특수한 기능이 필요하지 않습니다.

● 우주복을 입는 까닭

교과서 속 핵심 개념

● **지구에 공기가 있어 일어나는 일:** 바람이 불고, 숨을 쉴 수 있으며, 고무 튜브를 부풀게 할 수 있습니다.

● **지구를 둘러싼 공기의 역할:** 태양에서 오는 해로운 빛을 막아 주고, 생물들이 살 수 있는 환경을 만들어 줍니다.

도움 1 지구 공기의 역할

● **생물의 호흡에 필요한 공기 공급:** 지구에서 사는 생물에게 산소를 공급하여 생명 활동이 유지되도록 합니다.

● **해로운 태양 빛의 차단:** 공기는 태양에서 오는 해로운 빛을 차단하여 지구에 생물이 살 수 있게 합니다.

● **외계에서 오는 물질의 차단:** 유성 등 지구 밖에서 들어오는 물질을 마찰열로 태워 지표에 도달하지 않게 합니다.

도움 2 우주복의 기능

● **생명 유지 장치:** 우주복 안의 환경을 사람이 살 수 있게 만드는 장치가 생명 유지 장치입니다. 생명 유지 장치는 호흡에 필요한 산소를 공급하며, 온도와 습도를 조절해 줍니다. 통신에 필요한 전기도 이곳에서 생산하여 전달합니다. 생명 유지 장치로 우주인은 우주에서 일을 할 수 있습니다.

● **냉각 순환 장치:** 우주복 안은 체온에 가까울 정도로 온도가 올라갑니다. 체온과 같은 온도는 매우 더운 것이므로 우주복 안에서 물을 순환시켜 우주복 안 온도를 계속 낮춰 줍니다.

● **장갑:** 우주 비행사는 우주선 외에서는 늘 장갑을 끼고 있어야 합니다. 장갑이 두꺼우면 물건을 손으로 잡기가 쉽지 않습니다. 그래서 손가락 끝에는 실리콘 고무를 붙여서 사용합니다. 장갑은 우주복 안의 공기가 새어나가지 못하게 우주복 본체와 단단하게 연결되어 있습니다.

● **헬멧:** 헬멧에는 햇빛을 직접 보면 눈이 상하기 때문에 햇빛을 막는 금도금 창이 붙어 있습니다. 우주선의 동료들과 지상의 관제 센터에서도 주변 상황을 쉽게 알 수 있도록 카메라와 조명이 달려 있는 경우도 있습니다.

스스로 확인해요

● **지구에서 공기가 하는 역할에 대해 이야기할 수 있어요.**
  도움말 공기의 역할이나 생활 속에서 공기를 이용하는 것들을 중심으로 설명합니다.

● **지구와 우주에서 입는 옷을 비교하여 지구에 공기가 있다는 것을 설명했어요.**
  도움말 우주복이 숨을 쉴 수 있는 공기를 제공하는 점이 지구 환경과 같다는 것을 설명합니다.

---

1 다음 ( ) 안에 공통으로 들어갈 알맞은 말을 써 봅시다.

> • 우리 눈에는 보이지 않지만 ( )은/는 지구를 둘러싸고 있습니다.
> • 지구에는 ( )이/가 있어 많은 생물이 숨을 쉴 수 있습니다.

( )

2 우리 주변에서 공기가 있다는 것을 알 수 있게 해 주는 현상을 보기 에서 모두 골라 기호를 써 봅시다.

> **보기**
> ㉠ 연날리기를 할 수 있습니다.
> ㉡ 생물이 숨을 쉴 수 있습니다.
> ㉢ 태양에서 오는 해로운 빛을 모두 통과시킵니다.

( )

3 다음 옷의 종류와 그것에 대한 설명을 바르게 연결해 봅시다.

(1)
▲ 지구에서 입는 옷

• ㉠ 공기를 공급하는 장치가 있습니다.

(2)
▲ 우주에서 입는 옷

• ㉡ 공기를 공급하는 장치가 없습니다.

과학 104~105쪽

과학 104~105쪽

궁금해요

달 표면에서 관찰할 수 있는 무늬 위에 상상하여 그림을 그려 보면서 달 표면을 자세히 관찰해 봅시다.

질문 달 표면이 어떻게 보이는지 달 위에 자신만의 그림을 그려 볼까요? **도움①**

예시 답안 • 달 표면에서 토끼의 모습을 찾을 수 있습니다.
• 달 표면에서 두꺼비의 모습을 찾을 수 있습니다.
• 달 표면에서 커다란 집게발을 가진 게를 찾을 수 있습니다.

달 표면의 관찰

둥근 달의 표면에는 밝은 곳과 어두운 곳이 있어. 어두운 부분의 모양이 토끼처럼 보여.

망원경으로 보니 매끈한 곳과 울퉁불퉁한 곳이 있어.

어둡게 보이는 곳을 달의 바다라고 부르는데, 물은 없다고 해. 밝게 보이는 곳에서는 충돌 구덩이를 많이 볼 수 있지.

탐구 활동 — 달 표면 관찰하기

자세한 해설은 **146~147쪽**에 있어요.

● **무엇을 준비할까요?**

스마트 기기, 그림 도구

● **과정을 알아볼까요?**

❶ 달 표면에서 관찰할 지역을 결정해 봅시다.

❷ 결정한 지역을 스마트 기기를 이용해 찾고, 주변 지역의 특징도 확인해 봅시다.

➡ 선택한 지역의 특징을 알아볼 때에는 모습과 색깔을 중심으로 확인합니다.

❸ 자신이 찾은 달 표면 모습을 그림으로 그리고 특징을 설명해 봅시다.

● **관찰 내용 및 결과를 정리해요**

➡ 달 표면에는 물이 없습니다.

➡ 달 표면에는 충돌 구덩이가 많습니다.

➡ 달 표면에서는 어두운 바다와 충돌 구덩이 등을 볼 수 있습니다. **도움②**

더 알아보기

달 표면에서 밝게 보이는 곳에는 어떤 특징이 있는지 알아봅시다. **도움③**

예시 답안 달의 바다보다 많은 충돌 구덩이를 볼 수 있습니다.

교과서 속 핵심 개념

● **달의 전체적인 모양:** 달은 둥근 공 모양입니다.

● **달 표면의 색깔과 모습**

색깔	전체적인 색깔은 회색이고, 밝은 부분과 어두운 부분(달의 바다)이 있음.
모습	매끈한 곳과 울퉁불퉁한 곳이 보임.

● **달 표면의 충돌 구덩이:** 우주 공간을 떠다니던 물체가 달 표면과 충돌하여 만들어진 것입니다.

도움 ① 달의 표면 모습 상상

▲ 토끼의 모습　　▲ 두꺼비의 모습　　▲ 게의 집게발 모습

달 표면에는 밝고 어두운 부분이 있어 우리 조상들은 달에서 토끼가 방아를 찧고 있다고 상상했습니다.

도움 ② 달의 바다와 충돌 구덩이

● **달의 바다:** 지금부터 300여 년 전에 과학자들은 달 표면의 어두운 곳이 물로 가득 차 있을 것이라고 생각해 '달의 바다'라고 이름을 지었습니다. 달의 바다에는 지구의 바다와 달리 물이 없습니다. 달의 바다가 어두운 색을 띠고 있는 것은 그곳의 암석 색깔 때문입니다. '달의 바다'에는 '고요의 바다', '맑음의 바다', '풍요의 바다'와 같은 이름이 있는 곳이 있습니다.

● **충돌 구덩이:** 달의 충돌 구덩이는 우주 공간을 떠다니던 물체가 달 표면에 충돌하면서 만들어진 것입니다. 달 표면에는 크고 작은 충돌 구덩이가 많습니다.

▲ 고요의 바다　　▲ 코페르니쿠스 충돌 구덩이

도움 ③ 달의 뒷면

달의 뒷면은 달의 표면 중 지구를 향하고 있지 않은 부분입니다. 달의 뒷면에는 수많은 충돌 구덩이가 존재하고 있어 달의 앞면에 비해 달의 바다가 드물게 존재합니다.

스스로 확인해요

● 달 표면의 모습과 환경을 설명할 수 있어요.
　도움말 자신이 그린 그림을 이야기하며 달 표면의 특징을 연결하여 설명합니다.

● 달 표면을 관찰하여 특징이 잘 드러나게 그렸어요.
　도움말 자신이 관찰한 달 표면을 색깔과 모양을 중심으로 그려 봅니다.

교과서 개념 확인 문제

1 다음 글을 읽고 (　) 안에 들어갈 알맞은 말을 골라 ○표 해 봅시다.

(1) 달은 지구와 같이 (둥근 공, 평평한) 모양입니다.

(2) 달 표면에서 어둡게 보이는 곳을 (달의 바다, 충돌 구덩이)라고 합니다.

2 다음 달의 표면 모습에서 ㉠과 ㉡의 이름을 바르게 연결해 봅시다.

(1)　달의 바다　•　　　　•　㉠

(2)　충돌 구덩이　•　　　　•　㉡

3 다음 달 표면의 특징에 대한 설명 중 옳은 것에 ○표, 옳지 <u>않은</u> 것에 ×표 해 봅시다.

(1) 달의 바다에는 물이 있습니다. (　　)

(2) 달의 표면에는 충돌 구덩이가 많습니다.
　　　　　　　　　　　　　　　(　　)

(3) 달의 표면은 전체적으로 회색이며, 먼지와 암석으로 덮여 있습니다. (　　)

탐구 활동 도움말

이 탐구 활동은 스마트 기기로 달의 모양과 표면을 관찰하고, 관찰한 지역의 달 표면 모습을 그림으로 그리고 그 특징을 설명하는 활동입니다.

🔍 관찰 📢 의사소통

실험 관찰 62~63쪽

5 달 여행을 떠나 볼까요?

탐구 활동 **달 표면 관찰하기**

『실험 관찰』 꾸러미 73 쪽 붙임딱지를 붙여요.

 스마트 기기는 필요할 때만 사용해요.

무엇을 준비할까요?

준비물에 ◯ 표시를 하면서 확인해 봅시다.

스마트 기기

그림 도구
(색연필, 사인펜 등)

1 달 표면에서 관찰할 지역을 결정해 봅시다.

예시 답안

예 달의 어두운 곳을 중심으로 관찰해 보자.

구덩이가 있는 곳/
(매끈한 곳/ 밝은 곳)을/를
중심으로 관찰해 보자.

보충해설

스마트 기기 이용이 어려울 경우 교과서에 제시된 달 사진을 관찰하고, 사진에서 그리고 싶은 부분을 그림으로 그리고 특징을 설명합니다.

2 결정한 지역을 스마트 기기를 이용해 찾고, 주변 지역의 특징도 확인해 봅시다.

선택한 지역의 특징을 알아볼 때는 모습과 색깔을 중심으로 확인합니다.

3 자신이 찾은 달 표면 모습을 그림으로 그리고 특징을 설명해 봅시다. ●

달의 전체적인 모습을 보면서 더 자세히 살펴보고 싶은 부분을 정해서 관찰합니다. 관찰한 부분을 그림으로 그릴 때에는 특징적인 점을 중심으로 그리고, 너무 자세히 그리지 않아도 됩니다. 자신이 그린 그림을 보여주면서 달 표면의 특징을 설명할 때에는 색깔과 모양을 중심으로 그림에 표현된 내용을 설명하면 됩니다.

예시 답안

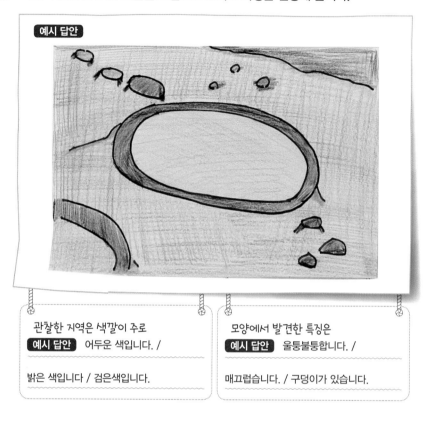

관찰한 지역은 색깔이 주로
예시 답안 어두운 색입니다. /

밝은 색입니다 / 검은색입니다.

모양에서 발견한 특징은
예시 답안 울퉁불퉁합니다. /

매끄럽습니다. / 구덩이가 있습니다.

이렇게 ○○ 정리해요

○○ 달 표면을 관찰하며 알게 된 사실에 ∨표시를 해 봅시다.

▶ 달 표면에는 물이 (∨ 있습니다, ∨ 없습니다).
▶ 달 표면에는 충돌 구덩이가 (∨ 많습니다, ∨ 적습니다).

○○ 빈칸에 들어갈 알맞은 말을 골라 달 표면에서 볼 수 있는 모습을 설명해 봅시다.

예시 답안

| • 바다 | • 구덩이 |
| • 충돌 | • 어두운 |

▶ 달 표면에서는 [어두운] [바다] 와/과 [충돌] [구덩이] 등을 볼 수 있습니다.

6 지구에 있고 달에 없는 것을 찾아보아요

과학 106~107쪽

지구의 모습

지구의 하늘은 파란색이고 새가 날아다녀!
지구의 바다에는 물이 있고, 생물도 살고 있지!

달의 모습

어둡게 보이는 곳을 달의 바다라고 해. 바다이긴 하지만 물은 없지!
달의 하늘은 검은색이고 새도 없군!

궁금해요

지구와 달에서 입는 옷의 모습을 비교하여 차이점을 확인해 보고, 지구와 달 중 생물이 살기에 적당한 곳은 어디인지 알아봅시다.

질문 지구와 달은 어떤 점이 다른지 이야기해 볼까요? 도움①

예시 답안 달에서는 우주복을 입어야 합니다. / 달에서는 하늘이 검게 보입니다. / 달에는 공기가 없습니다. / 달에는 물이 없습니다. / 달에서는 사람이 살 수 없습니다. 등

해 보기 지구와 달의 차이점 비교

- **무엇을 준비할까요?**

스마트 기기, 지구와 달 특징 붙임딱지(『과학』 부록 122쪽)

- **어떻게 할까요?** 도움②

❶ 지구와 달의 환경을 조사하여 해당하는 내용에 ✓ 표시를 해 봅시다.

	지구	달
물	☑ 있습니다. ☐ 없습니다.	☐ 있습니다. ☑ 없습니다.
공기	☑ 있습니다. ☐ 없습니다.	☐ 있습니다. ☑ 없습니다.
온도	☑ 생물이 살기에 적당합니다. ☐ 생물이 살기에 적당하지 않습니다.	☐ 생물이 살기에 적당합니다. ☑ 생물이 살기에 적당하지 않습니다.

❷ 『과학』 부록 122쪽 지구와 달 특징 붙임딱지에서 지구와 달에 해당하는 것을 찾아 오른쪽 지구와 달 그림 위에 붙여 봅시다. 도움③

예시 답안 지구에 해당하는 붙임딱지는 집, 나무, 자전거, 벌레, 꽃 등이고, 달에 해당하는 붙임딱지는 우주선, 우주복, 인공위성, 우주기지 등입니다.

❸ 지구와 달 중 생물이 살기에 적당한 곳은 어디인지 이야기해 봅시다.

예시 답안 지구는 물과 공기가 있고 온도도 적당하여 생물이 살기에 적당합니다.

교과서 속 핵심 개념

- **지구와 달의 비교**

구분	지구	달
하늘	낮에는 파란색	낮과 밤 모두 검은색
땅	초록색 숲과 갈색 땅이 보임.	회색 암석과 먼지만 보임.
바다	많은 양의 물이 있음.	물이 없음.
생물	생물이 있음.	생물이 없음.

교과서 개념 확인 문제

도움 ① 지구와 달의 다른 점

달에서 사람이 지구에서와 같이 생활하기 위해서는 숨을 쉬기 위한 공기가 필요하고 마실 물도 필요합니다. 또 몸을 따뜻하게 해줄 옷도 필요합니다. 따라서 달에서 활동하려면 생명 유지 장치가 있는 우주복을 입어야 합니다. 우주복은 헬멧, 장갑, 장화, 생명 유지 장치로 구성되며, 생명 유지 장치는 산소를 공급하고, 온도와 습도를 조절해 줍니다.

도움 ② 지구와 달의 환경

● **지구의 물**: 지구에 생물이 살 수 있는 가장 중요한 이유는 물이 있기 때문입니다. 지구가 갖고 있는 물의 97 % 이상은 바닷물이며, 빙하·지하수·강·호수 등에 물이 있습니다.

● **달의 물**: 최근 과학자들의 연구 결과에 따르면 달에서도 아주 적은 양의 물이 발견되었다고 합니다. 그러나 생물이 살아갈 수 있을 정도가 아니기에 달에는 물이 없다고 생각해도 됩니다.

● **달의 대기(공기)**: 달은 지구와 달리 크기가 작기 때문에 공기를 붙잡아 둘 수 없습니다. 달의 하늘은 지구의 하늘과 달리 검게 보이는데, 그것은 달에 공기가 없기 때문입니다.

● **달의 온도**: 달에서 햇빛이 비치는 곳은 약 130 ℃(섭씨 영상 130도)까지 높아지지만, 햇빛이 비치지 않는 곳은 약 −170 ℃(섭씨 영하 170도)까지 낮아집니다. 따라서 낮과 밤의 기온 차이가 약 300 ℃ 정도가 되어 생물이 살아가기에 적당하지 않습니다.

도움 ③ 지구와 달의 환경 비교

지구와 달 특징 붙임 딱지를 붙인 내용을 확인하고 지구와 달 중 생물이 살 수 있는 곳이 어디일지를 설명합니다.

스스로 확인해요

● 지구에만 생물이 살 수 있는 까닭을 설명할 수 있어요.
 도움말 물과 공기, 알맞은 온도 등 생물이 살아가는 데 꼭 필요한 것들을 설명합니다.

● 지구와 달의 차이점을 찾아 비교했어요.
 도움말 지구와 달의 하늘, 땅, 바다를 중심으로 비교하여 차이점을 이야기합니다.

1 다음 지구와 달에 대한 설명 중 옳은 것에 ○표, 옳지 <u>않은</u> 것에 ×표 해 봅시다.

(1) 달에는 물이 없습니다. (   )
(2) 달에는 공기가 있습니다. (   )
(3) 지구에는 물이 있습니다. (   )

2 다음 글을 읽고 (   ) 안에 들어갈 알맞은 말을 골라 ○표 해 봅시다.

(1) 하늘은 (지구, 달)에서 파란색으로 보이고, (지구, 달)에서 검은색으로 보입니다.

(2) (지구, 달)은/는 공기로 둘러싸여 있고 물이 있지만, (지구, 달)에는 공기와 물이 없습니다.

(3) (지구, 달)은/는 생물이 살기에 온도가 적당하지만, (지구, 달)은 그렇지 않습니다.

(4) 지구와 달은 공기, 물, 온도 등에서 차이가 나기 때문에 (지구, 달)에만 생물이 살고 있습니다.

3 다음 지구와 달에 대한 설명을 바르게 연결해 봅시다.

(1)
▲ 지구

•   • ㉠ 생물이 살기에 적당하지 않은 환경입니다.

(2)
▲ 달

•   • ㉡ 생물이 살기에 적당한 환경입니다.

소중한 지구는 어떻게 보존할까요?

과학 108~109쪽

궁금해요

환경 오염에 대해 살펴 보고, 지구 환경을 보존하기 위해 우리가 할 수 있는 일을 생각해 봅시다.

예시 답안　나는 (쓰레기를 버리지 말아야지).

질문　지구를 보존할 수 있는 방법을 이야기해 봅시다.　도움❶

예시 답안　• 나무를 많이 심습니다.

　　　• 쓰레기를 함부로 버리지 않습니다.

　　　• 오염 물질을 강에 버리지 않습니다.

　　　• 자동차나 공장의 매연을 줄입니다. 등

➡ 지구의 땅 보존 방법

➡ 지구의 물 보존 방법

➡ 지구의 공기 보존 방법

탐구 활동　지구 보존 설명서 만들기

자세한 해설은 152~153쪽에 있어요.

● 무엇을 준비할까요?

스마트 기기, 그림 도구, 지구 보존 설명 카드(『실험 관찰』 꾸러미 79쪽), 셀로판테이프

● 과정을 알아볼까요?

❶ 지구 보존 설명 카드 중 하나를 선택하고, 관련 내용을 조사하여 카드를 완성해 봅시다.

➡ 스마트 기기로 해당하는 지구 환경의 오염 사례와 보존 방법을 조사합니다.

❷ 나머지 카드 내용은 다른 친구의 카드를 참고하여 완성해 봅시다.

❸ 내용이 채워진 카드로 지구 보존 설명서를 만들어 봅시다.

❹ 지구 보존 설명서를 보고 지구 보존 방법에 대해 이야기해 봅시다.

● 관찰 내용 및 결과를 정리해요

➡ 지구를 보존하기 위해 내가 할 수 있는 일을 쓰고, 실천을 다짐해 봅니다.

　• 땅 보존 방법: 땅속에 쓰레기를 파묻지 않습니다.

　• 물 보존 방법: 강이나 바다에 오염 물질을 버리지 않습니다.

　• 공기 보존 방법: 자동차나 공장에서 발생하는 매연을 줄입니다.

교과서 속 핵심 개념

● 지구의 땅을 보존하는 방법: 쓰레기나 오염 물질을 함부로 버리지 않습니다.

● 지구의 물을 보존하는 방법: 물을 아껴서 사용하고, 바다를 오염하지 않습니다.

● 지구의 공기를 보존하는 방법: 나무를 많이 심고 자동차의 이용을 줄이며, 이동 시 대중교통을 이용합니다.

교과서 개념 확인 문제

도움 ① 지구를 보존하는 실천 방법

● **불필요한 전기 플러그 뽑기:** 전원을 꺼둔 제품이더라도 대기 전력을 방지하기 위해 플러그를 뽑아 놓으면 전기를 절약할 수 있습니다.

● **재활용품 분리수거:** 재활용품 분리수거는 그대로 땅에 묻히면 땅과 공기의 오염을 발생시킬 수 있는 물건들을 분리하여 다시 쓰일 수 있게 하는 것입니다.

● **천연 세제 사용:** 설거지나 빨래에 사용하는 천연 세제에는 환경에 해가 없는 성분들이 많이 들어 있습니다. 일반 세제에 들어 있는 화학 성분은 환경 오염뿐만 아니라 사람의 건강에도 나쁜 영향을 주게 됩니다.

● **중고 장터 이용:** 충분히 더 사용할 수 있는 물건인데도 쓰지 않고 쓰레기로 버려져 태워지는 과정에서 환경 오염을 발생시키는 물건들이 많이 있습니다. 이런 물건들을 저렴한 가격에 판매하는 중고 장터를 자주 이용하는 것도 환경을 보호하는 좋은 방법입니다.

● **전자 문서 이용:** 종이 영수증 발행에도 비용이 들고 영수증 생산과 버리는 과정에서 환경을 오염시키는 온실 가스가 발생하게 됩니다. 종이 문서 대신 전자 문서를 많이 이용하면 그만큼의 환경 보호 효과를 볼 수 있습니다.

● **먹을 만큼만 식료품 구입:** 음식물 쓰레기를 줄이기 위해 식품은 먹을 만큼만 구입하는 것이 중요합니다. 먹지 않고 버려지는 식료품은 환경을 오염시키며, 새로 식료품을 구입하는 과정에서 환경 오염 물질이 발생하기도 합니다.

스스로 확인해요

● 지구를 보존하기 위해 할 수 있는 일을 이야기할 수 있어요.

  도움말 땅, 물, 공기를 보존하는 방법에는 어떤 것이 있는지에 대한 내용을 설명합니다.

● 지구를 소중히 여기고 보존하기 위한 노력을 다짐했어요.

  도움말 지구 보존을 위한 나의 다짐을 발표하고, 자세한 실천 계획을 세워 실천해 봅니다.

1 다음 중 지구 환경 보존을 위한 노력에 해당하는 것에 ○표 해 봅시다.

(1) 물을 아껴 씁니다. ( )
(2) 재활용품은 분리해서 버립니다. ( )
(3) 나무를 많이 심습니다. ( )
(4) 쓰레기는 바다에 버립니다. ( )

2 다음 글을 읽고 ( ) 안에 알맞은 말을 골라 ○표 해 봅시다.

(1) 자동차의 배기가스를 줄이는 것은 지구의 (땅, 물, 공기)을/를 보존하는 방법입니다.

(2) 강이나 바다에 오염 물질을 버리지 않는 것은 지구의 (땅, 물, 공기)을/를 보존하는 방법입니다.

(3) 땅속에 쓰레기를 파묻지 않는 것은 지구의 (땅, 물, 공기)을/를 보존하는 방법입니다.

3 다음 지구 환경 보존을 위한 노력과 그에 대한 설명을 바르게 연결해 봅시다.

(1)
▲ 바다 청소하기

(2)
▲ 자전거 타기

• ㉠ 지구의 물을 보존하는 방법

• ㉡ 지구의 공기를 보존하는 방법

• ㉢ 지구의 땅을 보존하는 방법

실험 관찰 64~65쪽

●관찰 ●의사소통

7 소중한 지구는 어떻게 보존할까요?

탐구 활동 지구 보존 설명서 만들기

탐구 활동 도움말

이 탐구 활동은 지구 보존 설명 카드 중 하나를 선택하고, 스마트 기기로 해당하는 지구 환경의 오염 사례와 보존 방법을 조사하여 지구 보존 설명서를 만들어 보는 활동입니다.

도움말

스마트 기기 사용이 어려울 때에는 환경 보호 관련 서적이나 안내 자료를 보고 설명서를 만들어 볼 수 있습니다.

보충해설

환경 오염에 대한 내용을 스마트 기기로 조사할 때에는 공기 오염, 물 오염, 땅 오염 등의 관련되는 낱말을 이용하여 찾아봅니다.

『실험 관찰』 꾸러미 73쪽 붙임딱지를 붙여요.

카드를 잃어버리지 않게 잘 보관해요.

무엇을 준비할까요? ○○

준비물에 ○ 표시를 하면서 확인해 봅시다.

스마트 기기

그림 도구(색연필, 사인펜 등)

지구 보존 설명 카드
(『실험 관찰』 꾸러미 79쪽)

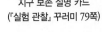
셀로판테이프

1 지구 보존 설명 카드 중 하나를 선택하고, 관련 내용을 조사하여 카드를 완성해 봅시다.

❶ 『실험 관찰』 꾸러미 79쪽에 있는 지구 보존 설명 카드 중 하나를 선택합니다.

❷ 스마트 기기로 해당하는 지구 환경의 오염 사례와 보존 방법을 조사합니다.

❸ 조사한 자료를 정리하여 카드를 완성합니다.

2 나머지 카드 내용은 다른 친구의 카드를 참고하여 완성해 봅시다.

❶ 친구와 만나 각자 완성한 카드를 보여 줍니다.

❷ 같은 카드라면 내용을 비교하여 다른 부분이 있으면 자신의 카드에 내용을 보충합니다.

❸ 다른 카드라면 자신이 가진 빈 카드에 친구의 카드 내용을 채워 완성합니다.

3 내용이 채워진 카드로 지구 보존 설명서를 만들어 봅시다.

지구 보존 설명서 만드는 방법

보충해설

완성한 카드로 설명서를 만들 때, 셀로판테이프로 카드를 붙이는 과정이 어려울 수 있으므로 짝이나 모둠원들과 도와가며 활동합니다.

❶

표지인 앞쪽 카드는 뒷면이 보이게, 뒤쪽 카드는 앞면이 보이게 하고 나란하게 놓습니다.

❷

뒷면이 보이는 카드의 오른쪽 끝과 앞면이 보이는 카드의 왼쪽 끝을 서로 맞추고 셀로 판테이프로 붙입니다.

❸

붙인 테이프를 중심으로 반으로 접은 뒤, 나머지 카드도 ❶과 ❷ 과정과 같은 방법으로 붙여서 접습니다.

❹

카드를 모두 붙여 연결한 뒤 표지에 이름을 쓰고 완성합니다.

4 지구 보존 설명서를 보고 지구 보존 방법에 대해 이야기해 봅시다.

보충해설

완성된 지구 보존 설명서를 살펴 보면서 해당하는 보존 방법에 관한 내용을 옮겨 쓰고 발표합니다.

땅 보존 방법
예시 답안
땅속에 쓰레기를 파묻지 않습니다.

물 보존 방법
예시 답안
강이나 바다에 오염 물질을 버리지 않습니다.

공기 보존 방법
예시 답안
자동차나 공장에서 발생하는 매연을 줄입니다.

이렇게 ○○ 정리해요

지구를 보존하기 위해 내가 할 수 있는 일을 쓰고, 실천을 다짐해 봅시다.

예시 답안

▶ 나는 지구를 보존하기 위해 | 쓰레기를 함부로 버리지 않겠 / 대중교통을 이용하겠 / 물을 아껴쓰겠

습니다.

과학과 영화!

까만 하늘, 붉은 땅, 회색 산….

지구 바깥의 우주를 배경으로 하는 많은 영화를 보면 상상력이 정말 대단한 것 같아요. 어떻게 저런 풍경들을 다 컴퓨터 그래픽으로 만들 수 있었을까요?

하지만 더 놀라운 사실은 저 장면들이 실제 지구 표면에서 촬영했다는 것이지요. 물론 컴퓨터 그래픽으로 만들어 내거나 추가한 모습도 있지만 어떤 곳은 지구 표면에 실제 있는 장소랍니다.

▲ 영화 배경 촬영지
중국의 장자제

➕ 과학 더하기 도움말

과학 더하기의 내용은 우주를 배경으로 하는 영화들의 실제 촬영 장소나 배경이 원래 지구에 존재하는 장소임을 보여주는 자료입니다. 영화에서 보여진 모습이 지구에 있는 장소임을 생각하면서 생명이 살아가기 위해서는 어떤 환경 조건이 필요할 것인지에 대해서도 이야기할 수 있습니다.

➕ 과학 더하기 해설

• **아바타 촬영지 중국의 장자제**: 영화 '아바타'는 2009년에 개봉한 공상과학 영화로, 먼 미래에 지구의 에너지 문제를 해결하기 위해 지구인들이 멀리 떨어진 신비로운 행성 판도라에서 토착민인 나비족과 전투를 벌이는 내용입니다. 행성 판도라는 아름다운 대자연의 경관을 보여주었는데, 영화 촬영지가 중국의 장자제 국가삼림공원입니다. 장자제는 유네스코 세계 자연유산으로 등록된 곳입니다.

▲ 영화 촬영지
요르단의 와디럼

지금까지 알아본 지구 표면 모습을 배경으로 영화를 찍는다면 어떤 내용의 영화를 찍고 싶은지 이야기해 봅시다.

▲ 영화 촬영지
아이슬란드의 스카프타펠 국립공원

질문

● 지금까지 알아본 지구 표면 모습을 배경으로 영화를 찍는다면 어떤 내용의 영화를 찍고 싶은지 이야기해 봅시다.
▶ 바다를 배경으로 배를 타고 탐험하는 영화를 찍고 싶습니다.
▶ 화산이 폭발하는 곳을 배경으로 하는 모험 영화를 찍고 싶습니다.

• **인터스텔라 촬영지 아이슬란드의 스카프타펠 국립공원:** 영화 '인터스텔라'는 2014년에 개봉한 공상과학 영화입니다. 영화에서 주인공이 미지의 행성을 탐사하는 과정에서 얼음으로 뒤덮인 외계의 어느 한 행성을 찾아가는 내용이 있는데, 이곳의 촬영지가 아이슬란드의 스카프타펠 국립공원입니다. 스카프타펠은 아이슬란드 남동부에 있는 자연보호 지역으로, 이 지역 내에는 유럽에서 가장 큰 빙하가 있습니다.

• **마션 촬영지 요르단의 와디럼:** 영화 '마션'은 2015년에 개봉한 공상과학 영화로, 화성에 혼자 남겨진 우주 비행사의 생존을 위한 노력을 그린 영화입니다. 영화에서는 삭막한 사막과 같은 화성의 모습을 보여주고 있는데, 이곳의 촬영지는 요르단의 아카바 주에 있는 사막인 와디럼입니다. 이 지역은 요르단을 대표하는 자연보호 구역으로 선정되어 있습니다.

단원 매듭 짓기 그림으로 정리하기

해당 칸에 「과학」 부록 119쪽 붙임딱지를 붙이세요

과학 112~113쪽

붙임딱지로 빈칸을 채우며 배운 내용을 정리해 봅시다.

달 표면에서 어둡게 보이는 달의 ❹ 바다 에는 ❺ 물 이/가 없음.

우주에서 보는 지구는 ❶ 둥근 공 모양이야.

지구에서 보는 달은 ❷ 둥근 공 모양이야.

달 표면에는 충돌 ❸ 구덩이 이/가 많음.

바닷물은 ❻ 짠 맛

육지의 물은 짠맛이 없음.

지구에는 ❾ 공기 이/가 있어 비행기가 날 수 있어.

지구 표면의 다양한 모습

❼ 산

강

❽ 사막

바다

● 그림으로 정리하기 해설 ●

❶ 우주에서 보는 지구는 둥근 공 모양입니다.

❷ 지구에서 보는 달은 둥근 공 모양입니다.

❸ 달 표면에는 매끈한 곳이나 울퉁불퉁한 곳이 있으며, 충돌 구덩이가 많습니다.

❹, ❺ 달의 어두운 부분을 바다라고 하지만, 지구의 바다와는 달리 물이 없습니다.

❻ 바닷물은 소금이 들어 있어 짠맛이 납니다.

❼, ❽ 지구 표면에서는 산·강·사막·바다 외에도 들·계곡·폭포·갯벌·화산·빙하 등을 볼 수 있습니다.

❾ 지구를 둘러싸고 있는 공기는 다양한 역할을 합니다.

• 바람을 불게 합니다.

• 비행기를 날 수 있게 합니다.

• 생물이 숨을 쉬며 살 수 있게 합니다.

• 태양에서 오는 해로운 빛을 막아 줍니다.

● 문제로 확인하기 해설 ●

❶ (1) 지도에서 지구는 평평하게 보이지만 실제 지구는 둥근 공 모양입니다.

(2) 우리나라에서는 사막이나 빙하를 보기가 어렵습니다.

❶ 지구의 모습에 대해 설명한 내용으로 옳은 것에는 ○표, 옳지 않은 것에는 ×표시를 해 봅시다.

(1) 지도에서 지구는 평평하게 보이지만 실제 지구는 둥근 공 모양입니다. (○)

(2) 우리나라에서는 사막이나 빙하를 쉽게 볼 수 있습니다. (×)

(3) 지구에서 육지와 바다의 넓이를 비교하면 육지가 더 넓습니다. (×)

(4) 바닷물에는 소금이 녹아 있어 사람이 바로 마실 수 있습니다. (×)

(5) 지구에는 공기가 있어 생물이 숨을 쉴 수 있습니다. (○)

❷ 지구와 달의 특징에 해당하는 것을 알맞게 연결해 봅시다.

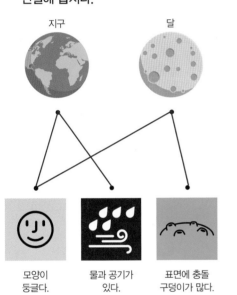

지구　　　　달

모양이 둥글다.　　물과 공기가 있다.　　표면에 충돌 구덩이가 많다.

❸ 지구에서 생물이 살 수 있는 까닭을 설명한 내용입니다. 설명한 내용을 읽고 달에서는 생물이 살 수 없는 까닭을 글로 써 봅시다.

 생물들은 지구의 공기로 숨 쉬며 살아갑니다.

 지구의 바다와 육지에는 많은 양의 물이 있습니다.

 지구는 생물이 살기에 적당한 온도를 유지하고 있습니다.

예시 답안 달에는 공기와 물이 없고, 온도도 생물이 살기에 적당하지 않아 생물이 살 수 없습니다.

● 도움말
지구에서 생물이 살 수 있는 까닭을 먼저 이해하고, 지구와 달의 차이점을 떠올리며 달에서 생물이 살 수 없는 까닭을 글로 써 봅니다.

● 도전! 창의 융합 ●

달 정거장을 만들자

달에서 사람들이 생활할 수 있는 정거장을 어떻게 만들 수 있을지 생각해 봅시다.

『실험 관찰』 66쪽

(3) 지구 전체에서 육지와 바다의 넓이를 비교하면 바다가 더 넓습니다.

(4) 바닷물에는 소금이 녹아 있어 사람이 마시는 물로 바로 사용하기는 어렵습니다.

(5) 지구에는 공기가 있어 생물들이 숨을 쉬며 살아갈 수 있는 환경이 이루어져 있습니다.

❷ • 지구와 달의 공통점은 모양이 둥글다는 것입니다.
• 지구는 달과는 달리 공기와 물이 있고, 생물이 살기에 적당한 온도입니다. 달은 지구와는 달리 표면에서 많은 충돌 구덩이를 볼 수 있습니다.

● 과학 글쓰기 해설 ●

❸ 본문에 제시한 예시 답안 외에 다음과 같은 답을 쓸 수도 있습니다.

▶ 달에는 공기가 없기 때문에 생물들이 숨을 쉴 수 없어서 살 수 없습니다.

▶ 달의 바다에는 물이 없습니다. 또한, 달의 다른 곳에도 물이 없기 때문에 비가 내리지 않아 식물이 살 수 없습니다.

▶ 달은 생물이 살기에 적당한 온도를 유지할 수 없기 때문에 생물이 살 수 없습니다.

실험 관찰

실험 관찰 66~67쪽

지금까지 배운 지구의 모습에 대한 내용을 정리하는 활동입니다.

도전! 창의융합 도움말

지구와 달의 차이점을 떠올리며 지구에서 생활하는 것처럼 달에서 생활하기 위해 어떤 것들이 필요할지 지금까지 학습한 내용을 바탕으로 지구 표면의 모습과 특징을 먼저 생각하고, 이를 바탕으로 상상력을 발휘하여 창의적인 달 정거장의 모습을 그릴 수 있도록 합니다.

도움말

이번 단원에서 공부한 내용과 직접 관련이 없는 내용도 쓸 수 있습니다.

도전! 창의 융합

달 정거장을 만들자

세계 여러 나라의 과학자들은 우주여행을 위해 먼저 달에 정거장을 건설하려는 계획을 진행하고 있습니다.

달의 환경은 지구와는 매우 달라 사람들이 살기가 어렵습니다. 사람들이 달에서도 지구와 같이 생활하려면 달 정거장에는 어떤 환경이 만들어져야 할지 함께 생각해 봅시다.

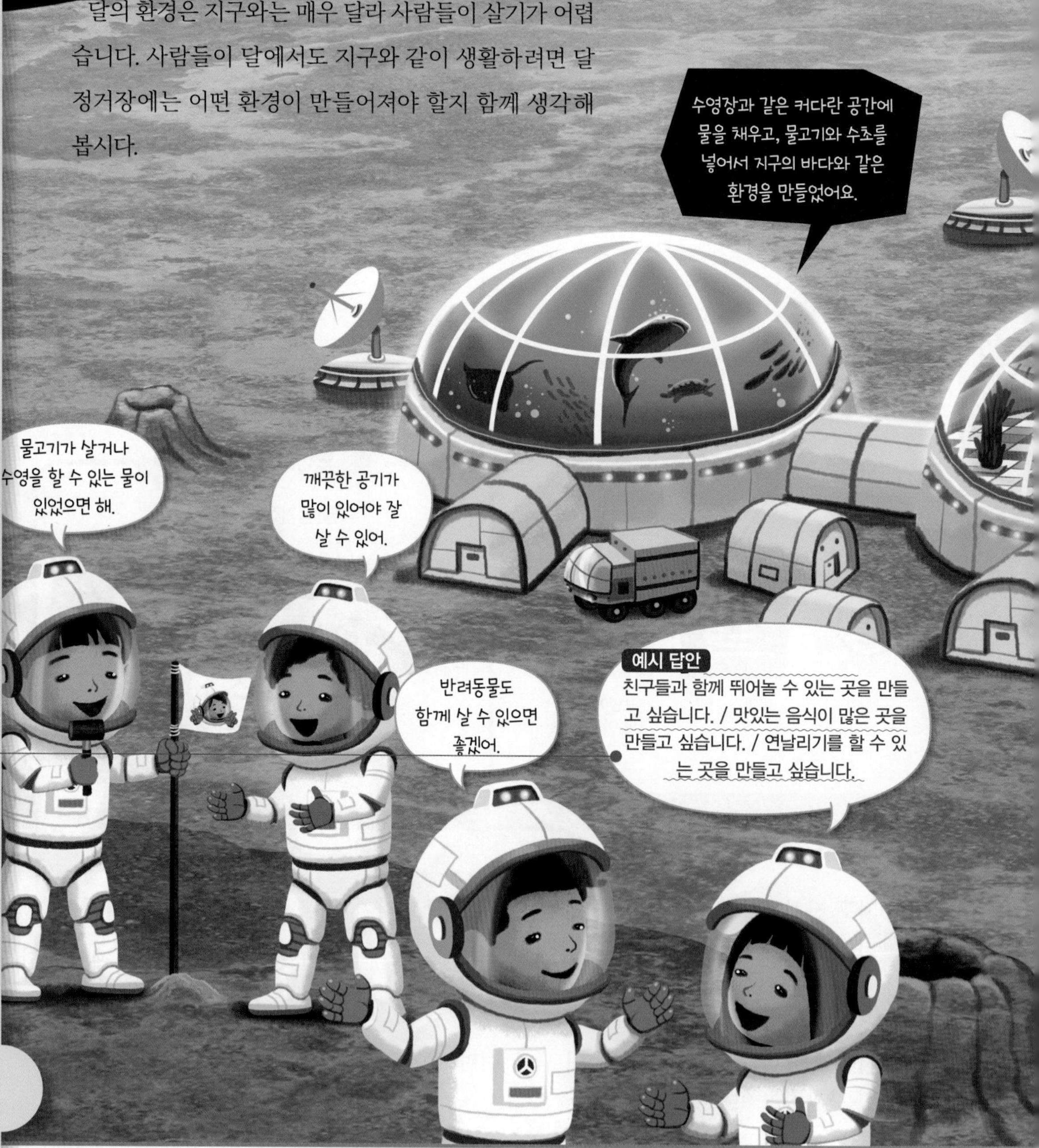

수영장과 같은 커다란 공간에 물을 채우고, 물고기와 수초를 넣어서 지구의 바다와 같은 환경을 만들었어요.
물고기가 살거나 수영을 할 수 있는 물이 있었으면 해.
깨끗한 공기가 많이 있어야 잘 살 수 있어.
반려동물도 함께 살 수 있으면 좋겠어.

예시 답안

친구들과 함께 뛰어놀 수 있는 곳을 만들고 싶습니다. / 맛있는 음식이 많은 곳을 만들고 싶습니다. / 연날리기를 할 수 있는 곳을 만들고 싶습니다.

식물을 기르면서 먹거리로 이용하고, 공기를 깨끗하게 만들 수 있도록 하였어요.

예시 답안

내가 생각하는 달 정거장의 모습을 그림으로 그려 봅시다.

도움말
달 정거장을 그릴 때에는 자유롭게 상상하며 그립니다. 예시 답안은 달 정거장에 놀이동산을 만들어 놓은 것입니다.

1 다음은 지구 표면에서 볼 수 있는 모습 중 어느 것입니까? ( )

① 들   ② 계곡   ③ 바다

④ 사막   ⑤ 화산

2 다음 보기 중 우리나라에서 보기 어려운 지구 표면의 모습만을 고른 것은 어느 것입니까?

( )

보기

ㄱ 산   ㄴ 바다   ㄷ 빙하

ㄹ 사막   ㅁ 호수   ㅂ 화산

① ㄱ, ㄴ, ㄷ   ② ㄴ, ㄷ, ㄹ

③ ㄷ, ㄹ, ㅁ   ④ ㄷ, ㄹ, ㅂ

⑤ ㄹ, ㅁ, ㅂ

3 그림과 같이 지구의 어느 한 곳에서 출발하여 한쪽 방향으로 계속 가면 처음 출발한 곳으로 되돌아올 수 있는 까닭은 무엇인지 ( ) 안에 알맞은 말을 쓰시오.

지구의 모양이 ( ) 때문입니다.

( )

4 다음 지구와 달에 대한 설명에서 옳지 않은 것은 어느 것입니까? ( )

① 달에는 공기가 있습니다.

② 지구에는 물이 있습니다.

③ 달은 둥근 공 모양입니다.

④ 지구는 둥근 공 모양입니다.

⑤ 지구는 생물이 살기에 온도가 적당합니다.

5 다음 중 사람이 마시기에 적당하지 않은 물은 어느 것입니까? ( )

① 강물   ② 바닷물

③ 지하수   ④ 계곡의 물

⑤ 호수의 물

중요

6 다음 ( ) 안에 공통으로 들어갈 알맞은 말은 어느 것입니까? ( )

• 지구 표면의 많은 부분은 ( )(으)로 덮여 있습니다.

• 우주에서 찍은 지구 사진을 보면 지구 전체에서 ( )이/가 육지보다 더 넓다는 것을 알 수 있습니다.

① 강   ② 갯벌

③ 바다   ④ 호수

⑤ 화산

중요★

7 다음 중 공기에 대한 설명으로 옳지 <u>않은</u> 것은 어느 것입니까? (   )

① 공기는 지구를 둘러싸고 있습니다.
② 공기가 있어 연을 날릴 수 있습니다.
③ 공기를 우리 눈으로 볼 수 있습니다.
④ 공기가 있어 비행기가 날 수 있습니다.
⑤ 공기는 태양에서 오는 해로운 빛을 막아 줍니다.

8 다음 중 달의 표면을 관찰한 내용으로 옳지 <u>않은</u> 것은 어느 것입니까? (   )

① 생물이 살고 있습니다.
② 먼지와 암석으로 덮여 있습니다.
③ 밝은 곳과 어두운 곳이 있습니다.
④ 크고 작은 충돌 구덩이가 많습니다.
⑤ 매끈한 곳과 울퉁불퉁한 곳이 있습니다.

중요★

9 다음 달의 표면 모습에 대한 설명에서 ㉠과 ㉡에 들어갈 알맞은 말을 쓰시오.

> • 달 표면에서 어둡게 보이는 곳을 (㉠)라고 부르지만 이곳에는 물이 없습니다.
> • 달 표면에는 크고 작은 (㉡)가 많습니다.

㉠ (   ), ㉡ (   )

서술형 문제

10 다음 지구와 달의 사진을 보고, 물음에 답하시오.

▲ 지구   ▲ 달

(1) 지구와 달의 비슷한 점과 다른 점을 한 가지씩 쓰시오.

비슷한 점: _____

다른 점: _____

(2) 지구와 비교하여 달에서 생물이 살 수 없는 까닭을 쓰시오.

_____

서술형 문제

11 지구를 보존하기 위해 우리가 할 수 있는 일에 대해 생각해 보고, 물음에 답하시오.

(1) 지구의 땅을 보존하기 위해 우리가 실천할 수 있는 일을 2가지 쓰시오.

_____

(2) 지구의 물을 보존하기 위해 우리가 실천할 수 있는 일을 2가지 쓰시오.

_____

(3) 지구의 공기를 보존하기 위해 우리가 실천할 수 있는 일을 2가지 쓰시오.

_____

우리학교

시험대비

평가 문제

1 무엇으로 만들었을까요?

(1) 어떤 물체를 만드는 재료를 **❶** [   ] (이)라고 합니다.

(2) **❷** [   ] 은/는 금속, 플라스틱, 나무, 고무, 유리, 섬유 등 다양한 물질로 이루어져 있습니다.

| ▲ 금속 | ▲ 플라스틱 | ▲ 나무 | ▲ 고무 | ▲ 유리 | ▲ 섬유 |

2 물질마다 다른 성질이 있어요

(1) 서로 다른 물질로 만들어진 네 가지 막대(금속, 플라스틱, 나무, 고무)의 성질을 비교하면 다음과 같습니다.

단단한 정도	휘어지는 정도	물에 뜨는 정도
❸ [ ] 막대가 가장 단단함.	**❹** [ ] 막대는 잘 휘어지지만, 나머지 막대는 거의 휘어지지 않음.	**❺** [ ] 막대와 **❻** [ ] 막대는 물에 넣으면 가라앉음.

(2) 다양한 물질의 종류와 성질

물질의 종류	성질
❼ [ ]	• 일반적으로 광택이 있어 반짝거림. • 나무나 플라스틱에 비해 단단함.
❽ [ ]	• 비교적 가볍고 단단함. • 색깔과 모양이 다양한 물체를 쉽게 만들 수 있음.
❾ [ ]	• 고유의 향과 무늬가 있음. • 일반적으로 물에 잘 뜨고 불에 잘 탐.
❿ [ ]	• 대부분 말랑말랑하고 쉽게 휘어짐. • 늘어났다가 원래대로 돌아올 수 있고, 잘 미끄러지지 않음.
⓫ [ ]	• 투명하고 표면이 매끄러움. • 충격을 받으면 쉽게 깨지기도 함.

3 물질의 성질을 이용해요

(1) 물체는 **⓬** [   ] 에 알맞은 성질이 있는 물질로 이루어져 있습니다.

(2) 하나의 물체를 각 부분의 기능에 따라 여러 가지 물질로 만들 수 있습니다.

❶ 물질
❷ 물체
❸ 금속
❹ 고무
❺ 금속(유리)
❻ 유리(금속)
❼ 금속
❽ 플라스틱
❾ 나무
❿ 고무
⓫ 유리
⓬ 기능

4 **왜 여러 가지 물질로 모자를 만들까요?**

(1) 같은 종류의 물체를 서로 다른 물질로 만들어 사용할 수 있습니다.

(2) 상황과 기능에 알맞은 물질로 이루어진 물체를 선택하여 사용할 수 있습니다.

종류	모자를 이루는 물질	물질의 성질	기능
▲ 밀짚모자	⑬	가벼움.	햇빛을 편리하게 막아 줌.
▲ 털모자	⑭	부드럽고 푹신함.	머리를 따뜻하게 유지해 줌.
▲ 수영 모자	⑮	물에 젖지 않음.	물속에서 머리카락을 젖지 않게 해 줌.
▲ 안전모	⑯	가볍고 단단함.	위험 물질로부터 머리를 보호해 줌.

5 **서로 다른 물질을 섞어 보아요**

(1) 여러 가지 물질을 섞으면 각 물질의 섞기 전 ⑰ 이/가 그대로 남아 있기도 하고, 변하기도 합니다.

물질을 섞었을 때 각 물질의 성질이 남아 있는 경우	물질을 섞었을 때 각 물질의 성질이 변하는 경우
초콜릿 시럽과 우유를 섞어 만든 초코우유는 섞기 전 각 물질의 성질이 그대로 남아 있음.	물, 물풀, 베이킹 소다, 렌즈 세척액을 섞어 만든 투명 반죽 장난감은 섞기 전 각 물질과 다른 성질을 나타냄.

(2) 서로 다른 물질을 섞으면 색깔, 촉감 등의 성질이 변하기도 합니다.

6 **나만의 칫솔꽂이가 필요해요**

(1) 물체는 필요에 따라 여러 가지 ⑱ (으)로 설계되어 있습니다.

(2) 물체의 각 부분에 필요한 ⑲ 에 알맞은 물질로 물체를 새롭게 설계할 수 있습니다.

⑲ 기능
⑱ 모양
⑰ 성질
⑯ 플라스틱
⑮ 고무
⑭ 털실
⑬ 밀짚

1 모양과 크기를 가지고 어떤 용도에 의해 만들어진 물건을 (   )(이)라고 합니다.

_____

2 물체를 만드는 재료를 (   )(이)라고 합니다.

_____

3 물질의 종류 중에서 고유의 향과 무늬가 있고, 일반적으로 물에 잘 뜨며, 불에 잘 타는 것은 (   )입니다.

_____

4 서로 다른 물질로 만들어진 막대의 단단한 정도는 두 막대를 서로 (긁어, 두드려) 보면 비교할 수 있습니다.

_____

5 금속, 플라스틱, 나무, 고무 막대를 각각 구부려 보았을 때, 가장 잘 휘어지는 막대는 (   ) 막대입니다.

_____

6 가위의 날을 금속으로 만들었을 때 좋은 점은 (부드럽다는, 단단하다는) 것입니다.

_____

7 (   )(으)로 만든 모자는 머리를 따뜻하게 유지하기에 좋습니다.

_____

8 같은 종류의 물체도 (   )에 따라 여러 가지 물질로 다양하게 만들 수 있습니다.

_____

9 서로 다른 물질을 섞었을 때 물질의 성질이 (변합니다, 변하기도 합니다, 변하지 않습니다).

_____

10 새로운 칫솔꽂이를 설계할 때, 바닥이 잘 미끄러지지 않게 만들기 위해서 (   )을/를 사용하면 좋습니다.

_____

공부한 날
월 일

맞은 개수
개

📍 정답과 해설 6쪽

1 다음 ( ) 안에 들어갈 알맞은 말을 쓰시오.

> 우리 교실에서 금속과 같은 (㉠)(으)로 만들어진 (㉡)에는 책상, 의자, 필통이 있습니다.

㉠ (   ), ㉡ (   )

2 다음을 보고 관계 있는 것끼리 바르게 연결하시오.

(1)
▲ 지우개

•   • ㉠ 물질

(2)
▲ 고무

•   • ㉡ 물체

3 물질의 성질에 대한 설명으로 옳은 것에 ○표, 옳지 <u>않은</u> 것에 ×표 하시오.

(1) 나무는 고유의 향과 무늬가 있습니다.
(   )

(2) 플라스틱은 바닥과 닿아도 잘 미끄러지지 않습니다. (   )

(3) 고무는 물에 젖거나 물을 흡수하지 않습니다. (   )

4 다음 ( ) 안에 들어갈 알맞은 말에 ○표 하시오.

> (섬유, 고무)로 만들어진 신발의 밑창은 걸을 때 잘 미끄러지지 않게 해 줍니다.

5 다음 가위의 손잡이 부분을 만들기에 가장 알맞은 물질에 ○표 하시오.

> 섬유, 유리, 플라스틱

손잡이
가윗날
▲ 가위

6 다음과 같은 좋은 점이 있는 모자를 이루는 물질로 가장 알맞은 것을 보기 에서 골라 기호를 쓰시오.

> 바람이 잘 통해서 주로 여름철에 사용합니다.

보기

㉠ 고무   ㉡ 섬유   ㉢ 밀짚

(   )

7 다음 ( ) 안에 들어갈 알맞은 말을 쓰시오.

> 서로 다른 물질을 섞으면 섞기 전에 각 물질이 가지고 있던 (   )이/가 변하기도 합니다.

(   )

8 새로운 칫솔꽂이를 설계할 때, 다음 중 물에 젖지 않고 가볍게 만들기 위해 몸체에 사용할 수 있는 물질로 가장 알맞은 것은 어느 것입니까?
(   )

① 고무   ② 금속
③ 종이   ④ 밀가루
⑤ 플라스틱

1 다음 중 물체에 대한 설명으로 옳은 것을 2가지 고르시오. (　,　)

① 물질을 이루고 있습니다.
② 공간을 차지하고 있습니다.
③ 금속, 고무 등은 물체입니다.
④ 1가지 재료로만 만들어집니다.
⑤ 2가지 이상의 재료로 만들어진 물체도 있습니다.

중요

2 다음 중 같은 재료로 만들어진 물체끼리 옳게 짝지은 것은 어느 것입니까? (　　)

① 냄비, 빵
② 연필, 풍선
③ 열쇠, 종이컵
④ 자물쇠, 고무장갑
⑤ 장난감 블록, 페트병

3 다음과 같이 금속 막대와 플라스틱 막대를 서로 긁어 보았을 때, 둘 중 더 잘 긁히는 막대는 무엇인지 쓰시오.

(　　　　　)

4 다음 보기 의 각 막대를 물에 넣었을 때, 물에 가라앉는 막대를 모두 골라 기호를 쓰시오.

보기
㉠ 나무 막대　　㉡ 고무 막대
㉢ 금속 막대　　㉣ 플라스틱 막대

(　　　　　)

5 다음 중 물질과 그 물질로 만들어진 물체를 분류한 것으로 옳지 않은 것은 어느 것입니까?

(　　)

① 종이 – 책, 상자
② 유리 – 어항, 유리컵
③ 고무 – 지우개, 고무줄
④ 나무 – 나무젓가락, 연필
⑤ 플라스틱 – 나사못, 탁구공

중요

6 다음 보기 에서 물질의 고유한 성질로 옳은 것을 모두 골라 기호를 쓰시오.

보기
㉠ 길이　　　　　㉡ 크기
㉢ 단단한 정도　　㉣ 물에 뜨는 정도

(　　　　　)

7 다음과 같은 성질이 있는 물질을 이용하여 만든 장난감은 어느 것입니까? (　　)

• 쉽게 구부러지며, 잘 미끄러지지 않습니다.
• 잡아당기면 쉽게 늘어났다가, 놓으면 원래대로 돌아옵니다.

① 곰 인형　　　　② 축구공
③ 고무 오리　　　④ 야구 방망이
⑤ 장난감 자동차

8 다음 중 플라스틱의 성질에 대한 설명으로 옳지 않은 것은 어느 것입니까? (　　)

① 비교적 가볍습니다.
② 표면이 매끄럽습니다.
③ 일반적으로 반짝거립니다.
④ 물에 젖지 않고, 단단합니다.
⑤ 다양한 색깔의 물체를 만들 수 있습니다.

중요

9 다음 중 서로 다른 물질로 만들어진 장갑에 대한 설명으로 옳은 것은 어느 것입니까? (   )

① 비닐장갑은 부드럽고 따뜻합니다.
② 털장갑은 두껍고 미끄럽지 않습니다.
③ 고무장갑은 질기고 물이 들어오지 않습니다.
④ 비닐장갑과 가죽 장갑은 잘 찢어지지 않습니다.
⑤ 가죽 장갑은 거칠거칠하고 물이 들어오지 않습니다.

10~11 다음은 여러 가지 컵입니다. 물음에 답하시오.

▲ 금속 컵   ▲ 도자기 컵

▲ 플라스틱 컵   ▲ 유리컵

10 위 ㉠~㉣ 중 투명하여 안에 무엇이 들어 있는지 쉽게 알 수 있는 컵의 기호를 쓰시오.

(   )

11 위 ㉠~㉣ 중 다음과 같은 좋은 점이 있는 컵의 기호를 쓰시오.

음식을 오랫동안 따뜻하게 보관할 수 있습니다.

(   )

12 다음 중 가볍고 튼튼한 상자를 만들 때 사용하기 가장 알맞은 물질은 어느 것입니까?

(   )

① 금속   ② 유리   ③ 고무
④ 종이   ⑤ 플라스틱

13~14 다음과 같이 여러 물질을 섞어 개구리알 장난감을 만드는 실험을 하였습니다. 물음에 답하시오.

❶ 따뜻한 물이 담긴 비커에 알긴산 나트륨 한 숟가락을 넣고, 유리 막대로 잘 젓습니다.
❷ 따뜻한 물이 담긴 다른 비커에 염화 칼슘 한 숟가락을 넣고, 유리 막대로 잘 젓습니다.
❸ 스포이트로 ❶의 물질을 ❷의 물질에 한 방울씩 떨어뜨려 봅니다.

13 위 실험에서 사용한 물질 중 다음과 같은 성질이 있는 물질은 무엇인지 쓰시오.

연한 갈색(또는 흰색)이며, 미역이나 다시마 속에 있는 물질로 만들어졌습니다.

(   )

중요

14 위 실험을 통해 알 수 있는 내용으로 옳은 것을 보기에서 골라 기호를 쓰시오.

보기

㉠ 서로 다른 물질을 섞어도 각 물질에 있던 원래의 성질은 변하지 않습니다.
㉡ 서로 다른 물질을 섞으면 각 물질에 있던 원래의 성질이 변하기도 합니다.

(   )

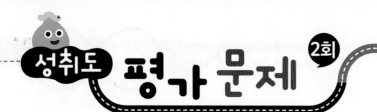
1 다음과 같이 물체를 만드는 재료를 무엇이라고 하는지 쓰시오.

물체	풍선	빵
재료	고무	밀가루

(   )

중요

2 다음 중 물체와 물질에 대한 설명으로 옳은 것은 어느 것입니까? (   )

① 물체는 모양이 없는 것도 있습니다.
② 옷, 빵, 금속 등은 물체의 종류입니다.
③ 종이, 가죽은 물질에 속하지 않습니다.
④ 어항은 유리라는 물질로 만들어집니다.
⑤ 물체는 한 종류의 물질로만 만들어집니다.

3 다음 물체들을 만든 물질로 옳은 것은 어느 것입니까? (   )

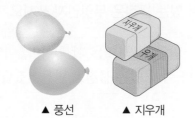

▲ 풍선   ▲ 지우개

① 금속   ② 고무   ③ 나무
④ 종이   ⑤ 플라스틱

4 다음에서 설명하는 성질이 있는 물질로 옳은 것은 어느 것입니까? (   )

• 광택이 있어 반짝거립니다.
• 다른 물질보다 비교적 단단합니다.

① 섬유   ② 금속   ③ 종이
④ 밀가루   ⑤ 플라스틱

5 다음 물체들을 이루는 물질의 성질에 대한 설명으로 옳은 것은 어느 것입니까? (   )

못, 열쇠, 자물쇠

① 광택이 없습니다.
② 무늬가 있습니다.
③ 쉽게 구부러집니다.
④ 물렁하고 부드럽습니다.
⑤ 딱딱하고 잘 부러지지 않습니다.

중요

6 다음 보기 중 서로 다른 물질로 만들어진 의자에 대한 설명으로 옳은 것을 모두 골라 기호를 쓰시오.

보기
㉠ 금속으로 만든 의자는 무척 단단합니다.
㉡ 섬유로 만든 의자는 물에 젖지 않습니다.
㉢ 나무로 만든 의자는 고유의 무늬가 있습니다.
㉣ 플라스틱으로 만든 의자는 가볍고 색깔이 다양합니다.

(   )

7 물체를 이루는 여러 가지 물질 중 다음과 같은 특징이 있는 것은 어느 것입니까? (   )

• 투명하여 내부가 잘 보입니다.
• 표면이 매끄럽고 단단하여 식기 등에 자주 사용됩니다.
• 충격에 약하여 떨어뜨리면 쉽게 깨지기도 합니다.

① 유리   ② 금속   ③ 종이
④ 섬유   ⑤ 플라스틱

8 다음 보기 중 플라스틱 컵을 사용해야 하는 경우로 가장 알맞은 것을 골라 기호를 쓰시오.

보기
㉠ 가볍고 단단한 컵이 필요할 때
㉡ 내용물이 비쳐 보이는 컵이 필요할 때
㉢ 따뜻한 차가 빨리 식지 않는 컵이 필요할 때

(   )

9 다음은 종류가 같은 물체를 서로 다른 물질로 만드는 까닭에 대한 설명입니다. (   ) 안에 공통으로 들어갈 알맞은 말을 쓰시오.

• 종류가 같은 물체라도 그 물체를 이루는 (   )에 따라 좋은 점이 서로 다릅니다.
• 사용한 (   )의 성질에 따라 물체의 기능이 다릅니다.

(   )

중요★
10 다음 책상의 받침 부분에 이용된 물질의 성질로 가장 알맞은 것은 어느 것입니까? (   )

상판
몸체
받침

▲ 책상

① 잘 늘어나는 성질
② 물에 가라앉는 성질
③ 매끄럽고 단단한 성질
④ 고유의 무늬가 있는 성질
⑤ 부드럽고 미끄러지지 않는 성질

11 자전거의 각 부분 중 가죽으로 만들어져서 질기고 부드러운 부분은 어느 것입니까?

(   )

① 몸체   ② 체인
③ 타이어   ④ 바큇살
⑤ 안장 표면

중요★
12 물, 알긴산 나트륨, 염화 칼슘을 섞어서 개구리 알 장난감을 만들어 보았습니다. 이때 물질의 성질 변화에 대한 설명으로 옳은 것은 어느 것입니까? (   )

① 섞을 때 많이 넣은 물질의 성질로 변합니다.
② 섞을 때 가장 나중에 넣은 물질의 성질로 변합니다.
③ 서로 다른 물질을 섞으면 각 물질에 있던 원래의 성질은 변하지 않습니다.
④ 서로 다른 물질을 섞으면 각 물질에 있던 원래의 성질이 변하기도 합니다.
⑤ 서로 다른 물질을 섞으면 새로운 물질이 만들어지지만 각 성질은 변하지 않습니다.

13 다음 보기에서 다양한 물질로 이루어진 신발을 각각 신었을 때의 불편한 점으로 알맞은 것을 모두 골라 기호를 쓰시오.

보기
㉠ 나무 신발은 잘 구부러집니다.
㉡ 유리 신발은 깨질 수 있습니다.
㉢ 금속 신발은 무거울 수 있습니다.
㉣ 종이 신발은 비나 눈이 오면 젖을 수 있습니다.

(   )

서술형·사고력 문제

1 다음 글을 읽고 물음에 답하시오. [총 8점]

> 물체를 만드는 재료인 금속, 플라스틱, 나무, 고무, 밀가루 등을 (   )(이)라고 합니다.

(1) 위 (   ) 안에 들어갈 알맞은 말을 쓰시오. [3점]

(   )

(2) 우리 주변에 있는 물체 중 나무로 만든 물체를 3가지 이상 쓰시오.
[5점]

_____

_____

2 다음을 보고 물음에 답하시오. [총 10점]

▲ 비치 볼

▲ 튜브

▲ 장난감 오리

(1) 위와 같은 놀이 도구를 만들 때 공통으로 사용하는 물질은 무엇인지 쓰시오. [3점]   (   )

(2) 위 (1)번의 답과 같은 물질로 만든 놀이 도구의 좋은 점을 소개하는 광고지를 만들 때, 광고지에 들어갈 알맞은 내용을 쓰시오. [7점]

> 저희 회사에서 만든 놀이 도구는 ○○(으)로 만들어 이런 점이 좋습니다.
>
> • 첫 번째: _____
>
> • 두 번째: _____

3 다음과 같이 크기와 모양이 같은 금속 막대, 플라스틱 막대, 나무 막대, 고무 막대를 서로 긁어 보았습니다. 물음에 답하시오. 총 12점

| 금속 막대 |
| 플라스틱 막대 |
| 나무 막대 |
| 고무 막대 |

도움말
• 물질에 따라 단단한 정도, 휘어지는 정도, 물에 뜨는 정도 등의 성질이 서로 다릅니다.

(1) 위 실험은 물질의 성질 중 무엇을 비교하기 위한 것인지 쓰시오. 3점

(　　　　　　)

(2) 위 실험에서 금속 막대와 플라스틱 막대를 서로 긁었을 때 더 잘 긁히는 막대는 무엇인지 쓰고, 이로부터 알 수 있는 사실을 쓰시오. 6점

• 더 잘 긁히는 막대: _____

• 알 수 있는 사실: _____

_____

(3) 위 네 가지 막대 중 가장 단단한 막대는 무엇인지 쓰시오. 3점

(　　　　　　)

4 다음 자전거를 보고, 물음에 답하시오.
총 9점

(1) 금속, 플라스틱, 나무, 고무 중 자전거의 몸체를 만들기에 가장 알맞은 물질을 쓰시오. 3점

(　　　　　　)

몸체

▲ 자전거

도움말
• 가위를 떠올려 보면 손잡이는 가볍고 매끄러운 성질이 있는 플라스틱으로 만들고, 가윗날은 단단한 성질이 있는 금속으로 만듭니다.

(2) 위 (1)번과 같이 생각한 까닭을 물질의 성질과 관련지어 쓰시오. 6점

_____

수행 평가

1 다음과 같은 물질을 이용해서 만든 물체를 우리 주변에서 찾아 각각 2가지 이상 쓰시오.

금속	고무	나무	유리

2 다음 물체들을 보고, 물음에 답하시오.

▲ 여러 가지 생활용품

(1) 위 물체들을 만들 때 공통으로 사용하는 물질을 쓰시오.

(   )

(2) 위 (1)번에 쓴 물질의 특징을 2가지 쓰시오.

_____

_____

도움말

• 각 물질을 이용한 물체를 우리 주변에서 생각해 봅니다.

• 물질의 종류에는 금속, 플라스틱, 나무, 고무, 유리, 섬유 등이 있으며, 물질마다 고유한 성질이 있습니다.

3 우리 주변에 있는 다양한 모자를 생각해 보고, 물음에 답하시오.

(1) 다음 제시된 모자에 사용된 물질을 각각 쓰고, 그 물질의 성질과 모자의 기능을 연결지어 쓰시오.

모자의 종류	물질	물질의 성질	모자의 기능
밀짚모자			
수영 모자			
안전모			

(2) 위 (1)번처럼 우리 주변에서 같은 종류의 물체를 서로 다른 물질로 만들어 사용하는 예를 찾아 쓰시오.

_____

_____

4 새로운 연필꽂이를 설계하려고 합니다. 이때 사용할 물질과 그 물질을 사용했을 때의 좋은 점을 쓰시오.

(1) 사용할 물질: _____

(2) 사용하면 좋은 점: _____

도움말

• 같은 모자라도 털실로 만든 모자는 보온이 잘 되어 겨울에 주로 사용하고, 밀짚으로 만든 모자는 바람이 잘 통하여 여름에 주로 사용합니다.

• 물체의 각 부분의 기능을 생각하며 알맞은 물질을 써 봅니다.

1단원

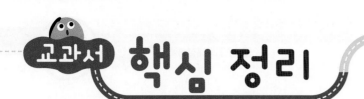

1 자석에 붙는 물체를 찾아보아요

구분	자석에 붙는 물체	자석에 붙지 않는 물체
종류	철 못, 철 클립, 철 용수철, 철이 든 빵 끈, 가위의 날 등	플라스틱 자, 고무지우개, 나무토막, 투명 필름, 유리컵, 가위의 손잡이 등
공통점	❶ ⬚ (으)로 만들어 짐.	❶ ⬚ (으)로 만들어지지 않음.

2 자석과 철은 서로 끌어당겨요

(1) 철로 된 물체는 자석과 약간 떨어져 있어도 서로 ❷ ⬚ .

(2) 투명 필름이나 종이와 같이 자석에 붙지 않는 물체가 철로 된 물체와 자석 사이에 있어도 철로 된 물체와 자석은 서로 ❸ ⬚ .

(3) 철로 된 물체와 자석 사이의 거리가 점점 멀어지면 서로 끌어당기는 힘이 조금씩 약해집니다.

3 철이 많이 붙는 부분을 찾아보아요

(1) 자석의 ❹ ⬚ : 자석에서 철로 된 물체가 많이 붙는 부분

(2) 막대자석과 둥근기둥 모양 자석에서 자석의 ❹ ⬚ 은/는 양쪽 끝 부분에 있습니다.

(3) 자석의 모양은 다양하지만, 자석의 극은 항상 두 종류입니다.

(4) 자석의 두 극을 각각 ❺ ⬚ 과 ❻ ⬚ 이라고 합니다.

4 자석과 자석을 가까이 해 보아요

(1) 두 자석을 같은 극끼리 가까이 할 때 두 자석은 서로 ❼ ⬚ .

(2) 두 자석을 다른 극끼리 가까이 할 때 두 자석은 서로 ❽ ⬚ .

5 자석으로 방향을 찾아보아요

(1) 자석이 가리키는 방향: 자석의 N극은 ❾ ⬚ 을/를 가리키고 S극은 ❿ ⬚ 을/를 가리킵니다.

(2) 자석의 N극이 북쪽을 가리키는 까닭: 지구는 북극이 S극, 남극이 N극인 거대한 ⓫ ⬚ 와/과 비슷한 성질을 지니고 있기 때문입니다.

6 나침반을 만들어 보아요

(1) ⑫ [　　　　] : 지구의 북쪽과 남쪽을 일정

하게 가리키는 자석의 성질을 이용하여

⑬ [　　　　]을/를 알려 주는 도구

(2) 나침반의 성질: 나침반 바늘이 ⑭ [　　　　]

(으)로 되어 있기 때문에 나침반 바늘의 N극은 북쪽, S극은 남쪽을 가

리킵니다.

(3) 자석으로 나침반을 만드는 원리: 자석이 일정한 방향을 가리키는 성질을

이용하여 나침반을 만듭니다.

7 나침반에 자석을 가까이 해 보아요

(1) 나침반에 막대자석을 가까이 하면 나침반 바늘이

회전하여 자석의 ⑮ [　　　　]을/를 가리킵

니다.

(2) 자석 주위에 놓인 나침반 바늘이 자석의 극을 가

리키는 까닭: 나침반 바늘의 한쪽 끝과 자석

의 극이 서로 끌어당기거나 밀어 내기 때문입니다.

8 주변에서 자석을 찾아보아요

생활용품	자석 광고지	가방 자석 단추	자석 드라이버
자석의 위치	광고지 뒷면	가방 입구의 둥근 단추 부분	손잡이 반대편의 뾰족한 부분
자석이 있어서 편리한 점	광고지를 냉장고에 붙였다가 뗐다 할 수 있음.	가방을 쉽게 열고 닫을 수 있게 함.	작은 나사를 드라이버 끝에 고정하기 좋음.

9 자석 장난감을 만들어 보아요

자석 장난감의 예시	이용한 자석의 성질
자석 악어	두 자석이 마주 보는 ⑯ [　　　　]에 따라서 서로 끌어당기거나 밀어 내는 성질을 이용함.
자석 낚시	⑰ [　　　　](으)로 된 물체와 ⑱ [　　　　]이/가 서로 ⑲ [　　　　] 성질을 이용함.

1 자석은 (   )(으)로 된 물체를 끌어당깁니다.

_____

2 철로 된 물체와 자석은 가까이 있으면 서로 (끌어당깁니다, 밀어 냅니다).

_____

3 자석에는 철이 많이 붙는 부분이 (한, 두) 군데 있습니다.

_____

4 자석에 철이 많이 붙는 부분은 (   )극과 S극입니다.

_____

5 두 자석을 같은 극끼리 가까이 하면 서로 (끌어당깁니다, 밀어 냅니다).

_____

6 자석을 물에 띄워 자유롭게 움직이도록 하면 자석은 (   )쪽과 남쪽을 가리킵니다.

_____

7 자유롭게 움직이는 자석의 N극은 (   )쪽을 가리키고, 자석의 S극은 (   )쪽을 가리킵니다.

_____

8 물에 띄운 막대자석이 일정한 방향을 가리키는 까닭은 지구가 거대한 (   )와/과 비슷한 성질을 지니고 있기 때문입니다.

_____

9 (   )은/는 지구의 북쪽과 남쪽을 일정하게 가리키는 자석의 성질을 이용하여 방향을 알려 주는 도구입니다.

_____

10 나침반에 막대자석의 S극을 가져가면 나침반 바늘의 (   )극이 막대자석의 S극을 가리킵니다.

_____

1 다음 설명 중 옳은 것에 ○표, 옳지 <u>않은</u> 것에 ×표 하시오.

(1) 철 클립처럼 자석에 붙는 물체는 자석과 약간 떨어져 있어도 서로 끌어당깁니다.
( )

(2) 종이나 투명 필름과 같이 자석에 붙지 않는 물체가 자석과 철 클립 사이에 있으면 자석과 철 클립은 서로 끌어당기지 않습니다.
( )

2 그림과 같은 자석에서 철로 된 물체가 가장 많이 붙는 부분을 모두 골라 기호를 쓰시오.

( )

3 자석에서 철로 된 물체가 많이 붙는 부분을 무엇이라고 하는지 쓰시오.

( )

4 다음 설명 중 옳은 것에 ○표, 옳지 <u>않은</u> 것에 ×표 하시오.

(1) 자석의 극은 한 종류입니다. ( )
(2) 자석의 극에 철이 가장 많이 붙습니다.
( )
(3) 막대자석의 극은 양쪽 끝에 있습니다.
( )

5 그림과 같이 플라스틱 접시에 막대자석을 올려 놓고 물에 띄웠습니다. 막대자석의 N극은 동서 남북 중 어느 곳을 가리킬지 쓰시오.

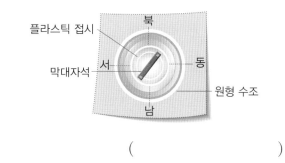

( )

6 다음 ( ) 안에 들어갈 알맞은 말을 쓰시오.

> 자석을 자유롭게 움직이도록 하였을 때, 자석이 북쪽과 남쪽을 가리키는 성질을 이용하면 ( )을 만들 수 있습니다.

( )

7 그림과 같이 나침반 오른쪽에서 막대자석의 N극을 가까이 할 때 나침반 바늘의 방향을 그리시오.

나침반

8 다음 ( ) 안에 들어갈 알맞은 말에 ○표를 하시오.

(1) 자석 필통은 뚜껑을 닫는 부분에 (자석, 용수철)이 있기 때문에 뚜껑을 쉽게 열고 닫을 수 있습니다.
(2) (철을 끌어당기는, 일정한 방향을 가리키는) 자석의 성질을 이용하여 자석 드라이버를 만들었습니다.

1 다음은 여러 가지 물체를 분류하여 정리한 것입니다. ( ) 안에 공통으로 들어갈 알맞은 말을 쓰시오.

( )에 붙는 물체	( )에 붙지 않는 물체
철 클립, 철 용수철	나무토막, 투명 필름

( )

2 오른쪽 그림과 같이 철사가 든 빵 끈 조각이 들어 있는 투명한 통에 막대자석을 가까이 가져갈 때 관찰할 수 있는 모습을 보기 에서 골라 기호를 쓰시오.

> **보기**
> ㉠ 빵 끈 조각이 막대자석에 끌려옵니다.
> ㉡ 빵 끈 조각이 바닥에 그대로 있습니다.

( )

3 중요 그림과 같은 막대자석에 대한 설명으로 옳은 것을 보기 에서 골라 기호를 쓰시오.

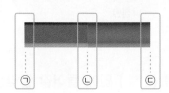

> **보기**
> ㉠ 철이 가장 많이 붙은 부분은 ㉡입니다.
> ㉡ 막대자석의 ㉠ 부분과 ㉢ 부분은 서로 같은 극입니다.
> ㉢ 막대자석의 극은 두 종류뿐입니다.

( )

4 오른쪽 그림과 같이 막대자석의 N극을 고리 자석의 윗면에 가까이 가져갔을 때 서로 끌어당겼다면, ㉠ 부분의 극은 무엇인지 쓰시오.

( )

5 중요 다음 보기 에서 막대자석 2개를 가까이 하였을 때 막대자석이 서로 밀어 내는 경우는 어느 것인지 골라 기호를 쓰시오.

> **보기**
> ㉠ 두 막대자석의 N극끼리 마주 보게 하고 서로 가까이 하였을 때
> ㉡ 막대자석의 N극과 다른 막대자석의 S극을 마주 보게 하고 서로 가까이 하였을 때

( )

6 중요 그림과 같이 자석을 물 위에 띄우는 실험을 했습니다. 실험 결과에 대한 설명을 읽고, ㉠과 ㉡에 들어갈 알맞은 방위를 각각 쓰시오.

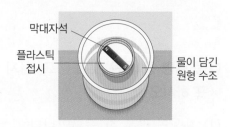

막대자석
플라스틱 접시
물이 담긴 원형 수조

> 자석의 N극은 (㉠)쪽, 자석의 S극은 (㉡)쪽을 가리킵니다.

㉠ ( ), ㉡ ( )

7 다음은 구멍 뚫린 동전 모양 자석으로 나침반을 만드는 과정을 순서 없이 나타낸 것입니다. 가장 먼저 해야 할 일을 찾아 기호를 쓰시오.

> ㉠ 만든 나침반을 물이 담긴 원형 수조에 띄웁니다.
> ㉡ 막대자석으로 구멍 뚫린 동전 모양 자석의 N극과 S극을 찾습니다.
> ㉢ 구멍 뚫린 동전 모양 자석의 가운데에 이쑤시개와 수수깡을 꽂습니다.

( )

8 다음 나침반에 대한 설명에서 ( ) 안에 들어갈 알맞은 말을 쓰시오.

> 나침반은 ( )이 일정한 방향을 가리키는 성질을 이용하여 방향을 찾을 수 있도록 만든 것입니다.

( )

중요

9 다음 중 나침반에 대한 설명으로 옳지 <u>않은</u> 것은 어느 것입니까? ( )

① 동서남북의 방향을 찾을 수 있습니다.
② 나침반 바늘은 자석으로 되어 있습니다.
③ 나침반 바늘의 N극은 남쪽을 가리킵니다.
④ 나침반 바늘은 일정한 방향을 가리킵니다.
⑤ 나침반을 사용할 때에는 평평한 바닥에 놓아야 합니다.

10 그림과 같이 나침반을 막대자석 주위에 놓았을 때, 나침반 바늘이 가리키는 모습으로 옳은 것을 골라 기호를 쓰시오.

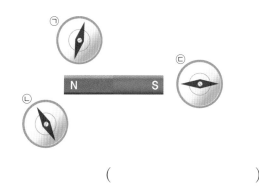

( )

11 그림은 자석의 성질을 이용한 다트입니다. ㉠과 ㉡ 중 자석이 있는 부분의 기호를 쓰시오.

( )

12 그림과 같은 자석 낚시 장난감에서 이용되는 자석의 성질로 옳은 것은 어느 것입니까?

( )

① 단단한 성질
② 다른 자석을 밀어 내는 성질
③ 다른 자석을 끌어당기는 성질
④ 일정한 방향을 가리키는 성질
⑤ 철로 된 물체와 서로 끌어당기는 성질

1 다음 중 자석에 붙는 물체는 어느 것입니까?

(　)

① 철 못
② 나무토막
③ 투명 필름
④ 고무지우개
⑤ 플라스틱 자

2 다음 ( ) 안에 들어갈 알맞은 말을 쓰시오.

책상 위에 놓은 철 클립에 막대자석을 가까이 하면 철 클립이 막대자석에 끌려옵니다. 이것을 통해 ( )로 된 물체와 자석은 서로 끌어당긴다는 것을 알 수 있습니다.

(　)

중요

3 다음 그림의 고리 자석과 동전 모양 자석에 각각 철 클립이 붙어 있는 모습으로 알 수 있는 점을 보기에서 찾아 기호를 쓰시오.

보기

㉠ 자석의 극 부분에서 철 클립을 가장 세게 끌어당깁니다.
㉡ 자석의 극 부분에서 철 클립을 가장 세게 밀어 냅니다.

(　)

4 다음 보기에서 여러 가지 자석의 극에 대한 설명으로 옳은 것을 골라 기호를 쓰시오.

보기

㉠ 막대자석에는 한 개의 극이 있습니다.
㉡ 고리 자석에는 두 개의 극이 있습니다.
㉢ 구형 자석과 같이 극이 없는 자석도 있습니다.

(　)

중요

5 그림과 같이 책상 위에 막대자석 한 개를 올려 놓고 다른 막대자석을 가까이 할 때 서로 붙는 경우를 골라 기호를 쓰시오.

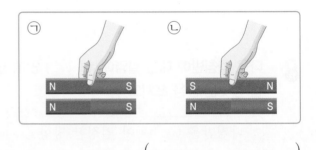

(　)

중요

6 오른쪽 그림과 같이 고리 자석으로 탑을 가장 높게 쌓을 때 이용하는 자석의 성질을 쓰시오.

(　)

7 다음 설명을 읽고 ㉠, ㉡에 들어갈 알맞은 말을 각각 쓰시오.

막대자석을 물에 띄웠을 때 북쪽을 가리키는 자석의 극은 (㉠)극, 남쪽을 가리키는 자석의 극은 (㉡)극입니다.

㉠ (　), ㉡ (　)

8 다음 보기에서 그림과 같이 물에 띄운 자석을 가만히 두었을 때 관찰할 수 있는 모습을 골라 기호를 쓰시오.

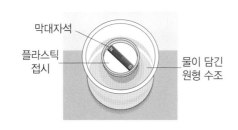

막대자석

플라스틱 접시

물이 담긴 원형 수조

보기

㉠ 자석의 길이가 늘어납니다.

㉡ 자석이 한 방향으로 계속 돕니다.

㉢ 자석이 움직이다가 일정한 방향을 가리키며 멈춥니다.

(   )

9 다음 보기 중 나침반에 대한 설명으로 옳은 것을 골라 기호를 쓰시오.

보기

㉠ 바닥에 놓인 나침반 바늘은 계속 돌아갑니다.

㉡ 나침반은 자석의 성질을 이용하여 만든 도구입니다.

(   )

중요 ⭐

10 그림은 나침반에 막대자석의 어떤 극을 가까이 가져간 모습인지 ㉠ 부분의 극을 쓰시오.

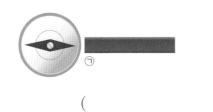

㉠

(   )

11 다음은 막대자석 주위에 놓인 나침반에 대한 설명입니다. ㉠, ㉡에 들어갈 알맞은 말을 쓰시오.

막대자석 주위에 놓인 나침반 바늘의 (㉠)극은 막대자석의 S극을 가리키고, (㉡)극은 막대자석의 N극을 가리킵니다.

㉠ (   ), ㉡ (   )

12 다음은 생활용품 중 하나인 필통에 대한 설명입니다. (   ) 안에 들어갈 알맞은 말을 쓰시오.

필통을 열고 닫는 부분이 (   )으로 되어 있으면 필통 뚜껑이 잘 닫힙니다.

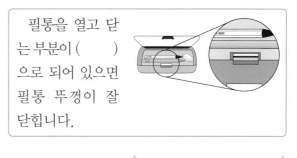

(   )

13 그림과 같은 자석 악어 장난감에 이용되는 자석의 성질로 옳은 것은 어느 것입니까?

(   )

① 단단한 성질

② 물에 가라앉는 성질

③ 다른 자석을 밀어 내는 성질

④ 일정한 방향을 가리키는 성질

⑤ 같은 극끼리는 밀어 내고 다른 극끼리는 끌어당기는 성질

2 단원

서술형 · 사고력 문제

1 다음은 여러 가지 물체에 자석을 가까이 하였을 때의 결과를 정리한 것입니다. 물음에 답하시오. 총8점

 도움말
· 자석은 철을 끌어당기는 성질이 있습니다.

가위	· ㉠ 날 부분은 자석에 붙습니다. · ㉡ 손잡이 부분은 자석에 붙지 않습니다.
소화기	· ㉢ 몸통 부분은 자석에 붙습니다. · ㉣ 호스 부분은 자석에 붙지 않습니다.

(1) 위 결과를 참고하였을 때 가위와 소화기의 각 부분 ㉠~㉣ 중 철로 만들어진 부분을 모두 골라 기호를 쓰시오. 4점

(   )

(2) 위 (1)번 답과 같이 생각한 까닭을 쓰시오. 4점

_____

_____

2 빵 끈이 든 투명한 상자 위에 막대자석을 올린 다음, 막대자석과 상자를 붙들고 흔들었습니다. 물음에 답하시오. 총8점

 도움말
· 막대자석에서 철을 더 많이 끌어당기는 두 부분을 자석의 극이라고 합니다.

(1) 막대자석에서 빵 끈이 가장 많이 붙는 부분 두 곳의 기호를 쓰시오. 4점

(   )

(2) 자석의 극에 대한 특징을 위 (1)번과 관련지어 2가지 쓰시오. 4점

_____

_____

3 오른쪽 그림은 고리 자석으로 탑을 쌓은 모습을 나타낸 것입니다. 물음에 답하시오. 총 10점

(1) ㉠ 자석과 ㉡ 자석이 서로 떨어져 있는 까닭을 쓰시오. 3점

_____

(2) ㉡ 자석과 ㉢ 자석이 서로 붙어 있는 까닭을 쓰시오. 3점

_____

(3) 고리 자석으로 탑을 높게 쌓을 수 있는 방법을 쓰시오. 4점

_____

도움말
• 자석은 서로 같은 극끼리는 밀어 내고, 서로 다른 극끼리는 끌어당기는 성질이 있습니다.

2 단원

4 오른쪽 그림은 방향을 찾을 때 사용하는 나침반의 모습입니다. 물음에 답하시오. 총 8점

(1) 나침반에 대한 설명에 맞게 다음 (   ) 안에 들어갈 알맞은 말을 쓰시오. 4점

> 나침반은 (   ) 자석의 성질을 이용한 것입니다.

(   )

(2) 위 나침반을 이용하여 방향을 찾는 방법을 쓰시오. 4점

_____

도움말
• 자석을 공중에 자유롭게 두면 일정한 방향을 가리킵니다. 그리고 지구는 북극이 S극, 남극이 N극인 거대한 자석과 비슷한 성질을 지니고 있습니다.

수행 평가

① 바름이네 모둠에서는 오른쪽 그림과 같이 막대자석과 빵 끈을 이용하여 자석에 철로 된 물체가 가장 많이 붙는 부분을 찾는 실험을 하였습니다. 물음에 답하시오.

(1) 그림에서 막대자석에 빵 끈이 가장 많이 붙는 부분은 어디인지 기호를 쓰시오.

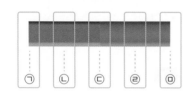

(   )

(2) 위 (1)번 문제를 바탕으로 오른쪽 그림을 보고 구형 자석에서 극 부분은 어디인지 쓰고, 또 그렇게 생각한 까닭을 쓰시오.

• 극 부분: _____

• 까닭: _____

② 고리 자석의 극을 알아보기 위해 오른쪽 그림과 같이 고리 자석의 윗면에 막대자석의 N극을 가까이 가져갔더니 고리 자석의 윗면이 막대자석 N극에 달라붙었습니다. 물음에 답하시오.

(1) 고리 자석의 윗면은 무슨 극인지 쓰고, 그렇게 생각한 까닭을 쓰시오.

• 고리 자석 윗면의 극: _____

• 까닭: _____

(2) 고리 자석을 그대로 두고 막대자석의 S극을 고리 자석의 윗면에 가까이 가져갈 경우 어떻게 될지 예상하여 쓰시오.

_____

도움말

• 철로 된 물체가 가장 많이 붙는 부분은 자석의 극이고, 자석의 극은 양쪽 끝부분에 있습니다.

• 자석과 자석을 서로 가까이 할 때 같은 극끼리 가까이 하면 서로 밀어 내고, 다른 극끼리 가까이 하면 서로 끌어당깁니다.

도움말
· 나침반은 주변에 자석이 없을 경우 방향을 나타냅니다.

③ 다음은 나침반에 막대자석을 가까이 하거나 멀리할 때의 모습입니다. 물음에 답하시오.

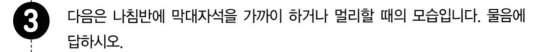

나침반에 막대자석을 가까이 하기 전	나침반에 막대자석의 N극을 가까이 할 때	나침반에서 막대자석을 멀어지게 할 때

(1) 나침반에 자석의 N극을 가까이 할 때, 나침반 바늘의 S극과 자석의 N극이 만납니다. 그 까닭을 쓰시오.

_____

(2) 나침반에서 자석이 점점 멀어지면, 나침반 바늘의 N극은 어느 방향을 가리키는지 쓰시오.

( )쪽

(3) 위 (2)번과 같은 결과가 나온 까닭은 무엇인지 쓰시오.

_____

· 자석과 철은 서로 끌어당기는 성질이 있습니다.

④ 다음 물건은 일상생활에서 자석의 성질을 이용한 예입니다. 물음에 답하시오.

▲ 자석 광고지   ▲ 가방 자석 단추   ▲ 자석 드라이버

(1) 위 물건들은 자석의 어떤 성질을 이용하였는지 쓰시오.

_____

(2) 위 예를 제외하고 일상생활에서 자석이 이용되는 예를 2가지 쓰시오.

_____

교과서 핵심 정리

1 동물의 암수를 알아볼까요?

(1) 동물의 암수에 따른 생김새

암수가 쉽게 ❶ 동물	암수가 쉽게 ❷ 동물
게, 꿩, 노루, 장수풍뎅이, 사자 등	남생이, 잠자리, 잉어, 고양이 등

(2) 알이나 새끼를 돌보는 과정에서 암수의 역할

- 암수가 함께 돌보는 동물: 꾀꼬리, 황제펭귄, 제비 등
- ❸   이/가 돌보는 동물: 곰, 소, 호랑이, 코끼리 등
- ❹   이/가 돌보는 동물: 가시고기, 물자라 등
- 암수가 모두 돌보지 않는 동물: 거북, 잠자리, 개구리 등

2 배추흰나비의 한살이를 관찰하려면?

(1) 동물의 한살이: 동물이 태어나고 자라서 자손을 남기는 과정입니다.

(2) 관찰 계획서 내용: 준비물, 관찰 기간, 채집 장소, 기르는 장소, 관찰 방법, 관찰 내용 등

3 배추흰나비의 한살이를 관찰해요

(1) 배추흰나비 한살이는 알 → 애벌레 → 번데기 → 어른벌레 단계를 거칩니다.

(2) 배추흰나비 알과 애벌레의 특징

구분	알	애벌레
생김새	• 길쭉한 ❺ 모양 • 색깔은 연한 노란색임.	• 긴 원통 모양으로, 털이 있음. • 연한 노란색에서 초록색으로 변함.
움직임	• 움직이지 않음.	• 기어서 움직임.
자람	• 1 mm 정도이며, 자라지 않음.	• 4번 ❻ 을/를 벗으며 자람.

(3) 배추흰나비 번데기와 어른벌레의 특징

구분	번데기	어른벌레
생김새	• ❼ 이/가 있음. • 가운데가 볼록하고 양쪽 끝은 뾰족함. • 주변의 색깔과 ❽ .	• 몸은 머리, 가슴, 배 세 부분으로 구분됨. • 머리에 더듬이, 눈, 입이 있음. • 가슴에 날개 2쌍과 다리 3쌍이 있음.
움직임	• 움직이지 않음.	• 날개를 움직여 날아다님.
자람	• 크기가 변하지 않고 자라지 않음.	• 자라지 않음.

❶ 구별되는
❷ 구별되지 않는
❸ 암컷
❹ 수컷
❺ 옥수수
❻ 허물
❼ 마디
❽ 비슷함

4 여러 가지 곤충의 한살이를 관찰해요

❾ 탈바꿈	• 곤충의 한살이에서 번데기 단계를 거치는 것 • 알 → 애벌레 → 번데기 → 어른벌레 • 예 장수풍뎅이, 나비, 사슴벌레, 무당벌레, 벌 등
❿ 탈바꿈	• 곤충의 한살이에서 번데기 단계를 거치지 않는 것 • 알 → 애벌레 → 어른벌레 • 예 잠자리, 매미, 사마귀, 메뚜기, 노린재 등

5 와! 알을 낳았어요

(1) 알을 낳는 동물의 한살이: 예 개구리의 한살이

단계	알	올챙이	⓫
특징	투명한 막으로 싸여 있음.	• 알에서 나와 올챙이가 됨. • 뒷다리가 먼저 나오고 앞다리가 나옴. • 꼬리가 점점 짧아지고 물 밖에서 숨을 쉴 수 있음.	• 꼬리가 사라지고 개구리가 됨. • 물과 땅을 오가며 먹이를 잡아먹음.

(2) 알을 낳는 동물의 공통점과 차이점

공통점	• 알에서 깨어난 새끼는 자라서 어른이 됨. • 짝짓기를 하여 ⓬ 이/가 알을 낳아 세대를 이어 감.
차이점	알의 수, 크기, 모양, 한 번에 낳을 수 있는 개수 등이 다름.

6 쉿! 젖을 먹고 있어요

(1) 새끼를 낳는 동물의 한살이: 예 개의 한살이

단계	갓 태어난 강아지	⓭	다 자란 개
특징	눈을 잘 뜨지 못하고 젖을 먹음.	이빨이 나고 씹을 수 있으며, 스스로 걸음.	짝짓기하여 새끼를 낳을 수 있음.

(2) 새끼를 낳는 동물의 공통점과 차이점

공통점	• 새끼는 어미와 모습이 비슷하고, 몸이 털이나 가죽으로 덮여 있음. • ⓮ 을/를 먹여 새끼를 키우고, 새끼가 다 자랄 때까지 돌봄. • 암수가 만나 짝짓기를 하고 암컷이 새끼를 낳음.
차이점	임신 기간과 한 번에 낳는 새끼의 수, 새끼가 자라는 기간 등이 다름.

7 동물의 한살이를 비교해 볼까요?

동물마다 ⓯ 단계가 다르며, 단계마다 생김새와 먹이가 비슷한 동물도 있고 다른 동물도 있습니다.

❾ 완전 ❿ 불완전 ⓫ 개구리 ⓬ 암수 ⓭ 큰 강아지 ⓮ 젖 ⓯ 한살이

1 노루의 (   )은/는 머리에 뿔이 없고, (   )은/는 머리에 뿔이 있습니다.

_____

2 (   )은/는 동물이 태어나고 자라 자손을 남기는 과정을 말합니다.

_____

3 배추흰나비 알은 연한 (   )이고, 길쭉한 옥수수 모양입니다.

_____

4 (   )은/는 동물의 알에서 애벌레나 새끼가 알 밖으로 나오는 것을 말합니다.

_____

5 배추흰나비의 한살이 단계는 다음과 같습니다.

| 알 | ➡ | (㉠) | ➡ | (㉡) | ➡ | 어른벌레 |

_____

6 애벌레가 단단한 껍질을 벗는 것을 (   )(이)라 하고, 번데기에서 날개가 있는 어른벌레가 나오는 것을 (   )(이)라고 합니다.

_____

7 (   )은/는 몸이 머리, 가슴, 배 세 부분으로 되어 있고, 다리가 3쌍인 동물을 말합니다.

_____

8 곤충의 한살이 과정에서 번데기 단계를 거치는 것을 (   )(이)라 하고, 번데기 단계를 거치지 않는 것을 (   )(이)라고 합니다.

_____

9 뱀, 꾀꼬리, 말, 사슴 중에서 알을 낳는 동물은 (㉠)이고, 새끼를 낳는 동물은 (㉡)입니다.

_____

10 (   )을/를 낳는 동물은 젖을 먹여 새끼를 키우고, 새끼가 다 자랄 때까지 돌봅니다.

_____

1 다음 중 암수가 쉽게 구별되지 <u>않는</u> 동물의 기호를 쓰시오.

ㄱ   ㄴ   ㄷ
▲게   ▲잉어   ▲사자

(   )

2 다음 중 수컷이 알이나 새끼를 돌보는 동물은 어느 것입니까? (   )

① 곰   ② 거북   ③ 제비
④ 펭귄   ⑤ 가시고기

3 다음에서 배추흰나비를 기르면서 관찰할 내용으로 옳은 것에는 ○표, 옳지 <u>않은</u> 것에는 ×표 하시오.

(1) 알의 생김새, 움직임을 관찰합니다.
(   )

(2) 애벌레가 날아다니는 모습을 관찰합니다.
(   )

(3) 어른벌레의 입과 더듬이의 생김새를 관찰합니다.
(   )

4 다음 중 배추흰나비 번데기에 대한 설명으로 옳지 <u>않은</u> 것은 어느 것입니까? (   )

① 색깔이 주변의 색깔과 비슷합니다.
② 이동하지 않고 한곳에 붙어 있습니다.
③ 크기가 변하지 않고 자라지 않습니다.
④ 가운데가 볼록하며 양쪽 끝이 뾰족합니다.
⑤ 몸은 머리, 가슴, 배 세 부분으로 구분됩니다.

5 다음 중 장수풍뎅이와 잠자리의 한살이의 공통점으로 옳은 것은 어느 것입니까? (   )

① 물에 알을 낳습니다.
② 번데기 단계를 거칩니다.
③ 번데기 단계를 거치지 않습니다.
④ 애벌레가 나무 속에서 자랍니다.
⑤ 알로 태어나서 애벌레 단계를 거칩니다.

6 다음은 곤충의 한살이에 대한 설명입니다. (   ) 안에 공통으로 들어갈 알맞은 말을 쓰시오.

> 곤충의 한살이에서 (   ) 단계를 거치는 것을 완전 탈바꿈이라 하고, (   ) 단계를 거치지 않는 것을 불완전 탈바꿈이라고 합니다.

(   )

7 다음은 개구리의 한살이입니다. 이에 대한 설명으로 옳지 <u>않은</u> 것은 어느 것입니까?

(   )

▲알   ▲올챙이   ▲개구리

① 개구리는 물에 알을 낳습니다.
② 알은 단단한 막으로 싸여 있습니다.
③ 올챙이에서 뒷다리가 앞다리보다 먼저 나옵니다.
④ 점점 자라 꼬리가 짧아지고 물 밖에서 숨을 쉴 수 있습니다.
⑤ 다 자란 개구리는 물과 땅을 오가며 살아갑니다.

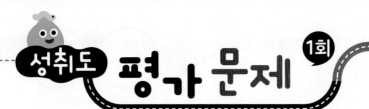

성취도 평가 문제 1회

3 동물의 한살이

1 다음은 장수풍뎅이의 암수 중 ㉠이 수컷인 까닭입니다. ( ) 안에 들어갈 알맞은 말을 쓰시오.

장수풍뎅이의 수컷은 머리에 긴 ( )이/가 있기 때문입니다.

( )

2 다음 중 알이나 새끼를 돌보는 과정에서 암수가 함께 알이나 새끼를 돌보는 동물을 2가지 고르시오. (,)

①
▲ 제비

②
▲ 곰

③
▲ 물자라

④
▲ 꾀꼬리

⑤
▲ 거북

3 다음 중 배추흰나비의 한살이를 관찰하기 위해 준비할 때 필요하지 <u>않은</u> 것은 어느 것입니까?
( )

① 자
② 모기약
③ 돋보기
④ 사육 망
⑤ 케일 화분

중요
4 오른쪽은 배추흰나비 알입니다. 이에 대한 설명으로 옳지 <u>않은</u> 것은 어느 것입니까? ( )

① 주름져 있습니다.
② 연한 노란색입니다.
③ 움직이지 않습니다.
④ 길쭉한 옥수수 모양입니다.
⑤ 1mm 정도로 작고, 조금씩 자랍니다.

5 다음은 배추흰나비 애벌레에 대한 설명입니다. ( ) 안에 들어갈 알맞은 말을 각각 쓰시오.

배추흰나비 애벌레의 몸은 여러 개의 (㉠)(으)로 되어 있고, 자라는 동안 허물을 (㉡)번 벗습니다.

㉠ ( ), ㉡ ( )

중요
6 다음은 배추흰나비의 애벌레가 번데기로 변하는 과정을 순서 없이 나타낸 것입니다. 순서대로 기호를 쓰시오.

㉠ 번데기 모습이 됩니다.
㉡ 주변과 비슷한 색깔로 변합니다.
㉢ 머리부터 껍질이 벌어지며 허물을 벗습니다.
㉣ 4번 허물을 벗은 애벌레는 입에서 실을 뽑아 몸을 고정합니다.

( ) → ( ) → ( ) → ( )

7 다음 중 불완전 탈바꿈을 하는 곤충을 2가지 고르시오. (,)

①
▲ 장수풍뎅이

②
▲ 나비

③
▲ 사마귀

④
▲ 무당벌레

⑤
▲ 메뚜기

8 다음은 닭의 한살이 과정을 나타낸 것입니다. ( ) 안에 들어갈 알맞은 말을 쓰시오.

알 ➡ ( ) ➡ 다 자란 닭

( )

중요

9 다음 중 알을 낳는 동물의 한살이에 대한 설명으로 옳은 것은 어느 것입니까? ( )

① 붕어, 연어는 땅속에 알을 낳습니다.
② 뱀이나 거북은 물속에 알을 낳습니다.
③ 오리나 꾀꼬리는 둥지를 만들어 알을 낳습니다.
④ 모든 동물은 한 번에 낳을 수 있는 알의 개수가 같습니다.
⑤ 어른이 되면 암컷과 수컷이 짝짓기를 하여 수컷이 알을 낳습니다.

10 오른쪽 갓 태어난 강아지에 대한 설명으로 옳은 것은 어느 것입니까?

( )

① 꼬리가 없습니다.
② 걸을 수 있습니다.
③ 눈이 감겨 있습니다.
④ 귀로 작은 소리를 들을 수 있습니다.
⑤ 이빨이 있어 먹이를 씹을 수 있습니다.

중요

11 다음 중 새끼를 낳는 동물을 두 가지 고르시오.

(,)

①
▲ 호랑이

②
▲ 펭귄

③
▲ 소

④
▲ 닭

⑤
▲ 오리

중요

12 다음 중 알을 낳는 동물과 새끼를 낳는 동물의 공통점으로 옳은 어느 것입니까? ( )

① 젖을 먹여 새끼를 기릅니다.
② 몸이 털이나 가죽으로 덮여 있습니다.
③ 새끼는 어미와 생김새가 전혀 다릅니다.
④ 다 자랄 때까지 어미의 보살핌을 받습니다.
⑤ 다 자란 동물은 암수가 짝짓기를 하여 암컷이 새끼를 낳습니다.

성취도 평가 문제 2회

1 오른쪽 동물의 암수를 구별하는 방법으로 옳은 것을 2가지 고르시오. (　,　)

▲ 꿩

① 뿔이 없는 것이 암컷입니다.
② 꼬리가 짧은 것이 암컷입니다.
③ 크고 긴 뿔이 있는 것이 수컷입니다.
④ 깃털의 색깔이 화려한 것이 수컷입니다.
⑤ 암수를 구별하기 어렵습니다.

중요

2 다음 중 배추흰나비를 기르면서 관찰하는 방법으로 옳지 <u>않은</u> 것은 어느 것입니까? (　　)

① 돋보기로 번데기를 관찰합니다.
② 맨눈으로 어른벌레의 생김새를 관찰합니다.
③ 손으로 알을 들어보고 무게 변화를 측정합니다.
④ 자를 사용하여 애벌레의 크기 변화를 측정합니다.
⑤ 알에서 애벌레가 나오는 모습을 동영상으로 찍어 관찰합니다.

3 다음은 배추흰나비 애벌레를 아래에서 본 모습입니다. 다 자랐을 때 어른벌레의 다리가 되는 부분의 기호를 쓰시오.

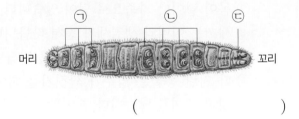

머리　꼬리

(　　　　　　)

4 다음 중 배추흰나비 번데기에 대한 설명으로 옳지 <u>않은</u> 것은 어느 것입니까? (　　)

① 마디가 있습니다.
② 움직이지 않습니다.
③ 가운데가 볼록한 모양입니다.
④ 먹이를 먹고 조금씩 자랍니다.
⑤ 시간이 지나면 어른벌레의 모습이 비칩니다.

중요

5 배추흰나비 번데기에서 어른벌레가 되는 과정을 순서 없이 나타낸 것입니다. 순서대로 기호를 쓰시오.

> ㉠ 어른벌레의 모습이 보입니다.
> ㉡ 몸 전체가 빠져나옵니다.
> ㉢ 등 부분이 갈라지고 머리가 나옵니다.
> ㉣ 날개가 말라서 펴질 때까지 기다립니다.

(　　)→(　　)→(　　)→(　　)

중요

6 다음은 배추흰나비 어른벌레에 대한 설명입니다. (　) 안에 들어갈 알맞은 말을 각각 쓰시오.

> 배추흰나비 어른벌레의 몸은 머리, 가슴, 배 세 부분으로 구분할 수 있고, (㉠)에는 날개 (㉡)쌍과 다리 (㉢)쌍이 있습니다.

㉠ (　　　　　　)
㉡ (　　　　　　)
㉢ (　　　　　　)

7 다음 중 장수풍뎅이와 잠자리의 공통점이 <u>아닌</u> 것을 두 가지 고르시오. (　　,　　)

① 알로 태어납니다.
② 나무에 알을 낳습니다.
③ 애벌레는 허물을 벗으며 자랍니다.
④ 한살이에서 번데기 단계가 있습니다.
⑤ 어른벌레는 날개 2쌍과 다리 3쌍이 있습니다.

8 다음은 개구리의 한살이를 나타낸 것입니다. 한살이를 순서대로 기호로 쓰시오.

ㄱ　　　　ㄴ　　　　ㄷ

(　　) → (　　) → (　　)

9 다음은 뱀과 연어의 한살이를 나타낸 것입니다. (　) 안에 공통으로 들어갈 알맞은 말을 쓰시오.

- 뱀: (　　　) → 새끼 뱀 → 다 자란 뱀
- 연어: (　　　) → 새끼 연어 → 다 자란 연어

(　　　　　　　　　)

10 갓 태어난 강아지와 다 자란 개의 공통점으로 옳은 것을 다음 보기 에서 모두 골라 기호를 쓰시오.

보기

ㄱ 다리가 4개입니다.
ㄴ 눈이 감겨 있습니다.
ㄷ 몸이 털로 덮여 있습니다.
ㄹ 걷거나 달릴 수 있습니다.

(　　　　　　　　　)

11 새끼를 낳는 동물에 대한 설명으로 옳은 것은 어느 것입니까? (　　　)

① 임신 기간이 같습니다.
② 새끼가 자라는 기간이 같습니다.
③ 새끼는 어미와 생김새가 다릅니다.
④ 한 번에 낳는 새끼의 수가 같습니다.
⑤ 새끼는 어미젖을 먹고 자라다가 점차 다른 먹이를 먹습니다.

12 다음과 같은 한살이 과정을 거치를 동물의 한살이를 소개하는 자료를 만들려고 합니다. 어떤 꾸러미를 선택해야 하는지 기호를 쓰시오.

알 → 애벌레 → 번데기 → 어른벌레

꾸러미 (가) 사슴벌레, 배추흰나비, 장수풍뎅이
꾸러미 (나) 매미, 잠자리, 메뚜기
꾸러미 (다) 개, 곰, 고양이
꾸러미 (라) 닭, 연어, 개구리

(　　　　　　　　　)

서술형 · 사고력 문제

1 다음은 호랑이와 가시고기의 모습입니다. 물음에 답하시오. 총 8점

▲ 호랑이

▲ 가시고기

(1) 위 동물의 암컷과 수컷 중 알이나 새끼를 낳는 것은 어느 것인지 쓰시오. 2점 ( )

(2) 위 두 동물은 알이나 새끼를 돌보는 과정에서 암수가 하는 역할이 어떻게 다른지 쓰시오. 6점

도움말
• 알이나 새끼는 동물의 암컷이 낳습니다. 알이나 새끼를 돌보는 과정에서 암컷이 돌보거나 수컷이 돌보는 동물도 있고, 암수가 함께 돌보거나 암수가 모두 돌보지 않는 동물도 있습니다.

2 다음은 배추흰나비의 한살이를 나타낸 것입니다. 물음에 답하시오. 총 8점

㉠ 　㉡ 　㉢ 　㉣

(1) 위 ㉠~㉣을 배추흰나비의 한살이 순서에 맞게 기호를 쓰시오. 2점
( )

(2) 크기가 점점 커지며 자라는 단계를 골라 기호를 쓰고, 그 단계의 생김새의 특징을 2가지 쓰시오. 6점

도움말
• 배추흰나비의 한살이 과정 중 알, 번데기, 어른벌레 단계에서는 크기가 변하지 않습니다.

3 다음은 (가) 장수풍뎅이와 (나) 잠자리의 한살이를 나타낸 것입니다. 물음에 답하시오. [총 8점]

(가)

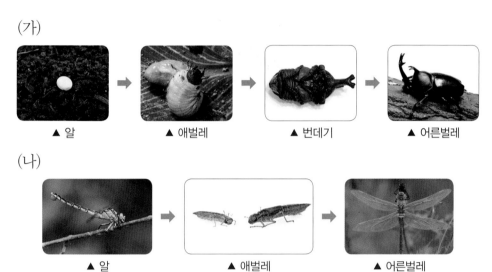

▲ 알   ▲ 애벌레   ▲ 번데기   ▲ 어른벌레

(나)

▲ 알   ▲ 애벌레   ▲ 어른벌레

(1) 위 장수풍뎅이와 잠자리의 한살이에서 공통점을 2가지 쓰시오. [4점]

_____

(2) 위 장수풍뎅이와 잠자리의 한살이에서 차이점을 2가지 쓰시오. [4점]

_____

4 오른쪽은 다 자란 닭의 모습입니다. 물음에 답하시오. [총 8점]

(1) 닭은 무엇을 낳는 동물인지 쓰시오. [2점]

(   )

(2) (1)의 답을 낳는 동물의 차이점을 2가지 쓰시오. [6점]

_____

수행 평가

1 다음 여러 가지 동물을 보고, 물음에 답하시오.

ㄱ
▲ 사자

ㄴ
▲ 꿩

ㄷ
▲ 장수풍뎅이

도움말
• 사자, 꿩, 장수풍뎅이의 암수를 구별하는 특징에 따라 암수를 구별하여 각 생김새의 특징을 표현하고, 장수풍뎅이가 알을 돌볼 때 암수의 역할을 설명합니다.

(1) 위 동물 중 암컷을 골라 기호를 쓰시오.

(   )

(2) 위 동물의 암컷과 수컷의 생김새의 차이점을 각각 쓰시오.

사자	
꿩	
장수풍뎅이	

(3) 알이나 새끼를 돌보는 과정에서 장수풍뎅이의 암수가 하는 역할을 쓰시오.

_____

_____

2 배추흰나비의 한살이를 관찰한 내용을 정리하려고 합니다. 물음에 답하시오.

(1) 배추흰나비의 한살이에서 각 단계의 이름을 쓰고, 각 단계의 특징이 드러나도록 그림으로 나타내시오.

단계:	단계:

단계:	단계:

(2) 자신이 그린 한살이 단계 중 2가지를 골라 그 특징을 1가지씩 쓰시오.

_____

_____

• 배추흰나비의 한살이 과정에서 각 단계별 특징을 표현하고, 각 단계의 특징을 설명합니다.

3
단원

1 지구는 어떤 모양일까요?

(1) 지구의 모양: 실제 지구는 ❶ [　　　　] 모양입니다.

(2) 지구의 실제 모양을 알 수 있는 방법: 인공위성에서 찍은 지구 사진

2 구석구석, 지구 표면을 살펴보아요

(1) 지구 표면의 모습: 산, 들, 강, 계곡, 폭포, 모래사장, 갯벌, 바다, 빙하, 사막, 화산 등

(2) 우리나라에서 볼 수 있는 지구 표면 모습: 산, 들, 강, 계곡, 폭포, 모래사장, 갯벌, 바다 등

(3) 세계 여러 곳에서 볼 수 있는 지구 표면 모습: 빙하, 화산, 사막 등

3 육지와 바다 중 어디가 더 넓을까요?

(1) 육지와 바다

구분	❷ [　　　　]	❸ [　　　　]
정의	바다와 같이 물이 있는 곳을 제외한 지구 표면	육지를 제외한 나머지 지구 표면
차이점	• 살고 있는 생물의 종류가 다름. • 육지의 물보다 바닷물이 훨씬 더 ❹ [　　　　].	
넓이 비교	❺ [　　　　] 보다 ❻ [　　　　] 가 더 넓음.	

(2) 육지의 물과 바닷물

❼ [　　　　]	❽ [　　　　]
짠맛이 나지 않아 먹는 물로 사용함.	짠맛이 나 먹는 물로 사용하지 않음.

4 지구를 둘러싸고 있는 것이 있어요

(1) ❾ [　　　　]: 눈에 보이지 않지만 지구를 둘러싸고 있습니다.

(2) 공기의 역할과 이용

공기의 역할	공기의 이용
• 생물이 ❿ [　　　　]을 쉬며 살 수 있음. • 구름이 생기고 비가 오며 바람이 붐.	• 연을 날림. • 비행기나 열기구가 하늘을 남. • 돛단배를 타고 바다 위를 이동함. • 고무튜브에 공기를 채워 물놀이를 함.

❶ 둥근 공
❷ 육지
❸ 바다
❹ 많음
❺ 육지
❻ 바다
❼ 육지의 물
❽ 바닷물
❾ 공기
❿ 숨

5 달 여행을 떠나 볼까요?

(1) 달 표면의 특징: 전체적으로 ❶[   ] 모양입니다.

색깔	땅의 모양
• 주로 어두운 ❷[ ]색 • 밝은 지역과 어두운 지역이 있음.	• 표면에 암석과 먼지가 많음. • 울퉁불퉁한 곳과 매끈한 곳이 있음.

(2) 달의 바다와 충돌 구덩이

❸[ ]	❹[ ]
• 달 표면에서 어둡게 보이는 곳 • 지구의 바다와 달리 물이 없음.	• 달 표면에 보이는 크고 작은 구덩이 • 우주 공간에 있던 물질이 달에 충돌하여 만들어짐.

6 지구에 있고 달에 없는 것을 찾아보아요

(1) 지구와 달의 공통점: ❺[   ] 모양이고, 표면에 돌이 있습니다.

(2) 지구와 달의 차이점

특징	❻[ ]	❼[ ]
공기	있음.	없음.
물	있음.	없음.
온도	생물이 살기에 적당함.	생물이 살기에 적당하지 않음.
생물	살고 있음.	살지 못함.

7 소중한 지구는 어떻게 보존할까요?

(1) 지구를 보존해야 하는 까닭: 지구에 다양한 생물이 살고 있으므로 지구 환경을 보호해야 합니다.

(2) 지구 보존 방법

❽[ ] 보존 방법	• 땅에 묻는 생활 쓰레기 줄이기 • 땅을 오염하는 물질 줄이기
❾[ ] 보존 방법	• 물을 아껴 써 사용량 줄이기 • 바다에 오염 물질이나 쓰레기 버리지 않기
❿[ ] 보존 방법	• 나무를 많이 심기 • 자동차 이용을 줄이고 대중교통 이용하기

❶ 둥근 모양
❷ 회
❸ 달의 바다
❹ 충돌 구덩이
❺ 둥근 모양
❻ 지구
❼ 달
❽ 땅
❾ 물
❿ 공기

1 지구는 (   ) 모양입니다.

_____

2 우리나라에서 잘 볼 수 있는 지구 표면의 모습은 (산, 화산)입니다.

_____

3 우리나라에서 잘 볼 수 없는 지구 표면의 모습은 (강, 빙하)입니다.

_____

4 지구에서 육지와 바다 중 더 넓은 면적을 차지하는 곳은 (   )입니다.

_____

5 바닷물은 소금이 들어있어 짠맛이 나 사람이 바로 먹을 수 (있는, 없는) 물입니다.

_____

6 지구에는 (   )가 있어 생물이 숨을 쉬면서 살 수 있습니다.

_____

7 지구에는 (   )가 있어 비행기가 하늘을 날 수 있습니다.

_____

8 달은 지구와 비슷하게 (평평한, 둥근) 모양입니다.

_____

9 달에는 공기가 없고, 달의 바다에는 지구의 바다와는 달리 (   )이/가 없습니다.

_____

10 물을 아껴 쓰고 바다에 오염 물질이나 쓰레기를 버리지 않는 것은 지구의 (땅, 물, 공기)을/를 보존하는 방법입니다.

_____

1 다음 보기 는 지구 표면에서 볼 수 있는 모습들입니다. 우리나라에서 찾아보기 어려운 모습을 골라 기호를 쓰시오.

보기
ㄱ 산 ㄴ 들 ㄷ 계곡 ㄹ 폭포
ㅁ 강 ㅂ 호수 ㅅ 빙하 ㅇ 사막

(   )

2 다음 ( ) 안에 들어갈 알맞은 말에 ○표 하시오.

> 지도에서 보는 지구의 모습은 (둥글게, 평평하게) 보이지만, 인공위성에서 보는 지구의 실제 모습은 (둥글게, 평평하게) 보입니다.

3 다음 지구의 물에 대한 그림과 설명을 바르게 연결하시오.

(1)  •

   • ㄱ 사람이 마시기에 적당하지 않습니다.

(2)  •

   • ㄴ 사람이 마시기에 적당합니다.

4 다음 ( ) 안에 공통으로 들어갈 알맞은 말을 쓰시오.

> 지구에서는 ( )이/가 있어 연을 날릴 수 있고, 하늘에서 비행기가 날 수 있는 것도 ( )이/가 있기 때문입니다.

(   )

5 다음 달의 표면에 대한 설명으로 옳은 것에 ○표, 옳지 않은 것에 ×표 하시오.

(1) 달의 표면은 먼지와 암석으로 덮여 있습니다. (   )

(2) 달 표면에서 어둡게 보이는 곳을 충돌 구덩이라고 부릅니다. (   )

(3) 달의 바다에는 지구의 바다와 달리 물이 없습니다. (   )

6 다음 지구와 달에 대한 그림과 설명을 바르게 연결하시오.

(1) 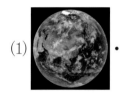 •

   • ㄱ 물과 공기가 없고, 온도가 생물이 살기에 적당하지 않습니다.

(2)  •

   • ㄴ 물과 공기가 있고, 온도가 생물이 살기에 적당합니다.

7 다음 설명과 관계가 깊은 환경 보존 방법은 무엇인지 알맞은 것에 ○표 하시오.

> • 나무를 많이 심고 가꿉니다.
> • 자전거를 많이 이용합니다.
> • 자동차 이용을 줄이고 대중교통을 이용합니다.

➔ 지구 보존 방법 중 (땅, 물, 공기) 보존 방법입니다.

1 다음 지구 표면의 모습 중 우리나라에서 찾아 보기 <u>어려운</u> 것은 어느 것입니까? (　　)

① ▲ 들
② ▲ 사막
③ ▲ 산
④ ▲ 강
⑤ ▲ 바다

중요
2 다음 보기 중 먹는 물로 이용하기에 적당한 것만을 옳게 고른 것은 어느 것입니까? (　　)

보기
㉠ 강물　　　　　㉡ 바닷물
㉢ 지하수　　　　㉣ 계곡의 물

① ㉡　　　　② ㉠, ㉡　　　　③ ㉡, ㉢
④ ㉠, ㉢, ㉣　　⑤ ㉡, ㉢, ㉣

중요
3 다음 중 육지와 바다의 차이점에 대한 설명으로 옳지 <u>않은</u> 것은 어느 것입니까? (　　)

① 바닷물은 육지의 물보다 짭니다.
② 지구 표면에서 바다가 육지보다 넓습니다.
③ 바닷물의 양이 육지의 물의 양보다 많습니다.
④ 육지와 바다에 사는 생물의 종류가 다릅니다.
⑤ 육지의 물은 사람이 마시기에 적당하지 않습니다.

4 지구의 입체 퍼즐 탐구에서 바다가 더 넓은 퍼즐 조각과 육지가 더 넓은 퍼즐 조각의 수를 세어 다음과 같은 결과를 얻었습니다. (　　) 안에 알맞은 말을 쓰시오.

지구의 입체 퍼즐 전체의 수	바다가 더 넓은 퍼즐 조각의 수	육지가 더 넓은 퍼즐 조각의 수
240개	166개	74개

지구 표면에서 육지와 바다의 넓이를 비교하면 (　　　　)가 더 넓다는 것을 알 수 있습니다.

(　　　　　　　　)

5 다음 (　　) 안에 공통으로 들어갈 알맞은 말은 어느 것입니까? (　　)

• 눈에 보이지 않지만 (　　)이/가 지구를 둘러싸고 있습니다.
• 지구에는 (　　)이/가 있어 많은 생물이 숨을 쉴 수 있습니다.

① 물　　　　② 먼지　　　　③ 공기
④ 종이　　　⑤ 암석

중요
6 다음 중 공기를 이용하는 모습으로 옳지 <u>않은</u> 것은 어느 것입니까? (　　)

① 연을 날릴 수 있습니다.
② 공기의 냄새를 맡을 수 있습니다.
③ 열기구를 타고 하늘을 날 수 있습니다.
④ 돛단배를 타고 바다 위를 이동할 수 있습니다.
⑤ 고무튜브에 공기를 채워 물놀이를 할 수 있습니다.

7 다음 달에 대하여 조사한 내용으로 옳은 것은 어느 것입니까? (   )

① 물과 공기가 있습니다.
② 하늘에 구름이 있습니다.
③ 생물들이 살아가고 있습니다.
④ 표면에 크고 작은 충돌 구덩이가 많습니다.
⑤ 생물이 살기에 적당한 온도를 유지합니다.

중요

8 다음은 달의 표면 모습입니다. ㉠ 부분에 대한 설명으로 옳은 것은 어느 것입니까? (   )

① 물이 있는 곳입니다.
② 달의 바다라고 합니다.
③ 공기가 있는 곳입니다.
④ 달 표면에서 어둡게 보이는 곳입니다.
⑤ 우주 공간을 떠돌던 물질이 충돌해 생긴 곳입니다.

9 다음 (   ) 안에 들어갈 알맞은 말을 바르게 짝지은 것은 어느 것입니까? (   )

지구에서 하늘은 (㉠) 보이지만, 달에서는 하늘이 (㉡) 보입니다.

	㉠	㉡
①	검게	노랗게
②	검게	파랗게
③	노랗게	파랗게
④	파랗게	검게
⑤	파랗게	노랗게

10 다음 [보기] 에서 지구에 대한 설명으로 옳은 것만을 모두 고른 것은 어느 것입니까? (   )

보기
㉠ 공기가 있습니다.
㉡ 둥근 공 모양입니다.
㉢ 생물이 살고 있지 않습니다.
㉣ 온도가 생물이 살기에 적당하지 않습니다.

① ㉠, ㉡   ② ㉠, ㉢   ③ ㉡, ㉢
④ ㉡, ㉣   ⑤ ㉢, ㉣

중요

11 다음 지구 환경을 보존하기 위한 노력과 설명을 바르게 연결하시오.

(1)
▲ 바다 청소하기
•   • ㉠ 물 보존

(2)
▲ 자전거 타기
•   • ㉡ 땅 보존

(3)
▲ 쓰레기 줍기
•   • ㉢ 공기 보존

12 다음 중 환경 오염을 줄이기 위한 노력으로 옳지 <u>않은</u> 것은 어느 것입니까? (   )

① 나무를 많이 심습니다.
② 일회용품을 많이 사용합니다.
③ 가까운 거리는 걸어서 다닙니다.
④ 땅에 묻는 생활 쓰레기를 줄입니다.
⑤ 물을 아껴 써서 사용량을 줄입니다.

4 단원

1 다음 보기 의 지구 표면의 모습 중 우리나라에서 쉽게 볼 수 있는 것만을 모두 고른 것은 어느 것입니까? (   )

보기
ㄱ ▲ 산
ㄴ ▲ 화산
ㄷ ▲ 강
ㄹ ▲ 빙하

① ㄱ, ㄷ   ② ㄱ, ㄹ   ③ ㄴ, ㄷ
④ ㄴ, ㄹ   ⑤ ㄷ, ㄹ

2 다음 설명에 해당하는 지구 표면의 모습은 어느 것입니까? (   )

소금과 여러 가지 물질이 녹아 있어서 사람이 마시기에 적당하지 않은 물이 있는 곳입니다.

① 계곡   ② 바다   ③ 강
④ 폭포   ⑤ 호수

3 다음 지구 표면의 모습과 그곳에서 할 수 있는 일에 대한 설명이 옳지 <u>않은</u> 것은 어느 것입니까? (   )

① 바다에서 서핑을 할 수 있습니다.
② 호수에서 낚시를 할 수 있습니다.
③ 사막에서 수영을 할 수 있습니다.
④ 갯벌에서 조개를 캘 수 있습니다.
⑤ 산에서 겨울에 스키를 탈 수 있습니다.

4 다음 중 육지와 바다에 대한 설명으로 옳은 것은 어느 것입니까? (   )

① 바다가 육지보다 넓습니다.
② 육지와 바다의 넓이는 비슷합니다.
③ 바다와 육지에 사는 생물의 종류가 같습니다.
④ 육지에 있는 물의 양이 바닷물의 양보다 많습니다.
⑤ 바다와 육지의 물은 모두 사람이 바로 마시기에 적당합니다.

5 다음 중 우리 주변에 공기가 있다는 것을 알 수 있게 해 주는 현상으로 옳지 <u>않은</u> 것은 어느 것입니까? (   )

① 연을 날릴 수 있습니다.
② 낮에 하늘이 검게 보입니다.
③ 생물이 숨을 쉬며 살 수 있습니다.
④ 비행기나 열기구가 하늘을 날 수 있습니다.
⑤ 돛단배를 타고 바다에서 이동할 수 있습니다.

6 오른쪽 그림과 같은 우주에서 입는 옷에 필요한 장치와 관련이 <u>없는</u> 것은 어느 것입니까?
(   )

① 달과 같은 환경을 마련해 주는 장치
② 지구와 같은 환경을 마련해 주는 장치
③ 우주복 안의 온도와 습도를 조절하는 장치
④ 숨을 쉴 수 있는 공기를 제공하는 공기탱크
⑤ 태양에서 오는 해로운 광선을 막아주는 헬멧

중요

7 다음 중 지구와 달의 공통점으로 옳은 것은 어느 것입니까? ( )

① 표면에 물이 있습니다.
② 표면에 돌이 있습니다.
③ 낮에 하늘이 검게 보입니다.
④ 표면을 공기가 둘러싸고 있습니다.
⑤ 생물이 살기에 적당한 온도를 유지합니다.

8 오른쪽 그림은 달의 표면 모습입니다. 다음 **보기**에서 ㉠ 부분에 대한 설명으로 옳은 것만을 모두 고른 것은 어느 것입니까? ( )

보기

㉠ 물이 있는 곳입니다.
㉡ 달의 바다라고 합니다.
㉢ 달 표면에서 밝게 보이는 곳입니다.
㉣ 달 표면에서 어둡게 보이는 곳입니다.
㉤ 우주 공간을 떠돌던 물질이 충돌해 생긴 곳입니다.

① ㉠, ㉡ ② ㉠, ㉢ ③ ㉡, ㉣
④ ㉢, ㉤ ⑤ ㉣, ㉤

9 다음 중 지구와 달에 대한 설명으로 옳지 <u>않은</u> 것은 어느 것입니까? ( )

① 지구에는 물과 공기가 있습니다.
② 지구에는 생물이 살고 있습니다.
③ 지구의 하늘에는 구름이 있습니다.
④ 달의 바다에는 물이 없습니다.
⑤ 달의 온도는 생물이 살기에 적당합니다.

10 다음 중 지구에 생물이 살 수 있는 것과 가장 관계가 <u>없는</u> 것은 어느 것입니까? ( )

① 지구에는 물이 있습니다.
② 지구에는 공기가 있습니다.
③ 지구는 둥근 공 모양입니다.
④ 지구에는 구름이 있고 비가 내립니다.
⑤ 지구는 생물이 살기에 적당한 온도를 유지합니다.

중요

11 다음 환경 오염의 종류와 환경 오염을 줄이기 위한 노력을 바르게 연결하시오.

(1) 공기 오염 •   • ㉠ 강물에 쓰레기 버리지 않기

(2) 물의 오염 •   • ㉡ 자동차 대신 자전거 이용하기

(3) 땅의 오염 •   • ㉢ 생활 쓰레기를 땅에 묻지 않기

12 다음 중 지구의 환경을 보존하기 위한 노력으로 옳지 <u>않은</u> 것은 어느 것입니까? ( )

① 나무를 많이 심어야 합니다.
② 대중교통을 이용해야 합니다.
③ 물과 전기를 아껴 써야 합니다.
④ 쓰레기를 바다에 버려야 합니다.
⑤ 재활용품을 분리해서 배출해야 합니다.

서술형·사고력 문제

1 다음 세계지도를 보고, 물음에 답하시오. 총 8점

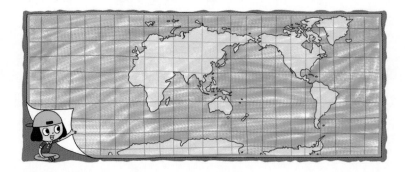

도움말

도움말

• 지도에서 파란색의 바다와 노란색의 육지의 넓이를 비교하면 파란색이 많습니다. 어떤 것을 육지 퍼즐 조각으로, 어떤 것을 바다 퍼즐 조각으로 분류할지 기준을 생각하고 육지와 바다의 넓이를 비교합니다.

(1) 지구 표면에서 육지와 바다의 넓이를 비교하면 어디가 더 넓은지 쓰시오. 4점   (   )

(2) 지구의 입체 퍼즐을 이용하여 육지와 바다의 넓이를 비교하려고 합니다. 육지와 바다가 함께 있는 퍼즐 조각을 어떤 기준으로 분류할 수 있을지 설명하시오. 4점

_____

2 지구의 육지와 바다에 있는 물에 대해 생각해 보고, 물음에 답하시오. 총 8점

도움말

• 소금과 여러 가지 물질이 녹아 있어 사람이 마시기에 적당하지 않은 물은 바닷물입니다.

(1) 육지의 물과 바닷물 중 사람이 마시기에 적당한 물은 어느 것인지 쓰고, 그 까닭을 설명하시오. 4점

_____

(2) 소중한 지구의 물을 보존하기 위해 우리가 실천할 수 있는 일을 2가지 쓰시오. 4점

_____

공부한 날
월   일

점수

3 지구와 달의 차이점에 대해 생각해 보고, 물음에 답하시오. 총 8점

(1) 지구와 달 중에서 생물이 살아가기에 적당한 곳이 어디인지 쓰고, 그 까닭을 설명하시오. 4점

_____

(2) 만일 우리가 우주에서 지내려면 어떤 것들을 준비해야 할지 쓰고, 준비해야 하는 까닭을 설명하시오. 4점

_____

도움말
· 생물이 살기에 적당한 곳은 물과 공기가 있고 온도가 적당해야 합니다.

4
4
단원

4 다음 달 표면 사진을 살펴보고, 물음에 답하시오. 총 12점

충돌 구덩이

달의 바다

(1) 달 표면의 색깔과 모양이 어떤지 쓰시오. 4점

· 색깔: _____

· 모양: _____

(2) 달 표면에서 볼 수 있는 달의 바다와 충돌 구덩이의 특징에 대해 설명하시오. 8점

· 달의 바다: _____

· 충돌 구덩이: _____

도움말
· 달 표면에는 밝고 어두운 곳이 있으며, 어두운 곳을 달의 바다라고 합니다. 또 충돌 구덩이는 달 표면에 보이는 크고 작은 구덩이입니다.

수행 평가

1

다음은 스마트 기기로 찾은 지구 표면의 모습입니다. 물음에 답하시오.

▲ 산　　▲ 들　　▲ 강　　▲ 계곡

▲ 폭포　　▲ 모래사장　　▲ 갯벌　　▲ 바다

▲ 빙하　　▲ 사막　　▲ 화산　　▲ 호수

도움말

• 세계 곳곳에서 찾아볼 수 있는 지구 표면의 다양한 모습들을 보고, 우리 주변에서 볼 수 있는 지구 표면의 모습들을 생각해 봅니다. 또 사람들이 할 수 있는 활동은 주로 스포츠나 여행과 같은 활동을 중심으로 생각해 봅니다.

(1) 위에서 찾은 지구 표면의 모습 중 우리나라에서 많이 볼 수 있는 것을 3가지 이상 골라 쓰시오.

_____

(2) 위에서 찾은 지구 표면의 모습 중 우리나라에서 보기 어려운 것을 2가지 이상 골라 쓰시오.

_____

(3) 위에서 찾은 지구 표면의 모습 중 2가지를 골라 특징을 쓰고, 그곳에서 사람들이 어떤 활동을 할 수 있는지 쓰시오.

지구 표면의 모습	특징	사람들이 할 수 있는 활동

도움말

• 그림에서 사람들이 공기를 이용하는 여러 가지 활동을 하고 있습니다. 공기가 있어 지구에서는 생물이 살 수 있고, 생물이 살아가기 위해서는 깨끗한 공기가 필요합니다.

② 다음 그림을 보고, 물음에 답하시오.

(1) 위 그림에서 지구에 있는 공기를 이용하고 있는 일을 3가지 이상 찾아 쓰시오.

(2) 지구에 공기가 있어 우리에게 주는 이로운 점을 2가지 쓰시오.

(3) 지구의 공기를 깨끗하게 보존하기 위해 우리가 할 수 있는 일을 2가지 쓰시오.

4
단원

이 책의 실험 기구를
소개합니다

확대경
물체의 작은 부분을 돋보기보다
더 크게 볼 때 사용합니다.

돋보기
물체를 크게 키워 볼 때 사용합니다.

막대
물과 가루 물질을 섞을 때와 같이
서로 다른 물질을 섞을 때 사용합
니다.

약숟가락
약품이나 가루 물질 등을 덜거나
옮길 때 사용합니다.

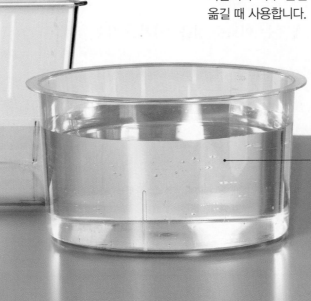

수조
많은 양의 물을 담을 때 사용합니다.

나침반

자석이 북쪽과 남쪽을 가리키는
성질을 이용하여 만든 도구입니다.

실험용 장갑

약품과 같은 물질로부터
손을 보호해 줍니다.

비커

액체를 담거나 가열할 때 사용합니다.

막대자석

막대 모양의 길쭉한
자석입니다.

스포이트

작은 양의 액체를 빨아내거나
한 방울씩 떨어뜨릴 때 사용
합니다.

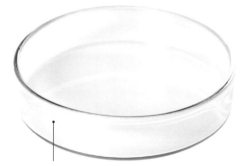

페트리 접시

둥글고 납작한 접시로, 물질을 담거
나 보관할 때 사용합니다.

초시계
얼마의 시간이 지났는지
측정하는 기구입니다.

줄자
길이를 측정할 때 쓰는 기구입니다. 잘 휘어지므로
둥근 물체처럼 다양한 형태를 가진 물체의 길이를
쉽게 측정할 수 있습니다.

온도계
물체의 온도를 측정하는 기구입니다.
온도계의 눈금이나 숫자를 읽어 온도
를 확인합니다.

전자저울
물체의 무게를 측정하는 기구입니다. 저울의 숫자를
읽어 물체의 무게를 확인합니다.

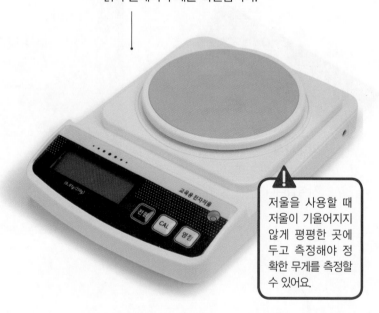

저울을 사용할 때
저울이 기울어지지
않게 평평한 곳에
두고 측정해야 정
확한 무게를 측정할
수 있어요.

자
물체의 길이를 측정하는 기구입니다. 측정하려고 하
는 물체의 길이에 따라 여러 종류가 있으며, 눈금을
읽어 길이를 확인합니다.

MEMO

계단과 사다리로 된 미로를 헤쳐나가면 어른이 된 곤충을
만날 수 있어요. 중간에 사다리가 없거나 길이 막혀 있으면
다시 되돌아와서 다른 길을 찾아보세요.

재미있는
미로 찾기 문제

나는 알이예요.

지금은 알이지만 자라면서 다른 모습으로 변해요.

나는 자라서 어떤 곤충이 될까요?

미로 찾기를 하며 어른이 된 나를 찾아볼까요?

푸르넷

학교 성적에 날개를 달아 주는
완전 학습 프로그램

푸르넷 본교재

교과 내용을 철저히 분석하여 핵심 내용을 체계적으로 학습할 수 있는, 학교 내신 대비에 최적화된 교재

푸르넷 공부방 맞춤형 지도

'두 번째 담임 선생님'으로 불리는 풍부한 경험과 노하우를 갖춘 선생님의 전문적인 지도. 개별 밀착 지도로 체계적인 맞춤 지도가 가능!

푸르넷 아이스쿨

동영상 강의와 다양한 멀티미디어 학습 자료, 문제 은행을 지원하는 학습 평가 인증 시스템

초등 푸르넷 학습 시스템

온라인 보충 학습 콘텐츠

과목별 멀티미디어, 독서·논술, 영어 문법 및 내신 대비 등 다양한 보충 학습 자료로 학습과 재미를 동시에!

푸르넷 주간학습

본교재와 함께하는 주간별 자기 주도 학습. 온라인 강의와 수학 수준별 문제 제공!

우리학교 시험대비

기출문제를 분석하여 출제율 높은 문제로 엄선하여 구성한 학교 시험 대비 교재

전 과목 학습지 초등 푸르넷

본교재

개념 – 유형 – 서술형 – 단원 마무리까지 체계적인 학습

• 1~6학년 국어, 수학, 사회, 과학(월 1권)

주간 평가 교재

주간별 실력 점검으로 만점 대비

• 1~6학년 국어, 수학, 사회, 과학(월 1권)

보충 학습 교재

과목별 배경지식과 사고력 향상

• 1~6학년 푸르넷 프렌즈(월 1권)

온라인 강의

쉽고 재밌는 동영상 강의와 멀티미디어 학습

• 푸르넷 아이스쿨, 영어 보충 학습실

부록

• 1~6학년 우리학교 시험대비(학기별 1권)
• 3~6학년 사회 · 과학 알짜 핵심 노트(학기별 1권)

초등 과학
자습서 & 평가문제집

3-1

정답과 해설

금성출판사

초등 과학
자습서&평가문제집

실험
관찰

3-1

정답과 해설

금성출판사

과학 탐구를 어떻게 할까요?

교과서 개념 확인 문제　　9쪽

1 분류　　**2** ⑤

1 물질의 성질

교과서 개념 확인 문제　　21쪽

1 (1) × (2) ○ (3) ○　　**2** (1) ⓒ (2) ㉠ (3) ㉠

3 ㉠ 물질, ⓒ 물체

교과서 개념 확인 문제　　25쪽

1 각각 다릅니다　　**2** (1) ○ (2) × (3) × (4) ○

3 (1) ⓒ (2) ⓒ (3) ㉠

교과서 개념 확인 문제　　29쪽

1 (1) 고무 (2) 금속　　**2** ㉠ 성질, ⓒ 물질, ⓒ 물체　　**3** (1) × (2) ×

교과서 개념 확인 문제　　31쪽

1 (1) × (2) ○ (3) ×　　**2** (1) ⓒ (2) ㉠　　**3** ⓒ

교과서 개념 확인 문제　　35쪽

1 성질　　**2** (1) × (2) × (3) ○　　**3** ㉠, ⓜ, ⓗ

4 ㉠, ⓒ

교과서 개념 확인 문제　　39쪽

1 물질　　**2** ⓒ　　**3** (1) × (2) ○

4 (1) ⓒ (2) ⓒ (3) ㉠

---

1 ⑤　　**2** ②　　**3** (1) ㉠, ⓔ (2) ⓒ, ⓒ

4 ①　　**5** ③　　**6** ⓒ　　**7** ②

8 ③　　**9** ①　　**10** ④

11 (1) 나무 (2) 해설 참조　　**12** (1) 플라스틱 막대 (2) 해설 참조

1 야구 방망이, 나무 의자, 연필은 모두 나무로 만든 물체입니다.

2 금속은 겉 부분이 매끈하고 단단하며 광택이 있어 반짝거립니다.

3 물질의 종류에 따라 물에 뜨는 정도가 다릅니다. 일반적으로 나무 막대와 플라스틱 막대는 물에 뜨고, 금속 막대와 고무 막대는 물에 가라앉습니다.

4 모양은 어떻게 만드느냐에 따라 달라지므로 물질의 고유한 성질이 아닙니다.

5 나무는 고유의 향과 무늬가 있고 비교적 단단합니다.

6 같은 종류의 물체를 서로 다른 물질로 만들면 물체를 이루고 있는 물질에 따라 그 물체의 기능이나 좋은 점이 달라집니다.

7 유리는 투명하고 표면이 매끄러우며 단단하여 음식용기나 건물 창문 등에 쓰입니다. 그러나 충격을 받으면 쉽게 깨지기도 합니다.

8 비닐장갑은 비교적 가볍고 미끄럽습니다.

9 서로 다른 물질을 섞으면 물질의 성질이 남아 있기도 하고 변하기도 합니다. 필통에 연필과 지우개를 넣는 것은 서로 다른 물질을 섞은 것으로 보기 어렵습니다.

10 물, 알긴산 나트륨, 염화 칼슘을 섞으면 부드럽고 말랑말랑한 물질이 만들어집니다.

11 예시 답안

(1) 나무

(2) 고유의 향이 있습니다. 무늬가 있습니다. 단단합니다. 등

평가 항목	채점 기준	배점
(1) 사용된 물질	'나무'라고 쓴 경우	2
(2) 물질의 성질	좋은 점을 2가지 이상 바르게 쓴 경우	4
	좋은 점을 하나만 바르게 쓴 경우	2

12 예시 답안

(1) 플라스틱 막대

(2) 플라스틱 막대보다 금속 막대가 더 단단합니다. 따라서 물질마다 단단한 정도가 다르다는 것을 알 수 있습니다.

평가 항목	채점 기준	배점
(1) 단단한 정도	'플라스틱 막대'라고 쓴 경우	2
(2) 실험 결과 해석	물질마다 성질이 다르다는 내용을 포함하여 바르게 쓴 경우	4

2 자석의 이용

교과서 개념 확인 문제 55쪽

1 (1) ㉠, ㉢ **2** (3) ○ **3** ㉡
4 (1) × (2) ○

교과서 개념 확인 문제 57쪽

1 (1) 끌어당깁니다 (2) 약해 **2** (1) ○ (2) × (3) ○ **3** ㉢

교과서 개념 확인 문제 59쪽

1 (1) 극 (2) 양쪽 끝 (3) 두 / 2, N(S), S(N) **2** 세계

3 (○) **N   S** (○)
( )
4 (1) × (2) ×

교과서 개념 확인 문제 61쪽

1 (1) 밀어 냅니다 (2) 끌어당깁니다
2 (1) ㉡ (2) ㉠ **3** (1) ㉠ (2) ㉡

교과서 개념 확인 문제 65쪽

1 ㉠ N, ㉡ S **2** ㉠ 북쪽, ㉡ 남쪽 **3** (1) N, S (2) 자석, N, S
4 (1) ○ (2) ○

교과서 개념 확인 문제 69쪽

1 나침반 **2** ④ **3** ④ **4** 자석

교과서 개념 확인 문제 73쪽

1 (1) 극 (2) S (3) N **2** N **3** (1) ○ (2) ○

교과서 개념 확인 문제 77쪽

1 자석 **2** (1) 자석 (2) 끌어당기는
3 (1) ㉠ (2) ㉠

교과서 개념 확인 문제 79쪽

1 (1) 끌어당깁니다 (2) 밀어 내고, 끌어당깁니다
2 (1) ㉡ (2) ㉢ (3) ㉠ **3** ㉡

교과서 평가 문제 88쪽

1 (1) ㉡, ㉣ (2) ㉠, ㉢ **2** ① **3** ㉠, ㉢
4 ② **5** ㉠ N, ㉡ S **6** ④ **7** (3) ○
8 ③ **9** ② **10** 해설 참조 **11** 해설 참조

1 자석에 붙는 물체는 철로 만들어져 있습니다. 가위의 날 부분과 책상 다리는 철로 만들어져 있어 자석에 붙고, 가위의 손잡이 부분과 책상 판은 철로 만들어져 있지 않아 자석에 붙지 않습니다.

2 자석에서 철로 된 물체가 많이 붙는 부분을 자석의 극이라 하고, 자석의 극은 항상 두 종류입니다. 막대자석에서 극은 ㉠과 ㉢이기 때문에 ㉠, ㉢에 철 클립이 많이 붙습니다.

3 막대자석에는 N극과 S극이 있으며, 막대자석에서 극은 양쪽 끝부분에 있습니다.

4 자석과 자석은 같은 극끼리는 서로 밀어 내고 다른 극끼리는 서로 끌어당깁니다. 따라서 S극끼리 마주 보고 있기 때문에 두 자석은 서로 밀어 냅니다.

5 자석을 자유롭게 움직이도록 하였을 때, 북쪽을 가리키는 자석의 극을 N극, 남쪽을 가리키는 극을 S극이라고 부릅니다. 지구의 북극은 자석의 N극을 끌어당기고 남극은 자석의 S극을 끌어당깁니다.

6 나침반 바늘의 N극은 북쪽을 가리킵니다.

7 나침반 바늘은 자석이므로 나침반 바늘의 한쪽 끝과 자석의 극은 서로 밀어 내거나 끌어당깁니다. 그래서 나침반 바늘은 자석의 극을 향해 움직입니다.

8 나침반 바늘은 자석이므로 나침반 바늘과 자석의 같은 극을 가까이 하면 서로 밀어 내고, 다른 극을 가까이 하면 서로 끌어당깁니다.

9 자석과 철은 서로 끌어당기는 성질이 있습니다. 드라이버의 끝부분이 자석으로 되어 있으면 철로 된 나사가 드라이버 끝에 붙어 나사를 고정시키기 편리합니다.

10 【예시 답안】

(1) 자석과 자석은 서로 밀어 냅니다.

(2) 자석과 자석은 서로 끌어당깁니다.

(3) 두 자석은 같은 극끼리 서로 밀어 내고, 다른 극끼리 서로 끌어당깁니다.

평가 항목	채점 기준	배점
(1) 같은 극끼리 가까이 할 때의 모습	자석과 자석은 서로 밀어 낸다고 바르게 쓴 경우	2
(2) 다른 극끼리 가까이 할 때의 모습	자석과 자석은 서로 끌어당긴다고 바르게 쓴 경우	2
(3) 자석의 성질	자석의 두 극과 관련지어 자석의 성질을 바르게 쓴 경우	4

11 【예시 답안】

(1) 나침반 바늘이 자석의 극을 향합니다.

(2) 나침반 바늘이 자석으로 되어 있기 때문입니다.

평가 항목	채점 기준	배점
(1) 나침반 바늘의 움직임	나침반 바늘이 자석을 향한다고 쓴 경우	4
	나침반 바늘의 N극은 자석의 S극, 나침반 바늘의 S극은 자석의 N극을 향한다고 쓴 경우	4
(2) 나침반 과 자석의 관계	(1)과 같이 답을 한 까닭을 바르게 쓴 경우	4

3. 동물의 한살이

교과서 개념 확인 문제 _____ 95쪽

1 ① **2** (1) ㉣ (2) ㉠ (3) ㉢ (4) ㉡ **3** ③

교과서 개념 확인 문제 _____ 97쪽

1 동물의 한살이 **2** ㉢, ㉡, ㉣, ㉠

3 (1) ㉢ (2) ㉠ (3) ㉡

교과서 개념 확인 문제 _____ 101쪽

1 ㉠ 애벌레, ㉡ 번데기 **2** ㉠, ㉣ **3** 부화

4 ④

교과서 개념 확인 문제 _____ 105쪽

1 ㉡, ㉣, ㉂ **2** ② **3** (1) ○ (3) ○

교과서 개념 확인 문제 _____ 109쪽

1 ㉡, ㉢, ㉠, ㉣ **2** ④ **3** ②

4 (1) ㉡ (2) ㉠

교과서 개념 확인 문제 _____ 111쪽

1 ㉠ 올챙이, ㉡ 개구리 **2** ㉢ **3** (1) ○ (3) ○

교과서 개념 확인 문제 _____ 115쪽

1 말, 고양이 **2** 강아지 **3** (1) ㉠, ㉢ (2) ㉡, ㉢

4 ②

교과서 개념 확인 문제 _____ 117쪽

1 (1) 새 (2) 알 (3) 알 (4) 새 (5) 알 (6) 알 **2** ㉡

3 (1) × (2) ○ (3) ○ (4) ○

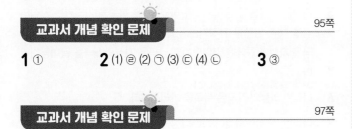

교과서 평가 문제 _____ 126쪽

1 ⑤ **2** ③ **3** 연해지고 **4** ②

5 곤충 **6** ㉡, ㉣, ㉠, ㉢ **7** ㉢, ㉣, ㉡, ㉠, ㉤ **8** ②

9 ④ **10** (1) ㉂ (2) 해설 참조

11 (1) 잠자리 (2) 해설 참조

1 빙어는 암수가 모두 알을 돌보지 않고, 물자라는 수컷이 알을 돌봅니다. 호랑이와 곰은 암컷이 새끼를 돌봅니다.

2 배추흰나비를 기를 때는 알이나 애벌레를 손으로 직접 만지지 않고, 주변에 모기약을 뿌리지 않습니다. 또 애벌레가 바닥에 떨어지면 붓으로 옮기거나, 배춧잎 등을 애벌레 앞에 놓아 애벌레가 스스로 기어오르도록 합니다.

3 배추흰나비 알은 시간이 지나면 색깔이 점점 연해집니다.

4 시간이 지나도 번데기의 크기는 변하지 않습니다.

5 몸이 머리, 가슴, 배 세 부분으로 되어 있고, 다리가 3쌍인 동물을 곤충이라고 합니다.

6 사슴벌레는 알(ⓒ) → 애벌레(ⓔ) → 번데기(㉠) → 어른벌레(ⓓ)의 한살이를 거칩니다.

7 알에서 나와 올챙이가 됩니다. 올챙이는 먼저 뒷다리가 나오고 앞다리가 나옵니다. 꼬리가 짧아지고 물 밖에서 숨을 쉴 수 있으며, 꼬리가 사라지고 개구리가 됩니다.

8 뱀의 한살이 단계는 알 → 새끼 뱀 → 다 자란 뱀입니다.

9 소와 고양이는 암컷이 새끼를 낳는 동물입니다.

10 예시 답안

(1) ⓑ

(2) 배추흰나비는 입에 말려 있는 대롱을 쭉 펴서 꿀을 빨아 먹습니다.

평가 항목	채점 기준	배점
(1) 배추흰나비의 먹이 먹는 모습	'ⓑ'이라고 바르게 쓴 경우	2
(2) 배추흰나비의 관찰	말린 대롱을 쭉 펴서 꿀을 먹는다는 내용을 넣어 쓴 경우	4
	대롱으로 꿀을 먹는다라고만 쓴 경우	2

11 예시 답안

(1) 잠자리

(2) 배추흰나비는 번데기 단계를 거치고, 잠자리는 번데기 단계를 거치지 않습니다.

평가 항목	채점 기준	배점
(1) 잠자리의 한살이	'잠자리'라고 쓴 경우	2
(2) 한살이 비교	배추흰나비는 번데기 단계를 거치고, 잠자리는 번데기 단계를 거치지 않는다고 바르게 쓴 경우	4
	배추흰나비와 잠자리의 한살이 단계 중 하나만 바르게 쓴 경우	2

4. 지구의 모습

교과서 개념 확인 문제 — 133쪽

1 (1) 평평해, 둥근 (2) 있습니다, 둥글기 **2** ㉠

3 (1) ⓒ (2) ㉠

교과서 개념 확인 문제 — 135쪽

1 (1) ○ (2) ○ **2** (1) ⓒ (2) ㉠ **3** (1) ㉠ (2) ⓒ

교과서 개념 확인 문제 — 139쪽

1 (1) × (2) ○ (3) × **2** (1) 육지의 물 (2) 바닷물

3 (1) ⓒ (2) ㉠

교과서 개념 확인 문제 — 143쪽

1 공기 **2** ㉠, ⓒ **3** (1) ⓒ (2) ㉠

교과서 개념 확인 문제 — 145쪽

1 (1) 둥근 공 (2) 달의 바다 **2** (1) ⓒ (2) ㉠

3 (1) × (2) ○ (3) ○

교과서 개념 확인 문제 — 149쪽

1 (1) ○ (2) × (3) ○ **2** (1) 지구, 달 (2) 지구, 달 (3) 지구, 달 (4) 지구

3 (1) ⓒ (2) ㉠

교과서 개념 확인 문제 — 151쪽

1 (1) ○ (2) ○ (3) ○ **2** (1) 공기 (2) 물 (3) 땅

3 (1) ㉠ (2) ⓒ

교과서 평가 문제 — 160쪽

1 ② **2** ④ **3** 둥글기 **4** ① **5** ②

6 ③ **7** ③ **8** ①

9 ㉠ 달의 바다, ⓒ 충돌 구덩이 **10** 해설 참조 **11** 해설 참조

1 사진은 계곡의 모습입니다.

2 여러 가지 지구 표면의 모습 중에서 우리나라에서 보기 어려운 것은 빙하, 사막, 화산입니다.

3 지구의 모양이 둥글기 때문에 지구의 어느 한 곳에서 출발하여 한쪽 방향으로 계속 가면 처음 출발한 곳으로 되돌아올 수 있습니다.

4 지구와 달은 둥근 공 모양이며, 지구에는 물과 공기가 있지만, 달에는 물과 공기가 없습니다.

5 바닷물에는 짠맛이 나는 소금과 다른 여러 물질이 많이 녹아 있어서 사람이 마시기에 적당하지 않습니다. 육지의 물은 사람이 마시기에 적당합니다. 강물, 지하수, 계곡의 물, 호수의 물은 모두 육지의 물입니다.

6 지구 표면의 많은 부분은 바다로 덮여 있습니다. 우주에서 찍은 지구 사진을 보면 지구 전체에서 바다가 육지보다 더 넓다는 것을 알 수 있습니다.

7 공기는 우리 눈으로 볼 수 없습니다.

8 달에는 물과 공기가 없어 생물이 살 수 없습니다.

9 달 표면에서 어둡게 보이는 곳을 달의 바다라고 부르지만 이곳에는 물이 없습니다. 또한, 달 표면에는 충돌 구덩이가 많습니다.

10 예시 답안

(1) 비슷한 점: 둥근 공 모양입니다.

　다른 점: 지구에서 보이는 하늘은 파란색이고, 달에서 보이는 하늘은 검은색입니다.

(2) 달에는 물과 공기가 없고, 생물이 살기에 적당한 온도를 유지하지 못하기 때문입니다.

평가 항목	채점 기준	배점
(1) 지구와 달의 비교	지구와 달의 비슷한 점과 다른 점을 1가지씩 바르게 쓴 경우	4
	지구와 달의 비슷한 점만 1가지 바르게 쓴 경우	2
	지구와 달의 다른 점만 1가지 바르게 쓴 경우	2
(2) 달에서 생물이 살 수 없는 까닭	달에서 생물이 살 수 없는 까닭을 지구와 비교하여 바르게 쓴 경우	4
	그 외의 경우	1

11 예시 답안

(1) 땅에 묻는 생활 쓰레기 줄이기, 땅을 오염시키는 물질 줄이기, 농약 사용 줄이기 등

(2) 물 아껴 쓰기, 강이나 바다에 오염 물질 버리지 않기, 합성 세제 사용 줄이기 등

(3) 짧은 거리는 걸어 다니기, 자전거 이용하기, 대중교통 이용하기, 나무 심기 등

평가 항목	채점 기준	배점
(1) 지구의 땅 보존	지구의 땅을 보존하기 위해 우리가 실천할 수 있는 일 2가지를 바르게 쓴 경우	4
	지구의 땅을 보존하기 위해 우리가 실천할 수 있는 일을 1가지만 쓴 경우	2
(2) 지구의 물 보존	지구의 물을 보존하기 위해 우리가 실천할 수 있는 일 2가지를 바르게 쓴 경우	4
	지구의 물을 보존하기 위해 우리가 실천할 수 있는 일을 1가지만 쓴 경우	2
(3) 지구의 공기 보존	지구의 공기를 보존하기 위해 우리가 실천할 수 있는 일 2가지를 바르게 쓴 경우	4
	지구의 공기를 보존하기 위해 우리가 실천할 수 있는 일을 1가지만 쓴 경우	2

우리학교 시험 대비 평가 문제

1 물질의 성질

쪽지 시험

166쪽

1 물체　　**2** 물질　　**3** 나무　　**4** 긁어
5 고무　　**6** 단단하다는　　**7** 섬유　　**8** 기능
9 변하기도 합니다　　**10** 고무

기초 확인 문제

167쪽

1 ㉠ 물질, ㉡ 물체　　**2** (1) ㉡ (2) ㉠
3 (1) ○ (2) × (3) ○　　**4** 고무　　**5** 플라스틱
6 ㉢　　**7** 성질　　**8** ⑤

성취도 평가 문제 1회

168쪽

1 ②, ⑤　　**2** ⑤　　**3** 플라스틱 막대　　**4** ㉡, ㉢
5 ⑤　　**6** ㉢, ㉣　　**7** ③　　**8** ③　　**9** ③
10 ㉣　　**11** ㉡　　**12** ⑤　　**13** 알긴산 나트륨　　**14** ㉡

1 물체는 공간을 차지하며, 2가지 이상의 물질로 이루어진 물체도 있습니다. 금속, 고무 등은 물질입니다.

2 장난감 블록과 페트병은 모두 플라스틱으로 만들어졌습니다.

3 플라스틱보다 금속이 단단하므로, 플라스틱 막대가 금속 막대보다 더 잘 긁힙니다.

4 물에 넣었을 때 고무 막대와 금속 막대는 물에 가라앉고, 나무 막대와 플라스틱 막대는 물에 뜹니다.

5 나사못은 금속으로 만들어졌고, 탁구공은 플라스틱으로 만들어졌습니다.

6 길이와 크기는 어떻게 만드느냐에 따라 달라지므로, 물질의 고유한 성질이 아닙니다.

7 쉽게 구부러지고, 잘 미끄러지지 않으며, 잡아당기면 늘어났다가 놓으면 다시 원래대로 돌아오는 것은 고무의 성질입니다.

8 반짝거리는 것은 금속의 성질입니다.

9 비닐장갑은 얇고 쉽게 찢어집니다. 털장갑은 비교적 미끄러우며, 가죽 장갑은 대부분 부드럽습니다. 고무장갑은 질기고 물이 들어오지 않으므로, 설거지를 할 때 많이 사용됩니다.

10 유리는 투명하여 내부가 잘 보입니다.

11 도자기는 음식을 오랫동안 따뜻하게 보관할 수 있습니다.

12 플라스틱은 가볍고 단단합니다.

13 알긴산 나트륨은 연한 갈색(또는 흰색)이며, 미역이나 다시마 속에 있는 물질로 만들어졌습니다.

14 물과 알긴산 나트륨, 염화 칼슘을 섞으면 각 물질의 성질이 섞기 전과 다르게 변한 것을 관찰할 수 있습니다.

성취도 평가 문제 2회 170쪽

1 물질 **2** ④ **3** ② **4** ② **5** ⑤
6 ㉠, ㉢, ㉣ **7** ① **8** ㉠ **9** 물질 **10** ⑤
11 ⑤ **12** ④ **13** ㉡, ㉢, ㉣

1 물질은 물체를 만드는 재료입니다.

2 물체는 공간을 차지하면서 구체적인 형태를 가진 대상이며, 기능에 따라 여러 종류의 물질로도 만들 수 있습니다. 어항은 유리라는 물질로 만들어지며, 금속, 종이, 가죽은 물질에 속합니다.

3 풍선, 지우개는 모두 고무로 만들어진 물체입니다.

4 금속은 광택이 있고, 다른 물질보다 비교적 단단합니다.

5 못, 열쇠, 자물쇠는 모두 단단한 금속으로 이루어져 있습니다.

6 섬유는 물에 젖는 성질이 있습니다.

7 유리는 투명하고 매끄럽지만, 떨어뜨리면 잘 깨지므로 사용할 때 주의해야 합니다.

8 플라스틱은 가볍고 단단하여 잘 깨지지 않습니다.

9 종류가 같은 물체라도 사용한 물질의 성질에 따라 물체의 기능과 사용했을 때의 좋은 점이 다릅니다.

10 책상의 받침 부분은 고무를 사용하여 잘 미끄러지지 않도록 만듭니다.

11 안장은 자전거를 타기 위해 앉아야 하는 부분으로, 질기고 부드러운 가죽으로 만들어집니다. 몸체, 체인, 바퀴살 등은 단단한 금속으로, 타이어는 미끄럽지 않은 고무로 만들어집니다.

12 물, 알긴산 나트륨, 염화 칼슘을 섞으면 각 물질이 섞기 전에 가지고 있던 성질이 변합니다.

13 나무 신발은 단단하여 잘 구부러지지 않습니다.

서술형·사고력 문제 172쪽

1 예시 답안

(1) 물질

(2) 연필, 의자, 책상, 서랍장, 야구 방망이 등

평가 항목	채점 기준	배점
(1) 물질의 정의	'물질'이라고 쓴 경우	3
(2) 나무로 만든 물체의 종류	나무로 만든 물체를 3가지 이상 바르게 쓴 경우	5
	나무로 만든 물체를 2가지 바르게 쓴 경우	3
	나무로 만든 물체를 하나만 바르게 쓴 경우	1

2 예시 답안

(1) 고무

(2) 말랑말랑합니다. 당기면 잘 늘어났다가 놓으면 다시 원래대로 돌아옵니다. 물에 젖지 않습니다. 손에서 잘 미끄러지지 않습니다. 등

평가 항목	채점 기준	배점
(1) 물체에 사용된 물질	'고무'라고 쓴 경우	3
(2) 고무의 성질	고무로 만든 놀이 도구의 좋은 점을 2가지 바르게 쓴 경우	7
	고무로 만든 놀이 도구의 좋은 점을 하나만 바르게 쓴 경우	3

3 예시 답안

(1) 단단한 정도

(2) • 더 잘 긁히는 막대: 플라스틱 막대
 • 알 수 있는 사실: 플라스틱보다 금속이 더 단단합니다. 따라서 물질마다 단단한 정도가 다르다는 것을 알 수 있습니다.

(3) 금속 막대

평가 항목	채점 기준	배점
(1) 물질의 성질	'단단한 정도'라고 쓴 경우	3
(2) 두 물질의 성질 비교	'플라스틱 막대'와 알 수 있는 사실을 모두 바르게 쓴 경우	6
	'플라스틱 막대'만 바르게 쓴 경우	3
(3) 가장 단단한 막대	'금속 막대'라고 쓴 경우	3

4 예시 답안

(1) 금속

(2) 자전거의 몸체는 튼튼하게 만들어야 하므로, 단단하고 매끄러운 성질이 있는 금속으로 만드는 것이 좋습니다.

평가 항목	채점 기준	배점
(1) 알맞은 물질	'금속'이라고 쓴 경우	3
(2) 금속의 성질	금속의 성질과 자전거 몸체의 기능을 관련지어 바르게 쓴 경우	6
	금속의 성질만 바르게 쓴 경우	3

수행 평가

1 예시 답안

금속	고무	나무	유리
가윗날, 책상의 몸체, 못, 열쇠 등	고무줄, 지우개, 신발 밑창, 장화 등	나무 식탁, 의자, 나무배, 연필 등	창문, 유리컵, 음식용기, 장식장 등

관련 주제

1 무엇으로 만들었을까요?

채점 기준

평가 항목	채점 기준	배점
물체의 종류	각 물질에 해당하는 물체를 2가지씩 모두 바르게 쓴 경우	8
	각 물질에 해당하는 물체를 하나씩만 바르게 쓴 경우	4
	한 물체당 1점씩 부여(한 물질당 최대 2점)	8

※ 8~6점: 상, 5~3점: 중, 2점 이하: 하

2 예시 답안

(1) 플라스틱

(2) 비교적 가볍고 단단합니다. 다양한 색깔과 모양의 물체를 쉽게 만들 수 있습니다. 물에 젖지 않습니다. 등

관련 주제

2 물질마다 다른 성질이 있어요

채점 기준

평가 항목	채점 기준	배점
(1) 물체에 사용된 물질	'플라스틱'이라고 쓴 경우	2
(2) 물질의 특징	플라스틱의 성질을 2가지 모두 바르게 쓴 경우	4
	플라스틱의 성질을 하나만 바르게 쓴 경우	2

※ 6~5점: 상, 4~3점: 중, 2점 이하: 하

3 예시 답안

(1)

모자의 종류	물질	물질의 성질	모자의 기능
밀짚모자	밀짚	가볍습니다.	햇빛을 편리하게 막아 줍니다.
수영 모자	고무	물에 젖지 않습니다.	머리카락이 물에 젖지 않게 합니다.
안전모	플라스틱	가볍고 단단합니다.	위험 물질로부터 머리를 보호합니다.

(2) 나무젓가락, 쇠젓가락, 플라스틱 젓가락 / 유리컵, 종이컵, 도자기컵 / 비닐장갑, 털장갑, 고무장갑 등

관련 주제

4 왜 여러 가지 물질로 모자를 만들까요?

채점 기준

평가 항목	채점 기준	배점
(1) 물질의 성질과 모자의 기능	모자의 종류에 맞는 물질, 성질, 기능을 각각 바르게 쓴 경우	6
	모자의 종류에 맞는 물질, 성질, 기능 중 2가지를 각각 바르게 쓴 경우	4
	모자의 종류에 맞는 물질, 성질, 기능 중 하나만 바르게 쓴 경우	2
(2) 종류가 같은 물체의 기능	서로 다른 물질로 이루어진 같은 종류의 물체를 바르게 쓴 경우	3

※ 9~7점: 상, 6~4점: 중, 3점 이하: 하

4 예시 답안

(1) 고무 / 금속

(2) 잘 미끄러지지 않습니다. / 단단하여 쉽게 쓰러지지 않습니다. 등

관련 주제

6 나만의 칫솔꽂이가 필요해요

채점 기준

평가 항목	채점 기준	배점
(1) 연필꽂이에 사용할 물질	연필꽂이 설계에 사용할 물질의 종류를 바르게 쓴 경우	2
(2) 선택한 물질을 사용하면 좋은 점	(1)번에 쓴 물질을 사용하면 좋은 점을 그 물질의 성질과 관련지어 바르게 쓴 경우	4

※ 6~5점: 상, 4~3점: 중, 2점 이하: 하

2 자석의 이용

1 철   **2** 끌어당깁니다   **3** 두   **4** N

5 밀어 냅니다   **6** 북   **7** 북, 남   **8** 자석

9 나침반   **10** N

기초 **확인 문제**   179쪽

1 (1) ○ (2) ×   **2** ㉠, ㉣   **3** 자석의 극

4 (1) × (2) ○ (3) ○   **5** 북   **6** 나침반

7

8 (1) 자석 (2) 철을 끌어당기는

성취도 **평가 문제** 1회   180쪽

1 자석   **2** ㉠   **3** ㉢   **4** S극   **5** ㉠

6 ㉠ 북, ㉡ 남   **7** ㉡   **8** 자석   **9** ③

10 ㉢   **11** ㉠   **12** ⑤

1 철 못, 철 클립, 철 용수철 등은 자석에 붙는 물체이고, 나무토막, 투명 필름, 유리컵 등은 자석에 붙지 않는 물체입니다.

2 자석과 철은 서로 끌어당기는 성질이 있습니다. 따라서 투명한 통에 들어 있는 빵 끈 조각(철)은 막대자석 쪽으로 끌려오게 됩니다.

3 막대자석의 극은 양쪽 끝부분에 있으므로 철은 ㉠, ㉢에 많이 붙습니다. 자석의 양쪽 끝부분은 서로 다른 극입니다.

4 자석과 자석은 같은 극끼리 만나면 서로 밀어 내고 다른 극끼리 만나면 서로 끌어당기는 성질이 있습니다. 막대자석의 N극을 고리 자석의 윗면에 가져갔을 때 서로 끌어당겼다면, 고리 자석의 윗면은 S극이 됩니다.

5 두 막대자석의 같은 극끼리 마주 보게 하고 가까이 하면 서로 밀어 내고, 두 막대자석의 다른 극끼리 마주 보게 하고 가까이 하면 서로 끌어당깁니다.

6 자석을 자유롭게 움직일 수 있게 두었을 때 자석의 N극은 북쪽을 가리키고, 자석의 S극은 남쪽을 가리킵니다. 그 까닭은 지구가 거대한 자석과 비슷한 성질을 지녔기 때문입니다.

7 구멍 뚫린 동전 모양 자석으로 나침반을 만들 때는 먼저 막대자석으로 동전 모양 자석의 N극과 S극을 찾아 표시해야 합니다.

8 나침반은 자석의 극이 항상 북쪽과 남쪽을 일정하게 가리키는 성질을 이용해 방향을 알 수 있도록 만든 도구입니다.

9 나침반 바늘은 자석으로 되어 있어 일정한 방향을 가리키므로 동서남북의 방향을 찾을 수 있습니다. 나침반 바늘의 N극은 북쪽을 가리키고, 나침반을 사용할 때에는 평평한 바닥에 놓아야 합니다.

---

10 막대자석 주위에 나침반을 놓을 때, 나침반 바늘이 자석으로 이루어져 있기 때문에 막대자석의 N극 근처에 있는 나침반 바늘은 S극이 막대자석을 향하게 되고, 막대자석의 S극 근처에 있는 나침반 바늘은 N극이 막대자석을 향하게 됩니다.

11 자석과 철은 서로 끌어당기는 성질이 있습니다. 다트의 끝부분(㉠)에 자석이 있어 철로 된 다트 판에 잘 붙습니다.

12 자석 낚시 장난감에서 낚싯대 끝에는 자석이 매달려 있고 물고기에는 클립(철)이 꽂혀 있습니다. 낚싯대로 물고기를 낚을 수 있는 것은 자석과 철이 서로 끌어당기는 성질을 이용한 것입니다.

성취도 **평가 문제** 2회   182쪽

1 ①   **2** 철   **3** ㉠   **4** ㉡   **5** ㉡

6 같은 극끼리 밀어 내는 성질   **7** ㉠ N, ㉡ S

8 ㉢   **9** ㉡   **10** N극   **11** ㉠ N, ㉡ S

12 자석   **13** ⑤

1 철 못은 자석에 붙고, 나무토막, 투명 필름, 고무지우개, 플라스틱 자는 자석에 붙지 않습니다.

2 철로 만들어진 물체와 자석은 서로 끌어당깁니다.

3 자석의 극 부분에서 클립(철)을 가장 세게 끌어당깁니다.

4 자석의 모양은 다양하지만 극은 항상 두 종류뿐입니다. 따라서 막대자석, 고리 자석, 구형 자석 모두 두 개의 극이 있습니다.

5 두 개의 자석이 서로 붙는 경우는 다른 극끼리 가까이 할 때입니다.

6 자석과 자석은 같은 극끼리는 서로 밀어 내고 다른 극끼리는 서로 끌어당깁니다. 고리 자석으로 탑을 가장 높이 쌓으려면 자석과 자석의 사이가 벌어져야 하기 때문에 같은 극끼리 밀어 내는 자석의 성질을 이용해야 합니다.

7 자석을 물에 띄웠을 때 자석의 N극이 북쪽, S극이 남쪽을 가리키는데, 이는 지구가 거대한 자석과 비슷한 성질을 지녔기 때문입니다.

8 자석을 물에 띄우거나 공중에 매달았을 때 자석의 N극이 북쪽을 가리키고 자석의 S극이 남쪽을 가리키는데, 이는 지구가 거대한 자석과 비슷한 성질을 지녔기 때문입니다.

9 나침반은 자석의 성질을 이용한 도구로, 바닥에 놓으면 항상 일정한 방향을 향합니다.

10 나침반에 막대자석을 가까이 하면 나침반 바늘의 S극은 자석의 N극을 향합니다. 막대자석의 ㉠ 부분이 나침반 바늘의 S극과 가까이 있으므로 ㉠ 부분은 N극입니다.

11 나침반 바늘이 자석이기 때문에 나침반 바늘의 N극은 자석의 S극에, 나침반 바늘의 S극은 자석의 N극에 끌립니다.

12 필통을 열고 닫는 부분이 자석으로 되어 있으면 필통을 열고 닫을 때 편리해집니다.

13 자석은 같은 극끼리는 밀어 내고 다른 극끼리는 끌어당기는 성질이 있습니다. 자석 악어는 두 자석이 마주 보는 극에 따라 서로 끌어당기거나 밀어 내는 성질을 이용한 장난감입니다.

서술형·사고력 문제

1 예시 답안

(1) ㉠, ㉢

(2) 자석과 철은 서로 끌어당기는 성질이 있기 때문입니다.

평가 항목	채점 기준	배점
(1) 물체 중 철로 만들어진 부분	철로 만들어진 부분을 ㉠, ㉢이라고 바르게 쓴 경우	4
	㉠과 ㉢ 중 하나만 쓴 경우	2
(2) 자석과 철의 관계	(1)과 같이 답을 한 까닭을 바르게 쓴 경우	4

2 예시 답안

(1) ㉠, ㉤

(2) 자석의 극은 양쪽 끝부분에 있습니다. 자석의 극은 항상 두 종류뿐입니다.

평가 항목	채점 기준	배점
(1) 자석의 극 찾기	자석의 극을 찾아 ㉠, ㉤이라고 바르게 쓴 경우	4
(2) 자석의 극에 대한 특징	자석의 극에 대한 특징을 2가지 모두 바르게 쓴 경우	4
	자석의 극에 대한 특징을 1가지만 바르게 쓴 경우	2

3 예시 답안

(1) ㉠ 자석과 ㉡ 자석의 마주 보는 면이 서로 같은 극이기 때문입니다.

(2) ㉡ 자석과 ㉢ 자석의 마주 보는 면이 서로 다른 극이기 때문입니다.

(3) 고리 자석을 서로 같은 극끼리 마주 보게 쌓습니다.

평가 항목	채점 기준	배점
(1) 자석의 성질	㉠ 자석과 ㉡ 자석의 같은 극이 마주 보고 있기 때문이라고 바르게 쓴 경우	3
(2) 자석의 성질	㉡ 자석과 ㉢ 자석의 다른 극이 마주 보고 있기 때문이라고 바르게 쓴 경우	3
(3) 고리 자석 탑 쌓기	고리 자석으로 탑을 높게 쌓는 방법을 바르게 쓴 경우	4

4 예시 답안

(1) 일정한 방향을 가리키는 / N극은 북쪽을, S극은 남쪽을 가리키는

(2) 나침반의 N극이 가리키는 방향은 북쪽, S극이 가리키는 방향은 남쪽입니다.

평가 항목	채점 기준	배점
(1) 나침반과 자석의 성질	나침반은 자석의 일정한 방향을 가리키는 성질을 이용한 것이라고 바르게 쓴 경우	4
	나침반은 자석의 N극은 북쪽을, S극은 남쪽을 가리키는 성질을 이용한 것이라고 바르게 쓴 경우	4
(2) 나침반의 원리	나침반의 N극은 북쪽을, S극은 남쪽을 가리킨다고 쓴 경우	4

수행 평가

1 예시 답안

(1) ㉠, ㉤

(2) • 극 부분: 자석의 양쪽 끝부분입니다.

• 까닭: 빵 끈이 양쪽 끝부분에 많이 붙었기 때문입니다.

관련 주제

3 철이 많이 붙는 부분을 찾아보아요

채점 기준

평가 항목	채점 기준	배점
(1) 자석의 극 찾기	막대자석에서 빵 끈이 가장 많이 붙는 부분을 ㉠, ㉤이라고 찾은 경우	5
(2) 자석의 극의 성질	구형 자석의 극 부분을 찾고, 그렇게 생각한 까닭을 바르게 설명한 경우	5
	구형 자석의 극을 찾았으나, 그렇게 생각한 까닭을 설명하지 못한 경우	3

※ 10~8점: 상, 7~5점: 중, 5점 이하: 하

2 예시 답안

(1) • 고리 자석 윗면의 극: S극

• 까닭: 막대자석의 N극에 달라붙었으므로 고리 자석의 윗면은 S극입니다.

(2) 고리 자석이 밀려날 것입니다. 고리 자석이 뒤집힐 것 같습니다.

관련 주제

4 자석과 자석을 가까이 해 보아요

채점 기준

평가 항목	채점 기준	배점
(1) 자석과 자석이 다른 극끼리 만났을 경우	고리 자석 윗면의 극을 쓰고, 그렇게 생각한 까닭을 바르게 설명한 경우	5
	고리 자석 윗면의 극을 쓰고, 그렇게 생각한 까닭을 설명하지 못한 경우	3
(2) 자석과 자석이 같은 극끼리 만났을 경우	고리 자석이 밀려날 것이라고 쓰거나 고리 자석이 뒤집힐 것 같다고 쓴 경우	5

※ 10~8점: 상, 7~5점: 중, 5점 이하: 하

3 　**예시 답안**

(1) 나침반 바늘은 자석이기 때문입니다. 나침반 바늘은 자석으로 되어 있어서 서로 다른 극의 자석끼리 끌어당기는 성질이 있기 때문입니다.

(2) 북

(3) 나침반 주위에 자석이 없으면 나침반 바늘의 N극은 북쪽을, S극은 남쪽을 가리키기 때문입니다.

관련 주제

7 나침반에 자석을 가까이 해 보아요

채점 기준

평가 항목	채점 기준	배점
(1) 나침반과 자석의 관계	나침반 바늘은 자석이기 때문이라고 쓴 경우	4
	나침반과 자석의 관계를 바르게 쓴 경우	4
(2) 자석의 극의 성질	나침반 바늘의 N극이 가리키는 방향을 '북'이라고 쓴 경우	2
(3) 나침반의 성질	주변에 자석이 없을 때 나침반의 성질을 바르게 쓴 경우	4

※ 10~8점: 상, 7~5점: 중, 4점 이하: 하

4 　**예시 답안**

(1) 자석과 철이 서로 끌어당기는 성질

(2) 자석 필통, 자석 집게, 냉장고 자석 등

관련 주제

8 주변에서 자석을 찾아보아요

채점 기준

평가 항목	채점 기준	배점
(1) 자석의 성질	활용한 자석의 성질을 바르게 쓴 경우	4
(2) 자석의 성질을 이용한 생활용품의 예	자석의 성질을 이용한 생활용품을 2가지 바르게 쓴 경우	6
	자석의 성질을 이용한 생활용품을 하나만 쓴 경우	3

※ 10~7점: 상, 6~3점: 중, 3점 이하: 하

3. 동물의 한살이

쪽지 시험

190쪽

1 암컷, 수컷　**2** 동물의 한살이　**3** 노란색

4 부화　**5** ㉠ 애벌레, ㉡ 번데기

6 허물벗기, 날개돋이　**7** 곤충

8 완전 탈바꿈, 불완전 탈바꿈　**9** ㉠ 뱀, 꾀꼬리 ㉡ 말, 사슴

10 새끼

확인 문제

191쪽

1 ㉡　**2** ⑤　**3** (1) ○ (2) × (3) ○　**4** ⑤

5 ⑤　**6** 번데기　**7** ②

평가 문제 1회

192쪽

1 뿔　**2** ①, ④　**3** ②　**4** ⑤

5 ㉠ 마디, ㉡ 4(네)　**6** ㉣, ㉢, ㉠, ㉡　**7** ③, ⑤

8 병아리　**9** ③　**10** ③　**11** ①, ③　**12** ⑤

1 　장수풍뎅이의 수컷은 암컷보다 몸집이 더 크고 머리에 뿔이 있습니다.

2 　제비, 꾀꼬리는 암수가 함께 알과 새끼를 돌보는 반면, 곰은 암컷이 새끼를 돌보고, 물자라는 수컷이 알을 돌봅니다.

3 　배추흰나비의 알과 애벌레를 관찰하기 위해서는 케일 화분, 케일 화분을 보관할 사육 망, 자, 돋보기 등이 필요합니다. 사육 망 주변에서 모기약은 사용하지 않습니다.

4 　배추흰나비 알의 크기는 1 mm 정도로 작으며, 자라지 않습니다.

5 　배추흰나비 애벌레의 몸은 여러 개의 마디로 되어 있고, 자라는 동안 허물을 4번 벗으며 30 mm 정도까지 자랍니다.

6 　배추흰나비 애벌레는 4번 허물을 벗은 뒤 어느 정도 자라면 적당한 장소를 찾아 입에서 실을 뽑아 몸을 고정한 뒤 머리부터 껍질이 벌어지면 허물을 벗고 번데기 모습이 됩니다. 처음에는 초록색이지만, 시간이 지나면서 주변과 비슷한 색깔로 번데기의 색깔이 변합니다.

7 　장수풍뎅이, 나비, 무당벌레는 한살이 과정에서 번데기 단계를 거치는 완전 탈바꿈을 합니다. 사마귀, 메뚜기는 한살이 과정에서 번데기 단계를 거치지 않는 불완전 탈바꿈을 합니다.

8 　닭은 알 → 병아리 → 다 자란 닭의 한살이 단계를 거치며 자랍니다.

9 　붕어와 연어는 물속에 알을 낳고, 뱀이나 거북은 땅속에 알을 낳습니다. 동물마다 한 번에 낳을 수 있는 알의 개수가 다르며, 암컷이 알을 낳습니다.

10 　갓 태어난 강아지는 꼬리가 있고, 걷지 못합니다. 또 눈을 뜨지 못하며 잘 듣지 못하고, 이빨이 없습니다.

11 호랑이와 소는 새끼를 낳고 나머지는 알을 낳는 동물입니다.

12 새끼를 낳는 동물은 새끼와 어미의 모습이 많이 닮았습니다.

성취도 평가 문제 2회

1 ②, ④　**2** ③　**3** ㉠　**4** ④
5 ㉠, ㉢, ㉡, ㉣
6 ㉠ 가슴, ㉡ 2(두), ㉢ 3(세)
7 ②, ④　**8** ㉡, ㉠, ㉢　**9** 알　**10** ㉠, ㉢　**11** ⑤
12 (가)

1 꿩의 수컷은 암컷보다 깃털의 색깔이 화려하고 꼬리가 길어서 암수를 구별하기 쉽습니다.

2 배추흰나비 알이나 애벌레를 손으로 만지면 죽을 수 있으므로, 직접 손으로 만지지 않습니다.

3 애벌레의 몸은 머리, 가슴, 배 세 부분으로 구분되며, 가슴에 있는 3쌍의 발이 어른벌레의 다리가 됩니다.

4 배추흰나비 번데기는 먹이를 먹지 않으며, 자라지 않습니다.

5 번데기에서 날개돋이 직전에 어른벌레의 모습이 비칩니다. 번데기의 등 부분이 갈라지고, 어른벌레의 머리가 나온 다음 몸 전체가 빠져나옵니다. 날개가 다 마르면 날 수 있습니다.

6 배추흰나비의 머리에는 더듬이와 눈, 입이 있고, 가슴에는 날개 2쌍과 다리 3쌍이 있습니다.

7 장수풍뎅이는 땅에 있는 썩은 나무나 습기가 있는 나무에 알을 낳지만, 잠자리는 물속에 알을 낳습니다. 또 장수풍뎅이의 한살이에는 번데기 단계가 있지만, 잠자리의 한살이에는 번데기 단계가 없습니다.

8 개구리의 한살이는 '알(㉡) → 올챙이(㉠) → 다 자란 개구리(㉢)' 과정을 거칩니다.

9 뱀과 연어는 둘 다 알을 낳는 동물입니다.

10 갓 태어난 강아지와 다 자란 개는 둘 다 다리가 4개이고, 꼬리가 있습니다. 또한 몸은 털로 덮여 있고, 코는 털이 없고 촉촉합니다.

11 새끼를 낳는 동물마다 임신 기간, 새끼가 자라는 기간, 한 번에 낳는 새끼의 수가 다릅니다. 또 새끼는 어미와 생김새가 비슷합니다.

12 주어진 한살이 과정은 완전 탈바꿈을 하는 곤충의 한살이입니다. 꾸러미 (가)의 동물은 완전 탈바꿈하는 곤충이고, 꾸러미 (나)의 동물은 불완전 탈바꿈하는 곤충입니다. 꾸러미 (다)의 동물은 새끼를 낳는 동물이고, 꾸러미 (라)의 동물은 알을 낳는 동물입니다.

서술형·사고력 문제

1 예시 답안

(1) 암컷

(2) 호랑이는 암컷이 혼자서 새끼를 돌보지만, 가시고기는 수컷이 혼자서 알을 돌봅니다.

평가 항목	채점 기준	배점
(1) 동물의 암수 비교	'암컷'이라고 쓴 경우	2
(2) 동물의 암수 역할	호랑이는 암컷이 새끼를 돌보고, 가시고기는 수컷이 알을 돌본다고 바르게 쓴 경우	6
	호랑이와 가시고기의 암수의 역할 중 하나만 바르게 쓴 경우	3

2 예시 답안

(1) ㉢ → ㉠ → ㉣ → ㉡

(2) ㉠, 털이 나 있으며, 긴 원통 모양입니다. 몸은 초록색을 띠며, 여러 개의 마디로 되어 있습니다. 여러 개의 발이 있습니다. 등

평가 항목	채점 기준	배점
(1) 배추흰나비의 한살이	배추흰나비의 한살이 순서를 바르게 쓴 경우	2
(2) 배추흰나비의 생김새의 특징	배추흰나비의 크기가 커지며 자라는 단계의 기호를 고르고, 그 단계의 생김새의 특징을 2가지 모두 바르게 쓴 경우	6
	배추흰나비의 크기가 커지며 자라는 단계의 기호를 고르고, 그 단계의 생김새의 특징을 1가지만 바르게 쓴 경우	3

3 예시 답안

(1) 알로 태어납니다. 애벌레 단계가 있습니다. 애벌레는 허물을 벗으며 자랍니다. 어른벌레는 날개 2쌍과 다리 3쌍이 있습니다. 어른벌레는 날개가 있어 날 수 있습니다. 등

(2) 장수풍뎅이는 나무에 알을 낳지만, 잠자리는 물에 알을 낳습니다. 장수풍뎅이의 애벌레는 땅속에서 자라지만, 잠자리의 애벌레는 물속에서 자랍니다. 장수풍뎅이는 번데기 단계가 있지만, 잠자리는 번데기 단계가 없습니다. 등

평가 항목	채점 기준	배점
(1) 장수풍뎅이와 잠자리의 한살이의 공통점	장수풍뎅이와 잠자리의 한살이의 공통점을 2가지 모두 바르게 쓴 경우	4
	장수풍뎅이와 잠자리의 한살이의 공통점을 1가지만 바르게 쓴 경우	2
(2) 장수풍뎅이와 잠자리의 한살이의 차이점	장수풍뎅이와 잠자리의 한살이의 차이점을 2가지 모두 바르게 쓴 경우	4
	장수풍뎅이와 잠자리의 한살이의 차이점을 1가지만 바르게 쓴 경우	2

4 예시 답안

(1) 알

(2) 알의 크기, 모양, 한 번에 낳는 개수가 다릅니다. 알을 낳는 장소가 다릅니다.

평가 항목	채점 기준	배점
(1) 닭의 한살이	'알'이라고 쓴 경우	2
(2) 알을 낳은 동물의 차이점	차이점을 2가지 모두 바르게 쓴 경우	6
	차이점을 1가지만 바르게 쓴 경우	3

수행 평가 _____ 198쪽

1 예시 답안

(1) ⓒ

(2) • 사자: 암컷은 머리에 갈기가 없고, 수컷은 머리에 갈기가 있습니다.

　• 꿩: 암컷은 깃털 색깔이 연하며 꼬리가 짧고, 수컷은 깃털 색깔이 화려하며 꼬리가 깁니다.

　• 장수풍뎅이: 암컷은 뿔이 없고, 수컷은 뿔이 있습니다.

(3) 암컷이 알을 낳고, 암수가 모두 알을 돌보지 않습니다.

관련 주제

1 동물의 암수를 알아볼까요?

채점 기준

평가 항목	채점 기준	배점
(1) 동물의 암수의 구별	암컷을 골라 기호를 바르게 쓴 경우	2
(2) 동물의 암수의 생김새 특징	암컷과 수컷의 생김새의 특징을 모두 바르게 쓴 경우	6
	암컷과 수컷 생김새의 특징 중 일부만 바르게 쓴 경우	동물별 2점씩
(3) 동물의 암수의 역할	장수풍뎅이의 암수의 역할을 모두 바르게 쓴 경우	2

※ 10~8점: 상, 7~4점: 중, 3점 이하 : 하

2 예시 답안

(1)

| 단계: 알 | 단계: 애벌레 | 단계: 번데기 | 단계: 어른벌레 |

(2) • 알: 움직이지 않습니다. 노란색이며, 길쭉한 옥수수 모양입니다. 크기는 1 mm 정도로, 크기가 변하지 않습니다.

　• 애벌레: 기어서 움직입니다. 먹이를 먹습니다. 초록색입니다. 허물을 벗으며 자랍니다.

　• 번데기: 움직이지 않습니다. 색깔이 주변의 색깔과 비슷합니다. 크기가 변하지 않습니다.

　• 어른벌레: 몸은 머리, 가슴, 배 세 부분으로 구분합니다. 날개를 움직여 날아다닙니다. 가슴에 날개 2쌍과 다리 3쌍이 있습니다.

관련 주제

3 배추흰나비의 한살이를 관찰해요

채점 기준

평가 항목	채점 기준	배점
(1) 배추흰나비의 한살이 단계	배추흰나비의 한살이 단계를 모두 바르게 쓰고, 그림으로 표현한 경우	4
	배추흰나비의 한살이 단계 중 일부만 바르게 표현한 경우	단계별 1점씩
(2) 한살이 단계 모습 설명	두 단계의 특징을 모두 바르게 쓴 경우	6
	한 단계의 특징만 바르게 쓴 경우	3

※ 10~8점: 상, 7~5점: 중, 5점 이하: 하

4. 지구의 모습

쪽지 시험 _____ 202쪽

1 둥근 공　**2** 산　**3** 빙하　**4** 바다
5 없는　**6** 공기　**7** 공기　**8** 둥근
9 물　**10** 물

기초 확인 문제 _____ 203쪽

1 ⓐ, ⓔ　**2** 평평하게, 둥글게　**3** (1) ⓒ (2) ⓐ
4 공기　**5** (1) ○ (2) × (3) ○　**6** (1) ⓒ (2) ⓐ
7 공기

성취도 평가 문제 1회 _____ 204쪽

1 ②　**2** ④　**3** ⑤　**4** 바다　**5** ③
6 ②　**7** ④　**8** ⑤　**9** ④　**10** ①
11 (1) ⓐ (2) ⓒ (3) ⓑ　**12** ②

1 사막은 우리나라에서 잘 볼 수 없고, 들, 산, 강, 바다는 우리나라에서 볼 수 있습니다.

2 바닷물 이외에 강물, 지하수, 계곡의 물은 모두 먹는 물로 이용하기에 적당합니다.

3 육지의 물은 사람이 마시기에 적당하고, 바닷물은 사람이 마시기에 적당하지 않습니다.

4 바다가 더 넓은 퍼즐 조각의 수가 많으므로 지구 표면에서 바다가 육지보다 더 넓다는 것을 알 수 있습니다.

5 공기가 지구를 둘러싸고 있고, 공기가 있어 많은 생물이 숨을 쉴 수 있습니다.

6 공기는 보이지 않고, 냄새도 없습니다.

7 달에는 표면에 크고 작은 충돌 구덩이가 많습니다. 또 물과 공기가 없고 하늘에 구름이 없으며, 생물이 없고 생물이 살기에 적당한 온도가 아닙니다.

8 달의 표면에서 충돌 구덩이 부분을 가리키고 있습니다. 충돌 구덩이는 우주 공간을 떠돌던 물질이 충돌해 생긴 곳입니다.

9 지구에서 하늘은 파랗게 보이고, 달에서 하늘은 검게 보입니다.

10 지구에는 공기가 있고, 둥근 공 모양입니다. 생물이 살고 있으며, 생물이 살기에 적당한 온도를 유지합니다.

11 바다 청소하기는 물 보존을 위한 방법이고, 자전거 타기는 공기 보존을 위한 방법입니다. 그리고 쓰레기 줍기는 땅 보존을 위한 방법입니다.

12 일회용품을 많이 사용하면 쓰레기가 늘어나게 되어 환경 오염을 줄이기 어렵습니다.

11 강물에 쓰레기 버리지 않기는 물의 오염, 자동차 대신 자전거 이용하기는 공기 오염, 생활 쓰레기를 땅에 묻지 않기는 땅의 오염을 줄이기 위한 노력입니다.

12 쓰레기를 바다에 버리게 되면 바다가 오염됩니다.

성취도 평가 문제 2회   206쪽

1 ①	**2** ②	**3** ③	**4** ①	**5** ②
6 ①	**7** ②	**8** ③	**9** ⑤	**10** ③

11 (1) ㉡ (2) ㉠ (3) ㉢   **12** ④

1 우리나라에서 쉽게 볼 수 있는 것은 산과 강입니다. 화산과 빙하는 우리나라에서 쉽게 볼 수 없습니다.

2 바다에 있는 물은 소금과 여러 가지 물질이 녹아 있어서 사람이 마시기에 적당하지 않습니다.

3 수영은 물이 있는 곳에서 할 수 있는 활동입니다.

4 바다가 육지보다 넓습니다. 바다와 육지에 사는 생물의 종류가 다르고, 바닷물의 양이 육지의 물의 양보다 많습니다. 바닷물은 사람이 마시기에 적당하지 않습니다.

5 하늘이 검게 보이는 것은 공기가 없기 때문입니다.

6 우주에서 활동하기 위해 입는 우주복의 경우 지구와 같은 환경을 마련해 주려는 것입니다. 공기와 물이 없는 달과 같은 환경을 마련해 주는 것은 우주복을 입는 목적이 아닙니다.

7 지구와 달의 공통점은 표면에 돌이 있고, 둥근 공 모양이라는 것입니다. 물과 공기가 있고, 생물이 살기에 적당한 온도를 유지하는 것은 지구의 특징이고, 하늘이 검은 것은 달의 특징입니다.

8 ㉠ 부분은 달 표면에서 어둡게 보이는 달의 바다입니다. 달의 바다에는 물이 없습니다.

9 달의 온도는 생물이 살기에 적당하지 않아 달에는 생물이 살고 있지 않습니다.

10 지구가 둥근 공 모양이라는 것은 생물이 살 수 있는 것과 관계가 없습니다.

서술형·사고력 문제   208쪽

1 예시 답안

(1) 바다

(2) 입체 퍼즐 조각에서 육지 부분이 더 많으면 육지로 분류하고, 바다 부분이 더 많으면 바다로 분류합니다.
육지와 바다 부분이 거의 비슷한 경우 따로 분류합니다.
조금이라도 더 많으면 육지 또는 바다로 분류합니다.

평가 항목	채점 기준	배점
(1) 육지와 바다의 넓이 비교	육지와 바다의 넓이를 바르게 비교한 경우	4
	그 외의 경우	1
(2) 퍼즐 조각 분류 기준 세우기	분류 기준을 타당하게 세운 경우	4
	분류 기준을 세웠으나 애매한 부분이 있는 경우	2
	그 외의 경우	1

2 예시 답안

(1) 육지의 물, 짠맛이 나지 않아 사람이 마시기에 적당합니다.

(2) 물을 아껴 씁니다. 강이나 바다에 오염 물질을 버리지 않습니다.

평가 항목	채점 기준	배점
(1) 육지의 물과 바닷물 비교	육지의 물과 바닷물 중 사람이 마시기에 알맞은 물을 고르고, 그 까닭을 바르게 쓴 경우	4
	육지의 물과 바닷물 중 사람이 마시기에 알맞은 물을 골랐으나, 그 까닭은 바르게 쓰지 못한 경우	1
(2) 물을 보존하기 위한 노력	물을 보존하기 위한 노력 2가지를 바르게 쓴 경우	4
	물을 보존하기 위한 노력을 1가지만 바르게 쓴 경우	2

3 예시 답안

(1) 지구, 물과 공기가 있고, 적당한 온도가 유지되기 때문입니다.

(2) 물과 공기가 공급되는 장치, 온도 조절 장치를 준비해야 합니다. 우주에는 물과 공기가 없고, 생물이 살기에 온도가 적당하지 않기 때문입니다.

평가 항목	채점 기준	배점
(1) 생물이 살기 적당한 곳	지구와 달 중 생물이 살기 적당한 곳을 고르고, 그 까닭을 바르게 쓴 경우	4
	지구와 달 중 생물이 살기 적당한 곳을 골랐으나, 그 까닭은 바르게 쓰지 못한 경우	1
(2) 우주 생활을 위해 준비할 점	우주 생활을 위해 준비할 점을 쓰고, 그 까닭을 바르게 쓴 경우	4
	우주 생활을 위해 준비할 점만 쓰고, 그 까닭은 바르게 쓰지 못한 경우	1

4 　예시 답안

(1) • 색깔: 달 표면은 전체적으로 회색이며, 밝은 곳과 어두운 곳이 있습니다.
　• 모양: 달 표면은 매끈한 곳과 울퉁불퉁한 곳이 있습니다.

(2) • 달의 바다: 달 표면의 어두운 곳을 말하는데, 이곳에는 물이 없습니다.
　• 충돌 구덩이: 우주 공간에 있던 물질이 달에 충돌하여 만들어진 것으로, 달 표면에는 크고 작은 충돌 구덩이가 많습니다.

평가 항목	채점 기준	배점
(1) 달 표면의 색깔과 모양	달 표면의 색깔과 모양을 모두 바르게 쓴 경우	4
	달 표면의 색깔과 모양 중 1가지만 바르게 쓴 경우	2
(2) 달의 바다와 충돌 구덩이의 특징	달의 바다와 충돌 구덩이에 대해 모두 바르게 쓴 경우	8
	달의 바다와 충돌 구덩이에 대한 설명 중 하나만 바르게 쓴 경우	4

수행 평가

210쪽

1 　예시 답안

(1) 산, 들, 강, 계곡, 폭포, 모래사장, 갯벌, 바다, 호수 등
(2) 빙하, 사막, 화산 등
(3)

지구 표면의 모습	특징	사람들이 할 수 있는 활동
산	평평한 땅에서 솟아오른 곳입니다.	등산을 하거나 겨울에 스키를 탑니다.
강	넓고 길게 물이 흘러가는 곳입니다.	낚시를 합니다.
호수	흘러가던 물이 모여 만들어진 곳입니다.	배를 타거나 수영을 합니다.
사막	건조하고 모래가 많은 곳입니다.	낙타를 탑니다.

관련 주제

2 구석구석, 지구 표면을 살펴보아요

채점 기준

평가 항목	채점 기준	배점
(1) 지구 표면의 모습 중 우리나라에서 많이 볼 수 있는 것 찾기	우리나라에서 볼 수 있는 예를 3가지 이상 바르게 쓴 경우	4
	우리나라에서 볼 수 있는 예를 1, 2가지만 바르게 쓴 경우	1
(2) 지구 표면의 모습 중 우리나라에서 보기 어려운 것 찾기	우리나라에서 보기 어려운 예를 2가지 이상 바르게 쓴 경우	4
	우리나라에서 보기 어려운 예를 1가지만 바르게 쓴 경우	1
(3) 지구 표면의 모습 설명하기	지구 표면의 모습 2가지 모두 바르게 설명한 경우	2
	지구 표면의 모습 1가지만 바르게 설명한 경우	1

※ 10~8점: 상, 7~4점: 중, 3점 이하: 하

2 　예시 답안

(1) 열기구가 날 수 있습니다. 연날리기를 할 수 있습니다. 비행기가 날 수 있습니다. 새들이 날 수 있습니다. 요트가 움직일 수 있습니다. 튜브를 타고 수영할 수 있습니다. 비치볼을 가지고 놀 수 있습니다. 나무가 자랄 수 있습니다. 생물이 숨을 쉴 수 있습니다. 구름이 있습니다. 파도가 칩니다. 등

(2) 생물이 숨을 쉴 수 있습니다. 태양에서 오는 해로운 빛을 막아줍니다.

(3) 나무 심기, 자전거나 대중교통 이용하기, 자동차나 공장의 매연 줄이기, 짧은 거리는 걷기 등

관련 주제

4 지구를 둘러싸고 있는 것이 있어요

채점 기준

평가 항목	채점 기준	배점
(1) 지구 주위를 둘러싸고 있는 공기를 이용하는 예	공기를 이용하고 있는 방법을 3가지 이상 바르게 쓴 경우	3
	공기를 이용하고 있는 방법을 2가지 바르게 쓴 경우	2
	공기를 이용하고 있는 방법을 1가지만 바르게 쓴 경우	1
(2) 지구 주위를 둘러싸고 있는 공기의 이로운 점	공기의 이로운 점을 2가지 바르게 쓴 경우	2
	공기의 이로운 점을 1가지만 바르게 쓴 경우	1
(3) 지구 주위를 둘러싸고 있는 공기를 보존하기 위해 할 수 있는 일	공기를 보존하기 위해 할 수 있는 일을 2가지 바르게 쓴 경우	2
	공기를 보존하기 위해 할 수 있는 일을 1가지만 바르게 쓴 경우	1

※ 7~6점: 상, 5~3점: 중, 2점 이하: 하

MEMO

초등 과학
자습서 & 평가문제집 3-1

정답과 해설

단과 학습 프로그램

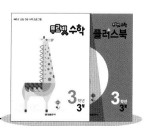

푸르넷 수학

현직 초등학교 교사와 일타 강사들의 경험을 토대로 각종 문제들을 종합 분석하여 만든 초등 수학 전문 프로그램

- 본교재(월 1권), 플러스북(월 1권)
- 중간고사·기말고사 예상문제(연 4회 / 4·6·9·11월)
- 푸르넷 아이스쿨(동영상 강의, 유사·발전 문제, 학습만화 e-book)

오! 역사논술

초·중등 역사 교육 과정을 반영하여 한국사를 총 48주 탐구 주제로 풀어낸 역사 논술 프로그램

- 본교재(월 1권), 활동자료(월 1종)
- 동영상 강의(월 4강)
- 오! 역사논술 퀴즈(월 40문항)

푸르넷 독서논술

다양한 분야의 책을 읽고, 창의·융합적 지식과 공부의 원천 기술을 기르는 독서논술 프로그램

- 1~7단계: 리딩북(월 2~4권), 워크북(월 4권), 리딩다이어리(연 1권), X-파일북(연 2권)
- 3~7단계: 동영상 강의(월 2~3강)

푸르넷 한자

실생활에서의 한자 활용 능력, 어휘력, 교과서 한자어 인지도 등을 종합적으로 향상시켜 주는 한자 학습 프로그램

- 본교재(월 1권), 교과서 한자어(월 1권), 한자 쓰기 연습장(월 1권)
- 한자 만화 e-book

영어 학습 프로그램

English Buddy

공신력 있는 리딩 프로그램과 체계적인 커리큘럼, 영어 학습에 최적화된 다양한 디지털 콘텐츠, 정확한 개별 진단 및 지도 교사의 맞춤 지도가 융합된 영어 전문 프로그램

- Beginner Reading Book 4권, Reading Study Book 1권, Phonics Study Book 1권, Pencil Book 1권, MP3 CD 1장, Smart Learning 서비스
- Prime Reading Book 4권, Reading Study Book 1권(Writing Note 포함), Study Book 1권, Smart Learning 서비스
- Experience Reading Book 4권, Study Book 1권, Webtoon for Daily Conversation 1권, Test Buddy 1권, MP3 CD 1장, Smart Learning 서비스

초등 과학 3-1
자습서 & 평가문제집

발행일 • 2022년 3월 1일 초판 발행
발행인 • 김무상
발행처 • (주)금성출판사
주소 • 서울특별시 마포구 만리재옛길 23 (우)04210
등록 • 1965년 10월 19일 제10-6호
구입문의 • TEL 02-2077-8144~6 / mall.kumsung.co.kr
내용문의 • TEL 02-2077-8278(8272) / thub.kumsung.co.kr

• 이 책의 내용에 대한 일체의 무단 전재와 무단 복제를 금합니다.

mall.kumsung.co.kr
발간 이후에 발견되는 오류는 정오표를
다운로드하면 확인할 수 있습니다.